Ética a Nicómaco

Aristóteles

Ética a Nicómaco

Introducción, traducción y notas
de José Luis Calvo Martínez

Primera edición: 2001
Segunda edición: 2014
Decimosegunda reimpresión: octubre 2025

Diseño de colección: Estrada Design
Diseño de cubierta: Manuel Estrada

Reservados todos los derechos. El contenido de esta obra está protegido por la Ley, que establece penas de prisión y/o multas, además de las correspondientes indemnizaciones por daños y perjuicios, para quienes reprodujeren, plagiaren, distribuyeren o comunicaren públicamente, en todo o en parte, una obra literaria, artística o científica, o su transformación, interpretación o ejecución artística fijada en cualquier tipo de soporte o comunicada a través de cualquier medio, sin la preceptiva autorización.

© de la traducción, introducción y notas: José Luis Calvo Martínez, 2001
© Alianza Editorial, S. A., Madrid, 2001, 2025
    Calle Valentín Beato, 21
    28037 Madrid
    www.alianzaeditorial.es

ISBN: 978-84-206-8845-9
Depósito legal: M. 10.254-2014
Printed in Spain

Índice

- 9   Introducción
- 51 Bibliografía

     Ética a Nicómaco

- 57   Libro I
- 88   Libro II
- 110 Libro III
- 145 Libro IV
- 175 Libro V
- 208 Libro VI
- 231 Libro VII
- 267 Libro VIII
- 297 Libro IX
- 325 Libro X

Introducción

I. Las *Éticas* de Aristóteles

Las tres Éticas

Dentro del *Corpus aristotelicum* se nos han transmitido tres obras de contenido «ético»: *Magna Moralia (Μεγάλων Ἠθικῶν, MM), Ética a Nicómaco (Ἠθικῶν Νικομαχείων, EN)* y *Ética a Eudemo (Ἠθικῶν Εὐδημίων, EE)*, que, pese a todos los problemas que nos plantean, y que iremos examinando a continuación, constituyen una de las aportaciones más sólidas del aristotelismo. Como sucede con todos los escritos de Aristóteles, cada una de estas obras presenta no pocos problemas particulares de cronología, composición e incluso atribución, además de las peculiaridades que comparte con las otras dos y con el resto del *Corpus*. Entre estas últimas merecen destacarse las que se derivan de su naturaleza de escritos «esotéricos», esto es, concebidos para uso interno de la escuela, siempre provisionales, y no pensados para una difusión generalizada en ningún momento: la nota más llamativa es su estilo no poco árido (aunque más en unas partes que en otras) caracterizado, sobre todo, por una sintaxis un tanto simple, poco elaborada, y no libre de anacolutos e inconsecuencias, en parte debidas más a la transmisión del texto que al propio Aristóteles. Y, muy probablemente, plagado de interpolaciones hechas por peripatéticos posteriores –algunas obvias, que señalo ocasionalmente en las notas, y otras difíciles e incluso imposibles de confirmar, pero muy probables: suelen ser frases o palabras que entorpecen el hilo del discurso o que, al menos, son innecesarias y obstructoras–.

Los títulos

Que las tres obras aludidas tienen contenido «ético» sin entrar a precisar más este concepto, se demuestra por el título que llevan. Y éste es su primer problema específico como grupo. Desde luego, hoy ya no podemos pensar siquiera que fuera el propio Aristóteles quien les dio nombre. No es el caso en ninguna de sus obras y no lo puede ser aquí: es probable que el estagirita, que fue quien acuñó el adjetivo ἠθικός sobre la palabra ἦθος[1] para cualificar a la virtud (ἀρετή) moral, no lo aplicara nunca a un *escrito* suyo[2] –no hay que olvidar que cada vez que se refiere a la temática de la que está tratando, habla de «Política» y del «estudioso de la Política»–[3].

Por lo que se refiere a los cualificadores Μεγάλων,

Νικομαχείων y Εὐδημίων, que son los que más polémica han despertado siempre, ignoramos a qué se debe el calificativo de «grande» para un resumen, como el que constituye los *Magna Moralia*[4], que equivale a un tercio de la *Nicomaquea* –32 páginas de la edición de Bekker (1181 *in fine* hasta 1213)–. En cuanto a los otros dos, que en propiedad significan respectivamente «(Tratados de moral) relacionados con Nicómaco» y «relacionados con Eudemo», han sido interpretados durante mucho tiempo como posesivos, indicando ya sea el destinatario, ya sea el autor o el editor. Pero hoy día pocos estudiosos admitirían estas posibilidades, aunque por supuesto no falten excepciones para cada una de ellas. Es impensable que la *Nicomaquea* sea *del* hijo de Aristóteles[5] ni tampoco *dedicada a* él, ya que tal cosa no era costumbre en la época y era inadecuada para un escrito «esotérico» de las características arriba descritas. Tampoco parece ello probable con relación a la *Eudemia,* aunque naturalmente no falta quien lo pensaba todavía no hace mucho[6]. Pero ni el lenguaje ni el contenido inducen a pensar en Eudemo como autor[7], y, si la *Nicomaquea* es de Aristóteles, no hay razones de peso para negarle la autoría de la *Eudemia*. Finalmente, tampoco parece probable que Nicómaco o Eudemo fueran los «editores» de los tratados que llevan su nombre: una labor de esa índole es sensiblemente posterior a la época en que ambos vivieron.

Si se descartan, pues, estas hipótesis, queda la más lógica, esto es, la que más se adecua a las formas de escritura y de transmisión de los escritos dentro del Liceo, tal como hoy los concebimos: a saber, que tanto el nombre de «Ética» como los adjetivos se deben a un tercero –al erudito que puso orden en la multitud de escritos de Aristóteles y los organizó en «Tratados» más o menos unitarios–. Éste pudo ser Andronico de Rodas (s. II a. C.) o quizá alguien anterior. Pero en todo caso, es probable que no tengan más valor que el de meras etiquetas cuya finalidad no parece que fuera otra que distinguir escritos pertenecientes a diferentes épocas y/o concepciones sobre una misma materia. Y, posiblemente, ya agrupados anteriormente sin título alguno. No hay que olvidar que la lista de las obras de Aristóteles que aporta Diógenes Laercio habla de una *Ética* (simplemente Ἠθικῶν) en 5 libros que debe ser la *EE*, e igualmente la lista de Hesiquio habla de una *Ética* en 10 libros, que debe ser la *Nicomaquea.*

Relaciones entre la *Nicomaquea* y la *Eudemia*

Si dejamos de lado los *MM* que, tal como he dicho, se consideran casi unánimemente un resumen de época helenística[8] hecho sobre la *EN* aunque, por lo demás, bastante fiable, se impone considerar brevemente los problemas que plantean las otras dos tanto en su individualidad como en sus relaciones mutuas. En efecto, aunque presentan divergencias significativas, ambas obras tienen un contenido y estructura similar que hacen que se hayan estudiado siempre conjuntamente. Tan estrecha es su relación, que para los libros V, VI y VII los copistas de algunos manuscritos de la *EE* remiten a la *EN* con lo que, como es fácil imaginar, uno de los problemas que más pronto suscitó la crítica moderna es a cuál de las dos obras pertenecen originariamente estos tres libros.

Aparte del problema de autoría que hoy parece ya resuelto a favor de Aristóteles, las cuestiones, estrechamente ligadas, que se plantean sobre ambas son: (a) ¿cuál de las dos es anterior dentro de la producción del estagirita?, y (b) ¿a cuál de las dos pertenecen los libros V, VI, VII? Sobre su cronología relativa, por lo general los estudiosos se inclinan últimamente por considerar anterior la *EE* por estimar que se trata de un escrito menos maduro –aunque, desde una consideración positiva, ello significa que es obra más fresca y mejor escrita–. Esta posición, que es ya antigua[9] lo mismo que la contraria, se originó con independencia, en todo caso, de cualquier consideración evolutiva sobre la Filosofía de Aristóteles. Pero a esta misma conclusión llega W. Jaeger[10] basándose, precisamente, en la concepción del aristotelismo como un pensamiento en evolución. En un análisis impecable de pasajes clave de la *EE* y del *Protréptico*, descubre Jaeger que existe, en la concepción ética de Aristóteles, una línea que va desde este último a la *EN* pasando por *EE:* tanto el *Protréptico* como *EE* mantienen un pensamiento más cercano al platonismo, sobre todo, en la consideración de la *phrónesis* como la potencia noética que nos permite «servir y contemplar a dios» (τὸν θεὸν θεραπεύειν καὶ θεωρεῖν[11]).

Junto a esta *phrónesis,* que es la platónica, los pilares de la ética primitiva de Aristóteles serían la virtud y el placer. Y a esta trinidad se ajusta la concepción de las tres clases de vida (del placer, la virtud y la contemplación). Muy lejos ya de este planteamiento, en la *EN* la *phrónesis* se convierte en la «inteligencia práctica» que determina el hallazgo del término medio en las acciones y pasiones humanas. Y, roto el paralelismo con las clases de vida, se añade una cuarta –la del negocio– cuya inclusión resulta extraña, incluso hace violencia al texto[12]. Esta concepción jaegeriana ha gozado hasta hoy de amplia aceptación. Últimamente hay quien, como Kenny[13], la lleva a la exageración sosteniendo que la *EE* es la única ética aristotélica completa y consistente, siendo la *Nicomaquea* un conjunto fragmentario alternativo que no se consolidó hasta siglos más tarde. Igualmente mantiene este autor que los libros V-VII son más cercanos al lenguaje de la *EE,* lo cual, precisamente, viene a confirmar la prioridad de este tratado.

Sin embargo, ambas tesis han tenido fuertes críticas[14]. Y no faltan otras voces, como la de Sparshott[15], que ven diferencias de concepción más amplias entre ambas *Éticas* –y, muy especialmente, en el propio concepto de *eudaimonía* o felicidad– que hacen de la *Nicomaquea* un conglomerado más primitivo y tosco: según este autor, la *EE* considera la *eudaimonía* en términos de *kalokagathía* –un ideal aplicable sobre todo a lo «humano», mientras que la *EN* lo hace en términos del más genérico y primitivo *agathón* platónico–. El citado autor considera esta última obra más dura y áspera, más retadora porque contiene un número mayor de contradicciones y tensiones internas.

En cuanto a los libros V-VII, se ha argumentado, por lo demás, que los temas que desarrollan estos libros tienen tratamientos diferentes en ambas obras –más inmaduro en el caso de *EE*–. Pero sobre este segundo problema no se puede descartar, y quizá sea lo más probable, que los tres libros, cuya inclusión, por otra parte, no resulta plenamente coherente con el conjunto (véase *infra*) hayan sido escritos por Aristóteles independientemente de ambas *Éticas*.

En suma, la opinión más generalizada sobre todos estos problemas es la siguiente: de las «tres *Éticas*» aristotélicas, una *(MM)* muy probablemente no es tal, sino un resumen posterior a Aristóteles, y de las otras dos, la *Eudemia* es más cercana al platonismo y, quizá por lo mismo, más «primitiva». La *Nicomaquea,* por su parte, es más tardía y madura, más en consonancia con el último Aristóteles: desde luego «conoce» los «libros del movimiento»[16], el *De Anima*[17], los *Analíticos*[18] y, por supuesto, los grandes principios del aristotelismo: potencia y acto, teleología, las causas, las categorías, etcétera. Es un Aristóteles maduro y último, a pesar de que el final del libro X parezca un «regreso» a la juventud del *Protréptico:* en efecto, aunque la vida feliz ya no es la «contemplación de dios», sino simplemente la contemplación, Aristóteles se refiere al elemento divino que hay en el hombre (X 7.8) y hace afirmaciones, no carentes de emoción, sobre la actividad contemplativa de dios (X 8.7) y sobre el amor de dios hacia el hombre sabio (X. 8.13).

II. La *Ética a Nicómaco*

Como sucede con otros tratados del estagirita, la *Ética a Nicómaco* es un conglomerado de escritos que en su origen no fueron concebidos unitariamente para formar un «tratado de Ética». Se ven las «junturas» (y la falta de ellas) entre las diferentes secciones e incluso libros, y, sobre todo, es obvio que algunas no encajan en el lugar en el que están y tienen todos los visos de haber sido escritas independientemente. No sería extraño que algunas partes fueran las mismas que en el catálogo de Hermipo (es decir, de Diógenes Laercio) aparecen como tratados independientes con los nombres de Περὶ δικαιοσύνης *(Sobre la Justicia)*, Περὶ ἡδονῆς *(Sobre el Placer)*, Περὶ Φιλίας *(Sobre la Amistad)*, Περὶ ἑκουσίου *(Sobre lo voluntario)*. Y, desde luego, no sería imprudente pensar que nos encontramos frente a cuatro partes perfectamente diferenciadas en su origen: (a) Libros I-IV, sobre la Felicidad y las Virtudes; (b) Libros V-VII, comunes a ambas *Éticas,* probablemente independientes entre sí y que versan, respectivamente, sobre la Justicia, las Virtudes intelectuales, especialmente la *Phrónesis,* y la Vida Moral; (c) Libros VIII-IX, sobre la Amistad; y (d) Libro X, conclusión que incluye una revisión de los conceptos de la Felicidad y el Placer (εὐδαιμονία y ἡδονή).

Mas, dado que por las características aludidas es un libro de difícil lectura, de línea argumental irregular y difícil de seguir en ocasiones, así como repleto de contradicciones y tensiones, considero oportuno exponer a continuación el contenido del mismo.

1. Los Libros I-IV

Los cuatro primeros libros forman un conjunto de «dos más dos», dotado de una cierta coherencia interna como revela su propia estructura formal. Es probable, desde luego, que I-II constituyan de hecho una unidad, ya que nada indica formalmente que con II hay un comienzo de algo nuevo. En cuanto a los otros dos, III contiene rasgos formales (la partícula δή, la expresión ἀναγκαῖον διορίσαι) que le dan un cierto aire de inicio, y IV constituye pura y simplemente su continuación, como demuestran sus palabras iniciales «digamos a continuación» (λέγωμεν ἑξῆς), y, probablemente, el final del conjunto: parece claro que la última frase (y probablemente la penúltima) sean obra del «redactor» para crear una impresión de continuidad con lo que sigue.

Libros I-II. La Eudaimonía. La virtud

Este primer bloque podría perfectamente llevar el título de «Sobre la Felicidad», el mismo que lleva una obra que figura entre las de Teofrasto en el catálogo de Diógenes. Aunque Aristóteles insiste en más de una ocasión en que el estudio que nos ocupa no consiste en una *gnôsis* teórica, sino que es «bueno para la vida» y que «hay que practicar la virtud» ya que su objeto es «hacernos buenos», parece obvio, por el estilo y contenido de los párrafos que sirven de introducción, que para él es un tratado al uso en el que se estudia con el lenguaje y la metodología apropiada al objeto los principios que rigen la conducta humana. Es, por tanto, dentro de la consideración jerárquica de las ciencias de Aristóteles, una «ciencia práctica», la ciencia práctica por excelencia y forma parte de la Antropología (*«la filosofía sobre las cosas humanas»*) cuya culminación la constituye la *Política*. Aristóteles no da nombre, de hecho, a esta ciencia de la conducta, pero da a entender claramente que está hablando de «Política» y que lo hace en calidad de «estudioso de la Política»[19]. Este término lo utiliza, pues, de manera ambigua: en general, referido a todos los escritos sobre la conducta humana, y, específicamente, a los que tienen por objeto la comunidad política. Sólo la obra que dedicó a estos últimos lleva este nombre.

El planteamiento de la Introducción es el habitual: definir con precisión el objeto de estudio y exponer el método apropiado. Con este fin Aristóteles se limita expresamente a las ciencias prácticas y parte de un razonamiento impecable: si todas las artes o conocimientos prácticos tienen como fin el bien (lo bueno, algo bueno), y unas se subordinan a otras, también los bienes se subordinan entre sí. Pero como no puede haber un proceso *ad infinitum,* tiene que existir un Bien Supremo que no se subordine ya a otro –el que corresponde a la Ciencia suprema dentro de las Prácticas, que es la Política porque «ordena» a las demás dentro de la polis–. Y este Bien es el bien del hombre (ἀνθρώπινον), no el Bien en abstracto o la Idea de Bien.

El problema estriba en buscar qué es este Bien, ya que la palabra «bien», *agathón,* es polisémica. Y es aquí donde Aristóteles deja bien claro por primera vez que la Política no es una ciencia exacta y que en cada ciencia hay que adaptarse metodológicamente al objeto: como este objeto no es unívoco y eterno no hay que buscar la precisión (ἀκρίβεια) máxima. Y, naturalmente, el método no puede ser deductivo, sino inductivo, por lo que hay que comenzar examinando las opiniones comunes (τὰ φαινόμενα, τὰ ἔνδοξα, etc.). Aristóteles comienza aceptando sin más la creencia casi universal de que el Bien es la FELICIDAD O EUDAIMONÍA. El problema es, una vez más, en qué consiste la Felicidad, y, como ésta significa la más elevada y excelente clase de vida, acude a la división entres clases de vida que suelen seguir los humanos –la del placer, que sigue la mayoría; la del honor, que siguen los hombres de acción; y la de contemplación de la verdad, que es la propia del sabio–. En realidad, este tema demuestra que Aristóteles sigue pisando terreno platónico, porque las clases de vida se corresponden con las de alma en la *República.* También revela que no estamos ante un «eudemonismo» o utilitarismo vulgar, como se ha malentendido a veces debido a la traducción de *eudaimonía* por «felicidad», porque Eudaimonía significa «bien vivir» –de hecho, en una dudosa etimología, el autor lo identifica con *eû práttein,* expresión que no tiene equivalente en ninguna lengua culta actual, pero que se refiere a una condición permanente, consecuencia de una actividad (πράττειν) recta y plena de éxito (εὖ)–. No es, pues, un *estado anímico,* sino «la más excelente clase de vida, es decir, de actividad vital». Aristóteles promete tratar sobre ella en las páginas siguientes (ἐν τοῖς ἑπομένοις), pero no lo hace hasta el final del libro X. Lo que sí hace, en cambio, es añadir una cuarta vida, la del negocio –desdeñable como la primera, aunque más por banal que por perversa– que quiebra la citada división platónica tripartita sobre las clases de alma, de ciudadano y de virtud.

Éstas son las opiniones de la mayoría, pero hay una en la que Aristóteles se detiene con especial interés, ya que es la teoría que durante mucho tiempo mantuvo él mismo –la de que el Bien no es la Eudaimonía en los términos citados, sino la Idea platónica de Bien–. Sin embargo, parece claro que lo que busca Aristóteles al plantear este asunto es repudiar expresamente (excusándose por ello, con lo que lo resalta todavía más) al platonismo. Para empezar, la idea de Bien, objeta el estagirita, es unívoca –se predica en todas las categorías e, incluso dentro de una, es objeto de más de una ciencia–. Incluso su supuesto carácter de eterno no le añade valor. Y, lo que es más, no sólo es irrelevante para la Política: la idea de Bien sería inalcanzable e inútil en la práctica. En cambio, la Eudaimonía es el bien supremo (τέλειον) en los dos sentidos de este adjetivo: porque es «perfecta» en sí misma y porque es la «última» en la jerarquía de los bienes.

Una vez descartada la teoría platónica, y admitida la Eudaimonía o felicidad como bien supremo, la tarea inmediata consiste en determinar en qué consiste el bien o la felicidad *para el hombre:* después de todo, identificar el Bien con la Eudaimonía es decir bien poco. Aristóteles encuentra que el bien en todas las artes o conocimientos prácticos (τέχναι) consiste en su actividad propia o «función» (ἔργον); por tanto, (a) *el bien del hombre consiste en su función*. Éste es un primer acercamiento a la definición, aunque provisional e incompleto, ya que se necesita averiguar en qué consiste esa función. Para ello, a Aristóteles le basta con acudir a la teoría sobre las tres partes del alma: pues bien, descartada la vegetativa, que comparte con los animales, es obvio que la función o actividad en que consiste el bien del hombre es la actividad de su parte racional; y, como ésta se subdivide en una que «posee la razón» y otra que la «obedece», la función del hombre será *el ejercicio del principio racional* o el del principio apetitivo sometido al racional. Y no sólo el ejercicio, sino el ejercicio «sobresaliente», «excelente». Así alcanza Aristóteles un segundo acercamiento a la definición de Eudaimonía como (b) *ejercicio de las actividades del alma de acuerdo con la excelencia o virtud*. Con ello se incluye el concepto de areté, excelencia o virtud, en la definición de felicidad –lo cual será determinante, porque a partir de aquí el estudio de la Ética será el estudio de la Virtud y las virtudes–.

Pero antes de adentrarse en ese terreno, Aristóteles se va a replantear una vez más metodológicamente la cuestión. Lo que se ha alcanzado hasta ahora se debe contrastar con las opiniones existentes sobre ello –un principio metodológico de gran importancia que expone aquí con detalle (I. 8)[20]–. Según estas opiniones, existen bienes externos y bienes del alma, y estos últimos son mejores. Esto es correcto, pero tanto las gentes como los pensadores de épocas anteriores lo que han hecho es atribuir a la Felicidad parcialmente y de forma incompleta ciertos rasgos que se incluyen en la definición dada: así el de «virtud» (pero no la posesión, sino el ejercicio de ella), o el «placer» (pero no como un añadido, sino como algo esencial); o los «bienes externos» (aunque unos son necesarios y otros sólo coadyuvan).

En todo caso, queda por completar la definición de Felicidad porque, si bien ésta es en principio estable, los cambios de fortuna bruscos y frecuentes pueden afectarla. Por ello, acudiendo al célebre pasaje de Solón y Creso de Heródoto, se completa la definición de arriba añadiendo la frase (c) *durante una vida completa.*

Con lo cual, y en pleno libro I, se inicia el estudio de la VIRTUD en relación con la psicología que Aristóteles había diseñado en el *De Anima*. En la búsqueda de una definición para la misma, lo primero que queda claro es que la virtud es algo propio *del alma* y no del cuerpo –ni de la parte puramente animal del alma, puesto que lo que se busca es la felicidad *humana*–. Y como el alma –eliminado el principio apetitivo– tiene una parte racional y otra que, de un lado, sigue a ésta, y, de otro, la resiste e incluso combate, (i) habrá una virtud *dominante,* puramente *racional* o intelectual –aunque se desdobla en teórica o Sabiduría y práctica o Prudencia–. Las demás son de orden *moral* porque afectan a la conducta y al carácter del hombre. Y son las virtudes en sentido propio, porque un «hombre bueno o malo» lo es en tanto que justo, templado, valiente, etc., o no. (ii) El ámbito de éstas es, precisamente, el asiento de los apetitos, allí donde se determina que un hombre sea bueno moralmente si los domina (ἐγκρατής), o malo si no los domina (ἀκρατής). Aquí vemos cómo Aristóteles, provisionalmente y por interés del argumento, hace coextensos los conceptos de *bueno* y *continente,* así como los de *malo* e *incontinente:* más adelante (Libro VII) los precisará y ampliará su estudio. (iii) Por otra parte, las virtudes no se nos dan por naturaleza, sino que se adquieren con el ejercicio –son disposiciones potenciales, pero se manifiestan y se adquieren actuando–. Y actuando en conformidad con la razón (κατὰ λόγον): si la parte que es su dominio está sometida a la razón, ellas consistirán en «actuar en sometimiento a ésta» (Primera Definición). (iv) Como, además, esta parte del alma es el asiento del placer y el dolor, son estas afecciones la mejor prueba de la virtud: ésta es, pues, *«la cualidad de obrar de la mejor manera en relación con el placer y el dolor»* (Segunda Definición). (v) Finalmente, las virtudes se pierden por un exceso o defecto en la acción dentro de la esfera que las concierne, de donde se concluye que la virtud es, genéricamente, una disposición o hábito que hace bueno al hombre y capaz de realizar mejor su función; pero, específicamente, es «la disposición o hábito de elegir el medio relativo a nosotros en acciones y emociones, determinado por la razón y tal como lo determinaría un hombre prudente» (Tercera Definición). Ello, naturalmente, allí donde las acciones o pasiones no son necesariamente viciosas, como es el caso en ocasiones. En general, pues, la virtud es una «condición intermedia» (μεσότης) entre dos extremos viciosos, aunque en lo que toca a la excelencia se considera un extremo. Y esta condición es la del medio «relativo a nosotros», no el absoluto, que es el de los objetos de la aritmética y consiste en un punto equidistante entre dos extremos; el medio moral, referido a las acciones y pasiones, es simplemente el que no es «excesivo» ni «demasiado corto», y, por tanto, no es el mismo para todo el mundo –igual que la cantidad de comida en una dieta «equilibrada» no es la misma para una persona que para otra–. Por otro camino se llega una vez más a la falta de precisión (ἀκρίβεια), en este caso al relativismo de lo moral. El medio, la mediedad, consiste en sentir y obrar en el tiempo, ocasión, modo, hacia la persona y con el propósito *debido* (ὡς δεῖ). El medio es, pues, lo que *está bien* en acciones y pasiones, según las circunstancias, de acuerdo con la razón y tal como lo haría un hombre prudente. Así se llega a una definición en la que todos los comentaristas ven, con razón, un razonamiento circular que podría reducirse a la siguiente fórmula: «Ser virtuoso es alcanzar el justo medio; y alcanzar el justo medio es obrar como lo haría un hombre virtuoso».

Para cerrar esta parte del primer «tratado» sólo le resta al estagirita ejemplificar esta teoría del término medio con un elenco de las virtudes generalmente aceptadas; ver sus vicios opuestos y, finalmente, sugerir algunos consejos prácticos para alcanzar el medio, que se reducen, en definitiva, a huir del extremo más lejano y elegir el mal menor en caso de necesidad mayor; vigilar los extremos a los que somos más inclinados por naturaleza y guardarnos del placer, que suele coincidir con lo anterior.

Libros III-IV. La responsabilidad moral. Las Virtudes

Si el final del Libro II era un manojo de consejos volcados excesivamente a la práctica, el III retoma el estudio de la Virtud remontando el vuelo con el planteamiento de un problema fundamental de la Ética: la responsabilidad moral. Ya se ha dicho que la moral tiene por ámbito las (pasiones y) acciones humanas. Pero se impone precisar. En varias ocasiones se ha aducido como prueba de la existencia de la virtud y el vicio la dispensa de elogios y reproches respectivamente[21]. Pues bien, es evidente que sólo es acción moral merecedora de elogio o reproche aquella que es voluntaria. Pero, además, la definición última de virtud (véase *supra*) comprende el concepto de elección. Por ello el Libro III comienza (§1) distinguiendo entre acto voluntario e involuntario –y evaluando la ignorancia de las circunstancias– para seguir tratando sobre el propio concepto de «elección» (προαίρεσις, §2); y sobre el de «deliberación» (βούλευσις) que la elección presupone (§3). Igualmente se distingue a una y otra del «deseo» (βούλησις, §4). La conclusión de todo ello es que virtud y vicio son voluntarios porque dependen de nosotros, como demuestra la legislación de todos los Estados con su sistema de castigos y premios; y como pone de manifiesto el hecho de que nosotros mismos no desaprobemos lo que es inevitable en lo moral, como no lo hacemos con los defectos físicos. También se plantea, de un forma llamativa para nosotros, que pertenecemos a la era de la Genética, hasta qué punto «nuestra manera de ser natural» (ὁποῖος ποτ' ἐστι ἕκαστος, εὐφυία...) condiciona nuestra conducta. Aristóteles rechaza abiertamente esta idea porque, de ser así, quedaría destruida la responsabilidad moral. Es lo más cerca que llega Aristóteles del concepto del «libre albedrío», y su tratamiento es abiertamente insuficiente.

Una vez dilucidado este problema fundamental, desde III §6 hasta el final del Libro IV Aristóteles analiza en detalle, y de una manera literariamente más cuidada (el estilo es más terso y hay muchas citas literarias) las diferentes virtudes. Comienza con las dos cardinales de Platón que más se ajustan a la teoría del medio, como son la Valentía (ἀνδρεία) y la Templanza (σωφροσύνη). La Justicia (δικαιοσύνη) se estudia aparte, en el Libro V, y la

Prudencia (φρόνησις), que está en un plano diferente ya que es intelectual y no moral, aunque fundamental para la conducta recta, será el objeto, junto con otros aspectos esenciales de la conducta que con ella se relacionan, de los Libros VI y VII.

A la Valentía, la virtud de los «guardianes» de la república platónica le dedica cuatro largos párrafos (III, § 6-9), lo que pone de manifiesto, una vez más, el carácter político de la ética del estagirita. A la Templanza le dedica tres (III, § 10-12) y el resto, es decir, el Libro IV completo está formado por un conjunto que revela, mejor que cualquier otro testimonio, las que en época de Aristóteles eran consideradas como las virtudes propias de los ciudadanos libres, adultos y acomodados de Atenas. No hay lugar alguno para los no ciudadanos, los esclavos o las mujeres; no queda mucho ni siquiera para los ciudadanos pobres o los simples trabajadores, ya sea porque son virtudes que no están a su alcance, como la «generosidad» (ἐλευθεριότης), la «magnificencia» (μεγαλοπρέπεια) o la «grandeza de ánimo» (μεγαλοψυχία), como porque son, adicionalmente, dotes sociales ajenas a su clase de vida, como la «gracia en el trato», la «agradabilidad» (virtud sin nombre), la «sinceridad para reconocer los propios méritos» sin ser jactancioso, el «ingenio» en el trato social y «falsa modestia» (εἰρωνεία). Quizás a un hombre que no perteneciera a los círculos que frecuentaba Aristóteles le quedaba la «mansedumbre» (πραότης) y, en todo caso, la «falsa modestia» si era un buen artesano. Son virtudes eminentemente sociales y algunas llamativamente ajenas a las virtudes cristianas: la *megalopsychía,* por ejemplo, se acerca mucho al «orgullo» que, en la ética judeocristiana, está más cerca del vicio que de la virtud; en cambio, la humildad, que es su extremo negativo, es un vicio para Aristóteles. Por eso en el cristianismo, entre todas ellas, permanecieron con sus nombres las cardinales, aunque vaciadas de sus antiguos valores que fueron sustituidos por los nuevos, y se crearon otras que se ajustaran más a la nueva perspectiva moral, más individualista y, sobre todo, sometida al plano religioso. Por otra parte, la *enkráteia,* que para Aristóteles era una disposición virtuosa general, se convirtió durante muchos siglos en la virtud fundamental llegando a extremos que a Aristóteles le habrían parecido más propios de la grosería (ἀγροικία) y la insensibilidad, que es un extremo vicioso de la templanza.

2. LOS LIBROS COMUNES: V-VII

Libro V. La Justicia

Ya he señalado arriba que estos dos libros se insertan en ambas Éticas y que se discute a cuál de las dos pertenecían originariamente. También, que es probable que fueran escritos con independencia de ambos[22]. En efecto, el Libro V trata íntegramente el tema de la Justicia y tiene todos los visos de ser un tratado independiente[23]. Ya resulta extraño que en la larga sección dedicada a las virtudes (III § 6-IV § 13) no figure la Justicia (δικαιοσύνη), que es la virtud por excelencia para Platón. Resulta obvio que la frase de 1108b7 («acerca de la justicia, puesto que no se dice tal en términos absolutos, hablaremos después de esto estableciendo divisiones en cada caso y viendo en qué medida hay término medio. E igualmente acerca de las virtudes intelectuales») es un añadido del «editor» para justificar la inclusión de V-VII. Ello es extraño, precisamente, en una consideración política *sensu lato* de la virtud en general, que es la aristotélica. Pero, una vez abandonado el fundamento mismo de la teoría de las virtudes cardinales platónicas, la Justicia es, quizá, la que presentaba mayores problemas de integración en el nuevo sistema aristotélico: además de que no es una virtud que se ajuste bien a la teoría del justo medio (sencillamente tiene un extremo que es su negación, *a-dikía,* además de que no afecta a los sentimientos o πάθη y que su término medio no es «con relación a nosotros» o πρὸς ἡμᾶς), es obvio que «lo justo», «la justicia», etc., son términos que presentan una polisemia mayor que otros del terreno moral. Aristóteles es plenamente consciente de los problemas que plantea esta polisemia y, por ende, dedica el comienzo del libro a examinar en qué sentidos se habla de «justicia» (o «lo justo» y «el hombre justo»). Lo primero que afirma es que si «injusto» *(ádikos)* es aquel que quebranta la ley, el justo será el que la cumpla; y, por tanto, habrá una JUSTICIA GENERAL con un sentido muy amplio –prácticamente coextenso con el de la virtud–. Porque la ley nos ordena «ser valientes», «no agredir a los demás», «no cometer adulterio», etc.; es decir, practicar todas las virtudes y evitar todos los vicios. La única cualificación que recibiría como virtud perfecta es que es así *en relación con el prójimo* (πρὸς ἕτερον).

En un sentido más restringido, y como una parte de la Justicia genérica, estaría la JUSTICIA PARTICULAR que tiene que ver con la *distribución* (y posesión) de bienes y honores, y que se ajusta un poco mejor a la doctrina del justo medio: la justicia particular y restrictiva consistirá en asignar (o quedarse) con la parte que a uno le corresponde, que es el término medio entre el exceso y el defecto. E, incluso dentro de esta justicia particular, Aristóteles distingue entre una PÚBLICA –distribución de bienes y honores de la comunidad– y otra PRIVADA que regula las relaciones de intercambio entre ciudadanos proporcionando un *principio corrector* (διορθωτικόν) tanto en las VOLUNTARIAS como, sobre todo, en las INVOLUNTARIAS, como robo, adulterio, etc., y las VIOLENTAS, como el asesinato, etc., que son por naturaleza viciosas. Serían, pues, respectivamente, la justicia «distributiva» y la «correctiva», pero estamos, claramente, ante una división un tanto forzada que tiene que reclasificar los crímenes, que son sencillamente «actos de injusticia» en el sentido general del término, como «transacciones privadas involuntarias o violentas».

En realidad la doctrina del justo medio se aplica sólo en propiedad a la justicia distributiva, y, tal como la entiende Aristóteles, ésta afectaría a muy pocos ciudadanos, es decir, aquellos a quienes va dirigido este tratado y que son quienes, por su situación económica o social, están en condiciones de soportar las «liturgias» del Estado y recibir compensaciones por ello. La justicia «correctiva» no consiste tanto en buscar un término medio como en «restablecer la igualdad» (ἰσάζειν τὸ ἄνισον). Con este objeto, Aristóteles había introducido al comienzo del libro el concepto *íson* (igualitarismo) como sinónimo de *díkaion*. Si la injusticia es *áni-*

son, la justicia correctiva consistirá en restablecer la igualdad. Debido a esta resistencia del concepto de «justicia» para integrarse en la doctrina de la *mesotes,* hay pasajes en los que se fuerza la realidad lingüística, como cuando afirma que el juez es un término medio (μέσον), por lo que en algunos lugares los llaman «mediadores» (μεσίδιοι) –lo cual no es en absoluto cierto: semejante palabra no está documentada en ningún documento ni literario ni epigráfico, aunque sí en papiros tardíos y con otro sentido (véase nota 7, pág. 185)–. Claro que el estagirita va más lejos todavía cuando relaciona etimológicamente, de forma ya un tanto distorsionada que recuerda al *Crátilo* platónico, la palabra *díkaios* (del indoeuropeo **deik-*) con δίχα (que tiene que ver con el número «dos»). De otro lado, hay dudas sobre la forma de integrarlo en la teoría del término medio: de esta manera, en un momento dado se expone la actuación del juez al *igualar lo desigual* como una operación mecánica de restituir a la parte perjudicada lo que se le ha «detraído» (en las transacciones involuntarias «la justicia es en cierto sentido un término medio entre la ganancia y la pérdida»), lo que, adicionalmente, revela una concepción cuantitativista un tanto forzada que se basa en el uso ambiguo de la palabra ζημία como «castigo» impuesto por un juez y «pérdida» en un negocio o actividad económica. Pero en otro momento se afirma que en las transacciones voluntarias la justicia consiste en «no ganar ni más ni menos de lo que le pertenece a uno mismo». Y más abajo (1133b29 y ss.) se concluye que «una acción justa es intermedio entre realizar una acción injusta y sufrirla».

En general esta parte resulta erística, poco convincente y confusa. Pero no todo es así y hay aportaciones importantes: una de ellas es la explicación, básicamente correcta, sobre el origen, valor y función del dinero –la primera que se conoce–.

Pero después de dedicar seis capítulos a la justicia particular, advierte Aristóteles que no hay que olvidar que el objeto de estudio es la justicia general o política. Y a ésta dedica el resto del libro, no sin insertar un excurso un tanto farragoso (§ 9-11) sobre si uno puede ser injusto consigo mismo o dejar que le hagan injusticia. Aquí distingue Aristóteles entre distintas formas analógicas de la justicia política, como la doméstica y la de dominio; y, sobre todo, entre la natural y la legal, recordando (§ 8) que es la voluntariedad la que determina si una acción es justa o injusta en referencia a III § 1. Con todo, la parte, quizá, más importante de este libro es la que trata sobre la Equidad[24] (ἐπιείκεια o epiqueya, § 10 ss.). Es un concepto central en la Ética griega, que empieza a ser utilizado por los sofistas y Platón y que pone de relieve la forma en que Aristóteles «manipula» la terminología moral ampliando su espectro semántico o restringiéndolo, si se da el caso, según el contexto. *Epieíkeia* suele aplicarse a una condición moral y social de moderación, pero Aristóteles en este momento restringe su sentido y especializa el término, dentro del terreno del Derecho, como un instrumento sustitutivo de la ley donde (y porque) ésta no llega a los detalles y particularidades concretas. Más tarde se convertirá en una de las fuentes del Derecho.

Libro VI. Las virtudes intelectuales. La Prudencia *(phrónesis)* o inteligencia práctica

Este libro parece también producto de una redacción independiente, y quizá más tardía, ya que en realidad completa contenidos anteriores; particularmente parece concebido para desarrollar la definición de virtud que se dio en II § 6 (...«la *disposición o hábito de elegir* el medio relativo a nosotros en acciones y emociones, determinado por la razón y tal como lo determinaría un hombre prudente»). Por otra parte, completa de alguna manera el estudio de la *areté* ya que desarrolla las virtudes intelectuales a las que se hizo alusión en I § 13.

En efecto, si la virtud es «ejercicio del alma», lo será primariamente de su parte más elevada, la racional que, como se vio anteriormente, comporta a su vez una potencia *calculadora* de orden teórico y otra *deliberativa* de carácter práctico. De otro lado, si la virtud es un «hábito electivo» (ἕξις προαιρετική), tiene que haber una potencia del alma que fije la bondad del fin y la adecuación de los medios para alcanzar ese fin. Ésta es la Prudencia *(phrónesis)*. Para dar cuenta de esta función esencial cuyo sentido y relación con el resto ha cambiado Aristóteles, como antes señalaba, con respecto al platonismo, se acude una vez más a la psicología: el estagirita nos recuerda que hay tres elementos del alma que controlan la acción y la verdad: la Sensación (αἴσθησις), la Razón (νοῦς) y el Deseo (ὄρεξις). Descartada la primera ya que, por sí sola, no conduce al comportamiento racional *(praxis)* como se ve en los animales, quedan la Razón, en cuya esfera se producen la afirmación y la negación, y el Deseo, que se ejerce mediante la búsqueda y el rechazo. Bien es cierto que todas las funciones del alma buscan la verdad, pero sólo la inteligencia práctica, la *phrónesis,* tiene por objeto la verdad que se refiere al recto deseo: ello significa que en la elección se da una conjunción de Deseo y Razón; también que el hombre es un amasijo de ambos, es decir, que el hombre es elección.

Pero ahora Aristóteles amplía el número de las virtudes intelectuales, ya que no hay sólo la Razón: a ésta se añaden otras disposiciones racionales del alma orientadas al descubrimiento de la verdad: Ciencia (ἐπιστήμη), Técnica o Arte (τέχνη), Sabiduría (σοφία), Intuición (νοῦς) y Prudencia (φρόνησις). Se impone distinguir cuidadosamente entre ellas y, especialmente, entre la Prudencia y las demás. Pues bien, el estagirita define la Prudencia (a) como «excelencia en la deliberación», § 9; (b) «inteligencia» en tanto que «capacidad de comprender» (εὐσυνεσία, §10); (c) «consideración» o «juicio» (γνώμη, § 11).

Al final del libro, pese a todo, se advierte contra la tentación de considerar la *phrónesis* como la virtud intelectual por excelencia: ésta es, más bien, la Sabiduría.

Libro VII. Razón y Pasión. El Placer

El Libro VII es largo y denso; y contiene una clara declaración formal de que se va a abordar de forma independiente («hay que tomar un punto de partida diferente», § 1) el problema de la virtud moral. Hay quien ve una relación estrecha entre este libro y el anterior porque, en términos generales, trataríase aquí sobre las relaciones entre la Razón y la Pasión, es decir del predominio de la primera en la virtud de la Continencia *(enkráteia)* y de la segunda por obra de la Incontinencia, que es condición imperfecta. Pero si la *enkráteia* viene ahora a coincidir con la virtud en general, no sucede lo mismo con sus contrarios: la *akráteia* o Incontinencia no es un vicio porque no tiene carácter deliberado, y, además, dentro de ella el impetuoso es fácil de «curar» (§ 10). Ahora bien, es obvio que este planteamiento supone, como indica el autor, un nuevo punto de partida. Un nuevo tratamiento del tema, en realidad, como subraya el hecho de que se repita la metodología preconizada al comienzo del Libro I: examen de las opiniones más comunes y problemas que plantean algunas de ellas. El examen del par Continencia/Incontinencia se realiza sobre los siguientes puntos: (a) si el incontinente *desconoce* simplemente lo que es recto y, por ende, la falta de dominio propio es una cuestión puramente racional; (b) si la Incontinencia se produce dentro de la misma esfera que la Intemperancia, es decir, los placeres corporales (aunque también la hay en la ira). Pero hay que distinguirla, primero, de la Incontinencia animal o brutalidad, y también de la Intemperancia: ésta se manifiesta en la falta de dominio sobre el placer, la Incontinencia sobre el dolor –y ello bajo dos formas, como debilidad (ἀσθένεια) y como precipitación (προπέτεια)–. Sin embargo, no consiste simplemente en no mantenerse en la elección o en la opinión *propia,* sino no hacerlo en la *recta.* (También hay, por cierto, un vicio por defecto en este caso: la insensibilidad al placer.) (c) En fin, se matiza finalmente sobre la relación entre Incontinencia y racionalidad en el sentido de que aquella es incompatible con la Prudencia, pero no con otra forma de inteligencia práctica, la «habilidad» (δεινότης). Y se insiste en que no es un vicio porque la elección del incontinente es moralmente recta y su mala conducta no es deliberada.

Y, como Incontinencia e Intemperancia se dan en el terreno de los placeres corporales, el libro culmina con un tratadito –quizá también independiente en origen y completado en el Libro X– sobre el Placer. De nuevo se utiliza la misma metodología: examen de las concepciones comunes sobre el placer, propuesta de una definición del mismo por parte de Aristóteles y argumentación en favor de esta última. Las opiniones que se aducen son tres: (a) que ningún placer es bueno (Espeusipo y académicos); (b) que unos lo son y otros no (posición del *Filebo* platónico), y (c) que aun admitiendo que pueda haber placeres buenos, el placer no puede ser el Bien supremo. Interesa señalar que Aristóteles, que sustentará en el Libro X la tercera de las opiniones aportadas, adopta aquí una postura más «aristotélica», si se permite la expresión, definiéndolo como «actividad (ἐνέργεια) de nuestro estado natural libre de trabas». Se trata, por tanto, de una definición positiva, aunque, en último término se pone de relieve la inconsistencia del placer debido a nuestra naturaleza compuesta: si los hombres sólo tuviéramos un elemento, como dios, el placer sería perpetuo e inmutable, «siempre el mismo» (ἀεὶ τὸ αὐτό).

3. Libros VIII-IX: La amistad

Con estos dos libros estamos, de nuevo y de manera más clara si cabe, frente a un tratado independiente, por más que el «redactor» lo anunciara al final del libro anterior y que quiera darle, al comienzo del VIII, un cierto tono formal de continuidad: «a esto le seguiría (ἔποιτο) hablar sobre la Amistad». Entre los dos libros, en cambio, no hay solución de continuidad: los parágrafos 13 y 14 de VIII, que plantean el problema de las reclamaciones que se producen en la amistad, tienen continuación y respuesta en §1-3 del Libro IX. La división en dos libros es, pues, convencional y arbitraria por completo –sin duda impuesta por la propia longitud de los rollos de papiro en que estaban escritos–.

Desde luego, no estaba en la mente de Aristóteles tratar tan ampliamente sobre la amistad cuando en el Libro IV, § 6 la describe de pasada como una virtud social menor que «se parece mucho al término medio, carente de nombre, entre la "complacencia" y la *"dyskolía"*». Tampoco es esta pequeña virtud la amistad que Aristóteles estudia extensamente en este tratado: es importante tener presente que *philía* en estos libros se refiere a toda clase de relación o asociación entre humanos, incluso allí donde no hay afecto. Parece, desde luego, que es un escrito tardío, pero afirmar con Sparshott[25] que es obra de un Aristóteles ya anciano es más arriesgado, por más que haya observaciones sorprendentes sobre la juventud y la vejez y se pueda descubrir un cierto tono de amargura y soledad en ocasiones.

La justificación para tratar sobre la amistad la halla Aristóteles en que ésta es una virtud o acompaña a la virtud (luego precisará en qué sentidos –uno de ellos es que es el medio óptimo para desplegar la virtud–). En todo caso es algo «muy necesario en la vida». No hay excusa más poderosa.

Comienza planteándose algunos problemas menores que responden a la concepción generalizada sobre ella –si se basa, o no, en la semejanza entre los amigos; si sólo se puede dar entre los buenos; en fin, si hay una o varias clases de amistad–. En respuesta a esta última cuestión ya distingue (§ 3) las tres clases de amistad –de utilidad, de placer y de virtud– sobre las que se articula todo el tratamiento del tema. Primero, algunas consideraciones generales: las dos primeras son menos estables y no se limitan a los buenos (§ 4); lo mismo que la virtud, la amistad es tanto una disposición como, sobre todo, un ejercicio (§ 5); además, la amistad es diferente según las edades; la buena, que se basa en la virtud, no abunda; la más imperfecta de las tres es la utilitaria (§ 6). A continuación se aborda un problema que se había adelantado al comienzo: la posibilidad de que exista amistad entre desiguales. Aristóteles no cree en la atracción de los opuestos más que como algo incidental y estima que la semejanza es la base de la verdadera amistad –aunque ésta puede darse entre desiguales y se equilibra con el afecto (§ 8)–.

Como la amistad acompaña a toda relación social, el estagirita considera necesario estudiar en profundidad sus relaciones e implicaciones con la Justicia –cosa que hace desde VIII, § 9 hasta IX, § 3–. Comienza analizando la analogía entre las relaciones políticas y las privadas por lo que el análisis se abre (§ 10-12) con una exposición de las clases de Constitución y continúa hablando de las relaciones, es decir, la amistad de parentesco, paterno-filial, fraternal y conyugal, entre las que inserta la de «camaradería», que es lo que nosotros entendemos en propiedad como amistad *sensu stricto.*

En fin, dado este su carácter «social», cercano a la justicia, Aristóteles se plantea ahora las reclamaciones entre amigos, tanto iguales como desiguales –un problema menor para nosotros en el terreno de la amistad, pero muy importante dentro del concepto de amistad del estagirita y en el contexto de su tiempo y sociedad–. Es evidente que la amistad se concibe básicamente sobre el principio *do ut des,* por lo que se plantean como muy importantes problemas como (IX, § 1-3) «quién mide, y de qué manera, la devolución de una prestación»; o bien, «a quién hay que devolver primero la prestación en caso de conflicto». Finalmente se aborda la contingencia de la disolución de la amistad, que, en las especies inferiores, se debe a la cesación del placer o la utilidad en que se sustentan, y, en la virtuosa, al deterioro de uno o a una notable mejora del otro.

Si hasta aquí ha habido un tratamiento bastante consistente y sostenido, desde el § 4 del Libro IX el autor se pierde en el desorden y la casuística. De § 4 a 6 se trata la diferencia entre amistad y egoísmo, amistad y «benevolencia» (εὔνοια) y amistad y «concordia» (ὁμόνοια), para terminar (§ 7-11) discutiendo cinco problemas, interesantes quizá, pero difícilmente compatibles con el hilo argumental, y que constituyen una suerte de anticlímax para un tratado como éste que ha tenido momentos ciertamente brillantes. Éstos son: (a) ¿por qué el benefactor ama más que el beneficiado?; (b) ¿es el egoísmo bueno o malo?; (c) ¿es necesaria la amistad para la felicidad?; (d) ¿debe ser limitado el número de amigos?, y (e) ¿se necesita a los amigos más en la prosperidad o en el infortunio?

4. Libro X. El placer. Ética y educación. La política

La *Ética a Nicómaco* culmina con un libro que tiene todos los visos de haber sido compuesto expresamente como cierre de «la Ética», y, al mismo tiempo, como enlace con la *Política* propiamente dicha.

El Tratado comenzaba con un análisis y escrutinio del concepto de Felicidad *(eudaimonía);* de otro lado, uno de los *leitmotiv* de toda la obra ha sido el concepto de Placer: de hecho en algunos momentos –y sobre todo cuando el estagirita desciende al plano de lo más práctico (véase, Libro II, fin)– parece que la virtud consiste sobre todo en evitar el placer. Y sobre éste, que es junto con el dolor el criterio más firme de lo moral, ya que «la virtud moral (ἠθικὴ ἀρετή) concierne a (ἐστὶν περὶ) los placeres y dolores» (1104b9) ya hay un corto y muy claro análisis al final del Libro VII (capítulos 11-14). Pues bien, el Libro X va a examinar una vez más, pero ahora de forma más completa y conclusiva, ambos conceptos. Los parágrafos § 1-3 exponen, siguiendo restrictivamente la metodología propuesta en 1145b1 y ss., las teorías de Eudoxo y de sus «amigos» los académicos. Según el primero, miembro disidente del platonismo como el propio Aristóteles, el placer es precisamente el Bien supremo por tres razones: (a) todos los seres vivos buscan el placer y evitan el dolor; pero, además, (b) lo buscan tanto como *bien en sí mismo* como porque (c) *acrecienta* otros bienes. Aristóteles refuta perentoriamente esta opinión alegando que ello sólo demuestra que el placer es uno de los bienes, no el Bien supremo, y pasa a exponer la teoría académica que surgió, en parte, como refutación a Eudoxo. Aristóteles la va a refutar punto por punto. Según los académicos (a) no todo lo que todos buscan es bueno, lo que para Aristóteles es «hablar por hablar»; (b) tampoco aceptan el argumento *ex contrario* —que el placer es bueno porque se opone al dolor, que es malo— ya que al dolor también se le puede oponer algo malo o indiferente; (c) el placer no es un bien porque no es una cualidad; (d) no es un bien porque es indefinido (ἀόριστον) y el bien es definido; (e) el placer es un proceso de restauración y, por tanto, algo imperfecto; (f) algunos de los llamados placeres, los reprobables, no son placeres sino para quien los experimenta y ello debido a su condición depravada.

Frente a esta teoría, objeto de disputa en el seno de la Academia, cuyos puntos va refutando Aristóteles uno a uno como quien repite argumentos trillados, el filósofo expone su propia concepción del placer. Ello significa que no se trata de un planteamiento radicalmente nuevo, sino el resultado del ejercicio dialéctico frente a sus antiguos compañeros de escuela. Para empezar, por lo que atañe a la propia naturaleza del placer, éste es completo en sí mismo y, por tanto, no es un proceso ni el resultado de un proceso. En segundo lugar, al tratar sobre las condiciones en que éste se da, Aristóteles lo va a definir en razón de su función u operatividad en los siguientes términos que, por otra parte, tienen una clara pretensión de exhaustividad: «El placer acompaña y perfecciona la actividad de una facultad sana de la sensación o del pensamiento ejercida sobre un objeto bueno». De aquí se deducen las siguientes conclusiones: (a) el carácter efímero del placer, ya que cesa con la actividad a la que acompaña; (b) que el ansia de placer tiene que ver con el ansia de vivir, porque la vida es actividad; (c) el placer es bueno porque «perfecciona el vivir para cada individuo» (τελειοῖ ἑκάστῳ τὸ ζῆν). (d) Finalmente, y muy especialmente, no hay que concebir el placer unitariamente –y mucho menos limitarlo a lo que la gente entiende por *hedoné*–. Hay tantas clases de placer como de actividad, e incluso de especie y de individuo. Desde el punto de vista ético el mejor placer, y el más humano, es aquel que lo es para el hombre virtuoso. Y concluye afirmando que, «por todo lo dicho, el placer en sentido propio (κυρίως) será el de la actividad, ya sea una o más de una, propia del hombre perfecto y feliz»; los demás sólo lo serán en sentido figurado como las actividades a las que acompañan.

Con palabras más claras volverá a decir esto mismo cuando retome el problema de la Felicidad (§ 6-8). Porque de hecho, en un salto audaz y magistral, Aristóteles culmina su *Ética* uniendo el concepto de placer al de *Eudaimonía:* si ésta es la actividad que ejerce la virtud más alta (la Sabiduría especulativa o *theoreîn),* porque es la de la parte más elevada del alma, la más continua, la más autosuficiente, etc., el placer supremo va unido a esta actividad a la que, congruentemente, debe «perfeccionar». Y éste es el placer del sabio. Por eso «la vida del intelecto» (κατὰ τὸν νοῦν) es la «más feliz» (εὐδαιμονέστατος). También la más placentera, porque «la filosofía encierra palceres maravillosos por su pureza y permanencia, y es razonable que el transcurso del tiempo sea más placentero para los que saben que para los que investigan» (1177a25 ss. = X, 7). La vida de la virtud moral (κατὰ τὴν ἄλλην ἀρετήν), en cambio, es feliz sólo secundariamente porque aquí las actividades son puramente humanas. La vida filosófica es cercana a la actividad divina, por lo que el sabio necesita pocos bienes externos y es el más amado por la divinidad.

Éste sería un buen final para la *Ética a Nicómaco* si este tratado fuera una obra con pretensiones literarias, pero Aristóteles no está pensando en una clase de lector que no existe para estas obras suyas. Por ello se cierra, una vez más, en anticlímax con una serie de consideraciones de orden práctico y con una puerta que se abre hacia la Política. El estagirita repite una vez más que la Ética es para practicarla (χρῆσθαι). Pero como la teoría de los libros sólo influye en hombres especialmente dotados para la virtud –y los jóvenes, como se dijo al principio, carecen de experiencia para aprovechar las lecciones de la Política–, se impone crear un sistema educativo para ellos. Éste debe incluir necesariamente la legislación y tiene que ser mejor que el de los sofistas (Aristóteles sin duda piensa en escuelas como la de Isócrates) que confunden Retórica y Política y utilizan códigos ya existentes que no les sirven a los jóvenes debido a su inexperiencia. Debería ser el Estado el que se encargara de su educación, siguiendo el ejemplo de Esparta, y que lo hiciera utilizando sistemáticamente el castigo –e, incluso, el exilio para los incorregibles–. Pero como ello no es fácil, es el padre quien tiene que asumir esta tarea: la autoridad paterna es más débil que la estatal, pero tiene la ventaja del afecto.

Finalmente Aristóteles habla como escolarca y afirma que, «en nuestro caso», «la filosofía sobre los asuntos humanos» (ἡ περὶ τὰ ἀνθρώπινα φιλοσοφία) debe incluir la Política. Con ello se liga el final de la Ética con el inicio de la Política.

III. La traducción. Problemas del léxico

La presente traducción está realizada sobre la edición de I. Bywater (Oxford Classical Texts), aunque también he tenido en cuenta la de H. Rackam (LOEB) –véase la bibliografía–. Mi intención ha sido la de conseguir una traducción lo más ajustada posible al texto griego tratando, al mismo tiempo, de facilitar al lector el tránsito por un discurso cuya coherencia y lógica interna son a menudo más oscuras en las traducciones que en el propio original griego.

Traducir a Aristóteles no es fácil, sobre todo, por dos razones: primero por la sintaxis oracional característica de todos los escritos que componen el *Corpus:* es monótona y, lo que es peor, está llena de conjunciones polisémicas (εἰ, ὅτι, ὡς, ἐπεί, ἐπειδή ...) o de participios de valor circunstancial ambiguo cuya inadecuada intelección por parte del traductor puede arruinar la comprensión de no pocos pasajes, algunos de ellos fundamentales, y, sobre todo, dificultar el propio fluir de la lexis argumentativa. Ello va unido en no pocas traducciones a una puntuación inadecuada que impide ver la estructuración del pensamiento en enumeraciones, clasificaciones, etc. No hay que olvidar que el griego antiguo, al ser una lengua pensada más para la oralidad que para la escritura, carece de los signos (numéricos o no) que utilizan las lenguas modernas para articular formalmente el discurso. Las partículas μέν...δέ para una clasificación bipolar, y los adverbios πρῶτον μέν, ἔπειτα δέ y ἔτι para las enumeraciones son prácticamente todos los elementos que posee el griego para este fin.

A veces, es cierto, la falta de coherencia se debe a la larga historia de la transmisión de un texto que ha sido ampliado, manipulado e interpolado por una larga cadena de «peripatéticos» que consideraban suyas las obras y creían hacer un favor a la posteridad con sus adiciones, transposiciones de palabras o frases, recapitulaciones y escolios que, al final, encontraron la forma de introducirse en el texto aristotélico.

El segundo gran problema que se plantea, y que es de carácter diferente y más grave si cabe, es la naturaleza del léxico. Tanto los problemas de sintaxis como los de léxico afectan a todo el que lee el texto aristotélico, ya sea en el original o en traducción, pero los de léxico afectan muy especialmente al traductor que tiene la ardua, y a veces imposible, labor de encontrar equivalencias donde no las hay con mayor frecuencia de la deseada. O éstas son sólo aparentes. Si el léxico filosófico de Aristóteles es, en general, problemático[26], el de la *Ética* lo es en grado sumo, en primer lugar porque las palabras pertenecientes al terreno de lo moral se caracterizan por una mayor inestabilidad semántica (de ahí la obsesión de Sócrates por llegar a un acuerdo con su interlocutor sobre el significado de cada concepto moral) debido a la inestabilidad de sus propios referentes –cosa que sucede en menor medida, por ejemplo, en la *Física*–. Y una mayor tendencia al cambio semántico: si las valoraciones morales cambian con el paso del tiempo, ello tiene necesariamente que infectar al léxico en que se expresan. Es sabido que en la Atenas del final de la guerra del Peloponeso, y quizá no sin relación con ella, se produjo un cambio radical en las concepciones morales: pues bien, Aristóteles está intentando (y él es plenamente consciente de ello, como demuestra su conciencia lingüística) codificar el nuevo sistema de moralidad e incluso innovar abiertamente sobre la base de éste. Para ello necesita acuñar nuevas palabras o cambiar el sentido de palabras antiguas, a veces rescatando (lo que él cree) su sentido prístino acudiendo a la etimología y a menudo dejando (y utilizando a veces) parte de sus viejas acepciones; hay muchos semas que nunca se perdieron.

Por resumir mucho el problema, (1) gran parte del léxico que encontramos en la *EN* ya estaba lleno de ambigüedades para los hombres de la época en que se escribió: ni Platón ni Aristóteles lograron desprenderse por completo de la ética aristocrática que predicaba la areté como algo genético y como algo unitario, y que se basaba pura y simplemente en la sanción social. Por ello términos como καλός y αἰσχρός ('bello-feo' y 'bueno-malo') siguen anclados en el terreno de la estética, además de instalarse en el de la Ética; por eso términos como ἀγαθός y κακός nunca abandonaron del todo su originario valor social ('noble / plebeyo'); por eso hay varios pares de adjetivos (y adverbios) que se disputan los conceptos que se sitúan en el propio corazón de la Ética, como son los de «bueno» y «malo» (ἀγαθός, καλός, σπουδαῖος, χρηστός, ἐπιεικής...).

(2) Por otra parte, si ya había ambigüedades para un griego de la época de Aristóteles, el problema se agudiza para nosotros, que tenemos una moral «teológica» desde el cristianismo o, al menos, una ética «normativa». Y, lo que es peor, *que hemos heredado y seguimos utilizando las mismas palabras* (y no sólo del terreno moral) con sentidos a veces muy diferentes. Ello es especialmente llamativo en el caso de las virtudes: no pocas de las *aretaí* aristotélicas son para nosotros, más bien, rasgos de la personalidad; y otras, incluso defectos o vicios, como es el caso de la *megalopsychía* cuyo calco es, en español, la «magnanimidad», pero que se acerca a la soberbia y cuyo opuesto vicioso, la humildad, es, por contra, una virtud cristiana. Esto es, naturalmente, un caso extremo, pero desajustes menores en las equivalencias semánticas hay muchos.

El problema es que no tenemos otras palabras para traducir muchos conceptos: ¿cómo traducir la propia *eudaimonía* para no ir más lejos? Su traducción por «felicidad» es ambigua y ha llevado a algunos comentaristas a conceptuar erróneamente la Ética del estagirita, como acabo de señalar. ¿Y *areté*? A menudo equivale exactamente al concepto español de «excelencia» (que es su valor originario), pero con igual frecuencia equivale más o menos a nuestro «virtud», por más que este término esté cargado de connotaciones religiosas ajenas al talante griego.

Finalmente, dos palabras sobre el léxico estrictamente técnico. Es sabido que Aristóteles tenía una conciencia muy viva de la necesidad de un léxico unívoco y consiguió fijar no pocas palabras que podríamos llamar «técnicas». Por otra parte, la escolástica medieval tradujo al latín, generalmente mediante calcos semánticos, todas ellas y han pasado al castellano directamente desde este latín. En este caso personalmente prefiero cambiar algunas recurriendo a la «etimología» para recuperar su sentido original que se ha perdido debido a los cambios semánticos de nuestra lengua: así «por concurrencia», etc., en vez de «por accidente», «aquello-para-lo cual» en vez de la «causa final», o algunas categorías como la de «sustancia», que traduzco por «entidad».

Notas

1. Es posible que fuera una acuñación de la Academia, pese a que no aparece en ninguno de los diálogos platónicos. La palabra ἦθος significa inicialmente 'hábitat' como se ve en Homero (Cf. *Ilíada* 6511, etc.); desde Heródoto se utiliza siempre, aunque no frecuentemente, con el significado de 'costumbre'.
2. Alusiones parentéticas, del tipo «como se dijo ἐν τοῖς ἠθικοῖς» (cf. *Política* 1261ª31) y pocos casos más, parecen más propias de un «redactor» que del propio autor.
3. Cf. I, 2, 3, etc., VII, 11.
4. Se ha sugerido que se debe al hecho de estar escrito en dos rollos que debían ser grandes porque contenían un texto que equivale al de tres o cuatro de las *Éticas*. Pero no se puede descartar que fuera irónico.

5. Sin embargo Cicerón *(De Finibus* 5.12) se pregunta «por qué el hijo no pudo ser igual que el padre» *(non video, cur non potuerit patri similis esse filius)* cuando dice que se atribuye al propio Aristóteles la *Ética de Nicómaco*.
6. Por ejemplo, lo da por supuesto F. Susemihl, en su edición de Teubner (Leipzig) de 1884 *(Aristotelis Ethica Eudemia Eudemi Rhodii Ethica),* como se ve por el título.
7. Véanse los trabajos, ya antiguos, sobre el estilo de esta obra en R. Ch. Eucken, *Über den Sprachgebrauch des Aristoteles, Beobachtungen ueber die Praepositionen,* Berlín, 1868 y *Über die Methode und die Grundlagen der aristotelischen Ethik,* Berlín, 1870.
8. Las excepciones son Von Arnim («Die Echtheit der Grossen Ethik», *Rheinisches Museum* 76, 1927), Dirlmeier *(Aristoteles. Magna Moralia,* Darmstadt, 1958) que trata de rebatir (con poca coherencia) las pruebas lingüísticas (empleo exclusivo de palabras de uso mecánico, como ὑπέρ en vez de περί, εἰδῆσαι por εἰδέναι, etc.), e I. Düring («Aristoteles», en *RE,* Suppbd. XI, 1968, col. 159 ss.), quien no sólo considera la obra aristotélica, sino que afirma que la escribió cerca del 350 a. C. Últimamente J. M. Cooper («The *Magna Moralia* and Aristotle's moral philosophy», *AJP* 94 (1973), pp. 327-349) considera la obra «aristotélica», pero no escrita por el estagirita, sino por un discípulo.
9. Ya se encuentra, entre otros, en Von der Mühl, *De Aristotelis Ethica Eudemia Auctoritate,* Gotinga, 1909, en Burnet, *Essays and addresses,* Londres, 1929, p. 294, etc.
10. En su *Aristóteles,* México, 1984² (trad. esp. V. Gaos), cap. IX. «La Ética original», pp. 262-297.
11. Cf. *EE* 1249b20.
12. Cf. nota 12, pág. 64.
13. Cf. Kenny, A., *The Aristotelian Ethics. A Study of Relationship between the Eudemian and Nicomachean Ethics of Aristotle,* Oxford, 1978.
14. Cf. T. Irwin, «Review of Kenny 1978», *Journal of Philosophy* 77 (1980), 338-354, y H. B. Gotschalk, «The earliest aristotelian commentators», en R. Sorabji (ed.), *Aristotle Transformed: The Ancient Commentators and Their Influence,* Ithaca (Cornell Un. Pr.), 1990.
15. Cf. *op. cit.* pp. 5 ss.

16. Cf. X 4 (y nota 2, pág. 327).
17. Cf. I 13.
18. Cf. VI 3 (y nota 6, pág. 212).
19. Incluso llega a afirmar en I 13 que el «político» debe conocer bien «los asuntos del alma», la psicología.
20. Cf. G. E. L. Owen, «Tithenai ta phainomena», en J. Barnes Barnes, M. Schofield, y R. Sorabji (eds.), *Articles on Aristotle*, vol. I, Londres, 1975, pp. 113-126.
21. Véase I 12 y *passim*. Esto demuestra que, de alguna manera, Aristóteles sigue conservando adherencias de la moral tradicional, basada en la sanción social, y que E. R. Dodds (véase *Los griegos y lo irracional*, Madrid, 1966) considera propio de lo que él llama «una cultura de vergüenza».
22. No pocos estudiosos tratan de justificar con argumentos, más o menos convincentes, la «relación» de estos libros, especialmente V y VI con la *Ética a Nicómaco*. En cambio, el VII lo consideran más adecuado dentro de la *Eudemia*, sobre todo por el tratadito sobre el placer que es un duplicado del que aparece en X (cf. P. Moraux, *Les listes anciennes des ouvrages d'Aristote*, Lovaina, 1951, p. 80), pero no parece un debate con muchas posibilidades. Véase el sensato planteamiento de Sparshott, *op. cit.* 153-156, sobre el asunto.
23. Me atrevería a sugerir la posibilidad de que este tratado coincida con el Περὶ δικαιοσύνης de la Lista de Diógenes Laercio. El problema es que al título de Diógenes se añade Δ (es decir, «4» libros), pero podría ser un error paleográfico, muy común, de confusión con A (es decir, «1» libro).
24. Cf. J. L. Calvo, «La *Epieíkeia* de Platón a Plutarco», en A. Pérez Jiménez (ed.), *Platón, Aristóteles y Plutarco. Actas del V Congreso Nacional de la I.P.S.* (Madrid-Cuenca, 4-7 de mayo de 1999), Madrid, 1999, 145-161.
25. Cf. *op. cit.,* p. 10.
26. Cf. J. L. Calvo, «El léxico científico en la *Física* de Aristóteles», en *De Homero a Libanio*, J. A. López (ed.), Madrid, 1995.

Bibliografía

La bibliografía sobre Aristóteles en general, y sobre su *Ética* en particular, es hoy casi inabarcable. Destaco a continuación los libros que, a mi juicio, han tenido y siguen teniendo vigencia, así como las publicaciones más notables entre las más recientes.

1. Ediciones y comentarios

Los filólogos especialistas en Aristóteles no han sido excesivamente generosos con la edición de esta obra. Así, es llamativo que las ediciones más seguidas sean todavía la de I. Bywater (Oxford, 1894), reeditada ininterrumpidamente hasta 1963 en Oxford Classical Texts, y la de H. Rackam (1926, Londres-Harvard, LOEB), también reeditada por última vez en 1982. Es muy necesaria una edición completamente renovada de la obra, cuyo texto en definitiva se basa en el que estableció Bekker en 1831.

Entre los comentarios, destaco el ya clásico de R. A. Gauthier-J. Y. Jolif, *L' Étique à Nicomaque* (3 vols.), Lovaina, 1958-1959, y el más reciente de F. E. Sparshott, *Taking Life Seriously. A*

Study of the Argument of the Nicomachean Ethics, Toronto, 1996.

Aparte de estos comentarios «seguidos» del texto, merecen destacarse en este epígrafe obras colectivas sobre la Ética aristotélica, como A. Rorty (ed.), *Essays on Aristotle's Ethics,* Berkeley, 1980, y J. Barnes, M. Schofield, y R. Sorabji (eds.), *Articles on Aristotle,* vol. II, Londres, 1977, y R. C. Bartlett y S. D. Collins (ed.), *Action and Contemplation: Studies in the Moral and Political Thought of Aristotle,* 1999.

2. Traducciones

Las dos traducciones clásicas al inglés son la de W. D. Ross (Oxford, 1925), cuya primera edición data de 1925, y la de H. Rackam, que acompaña a su edición citada y que considero superior a la de Ross.

Entre las traducciones al castellano, destaco la de M. Araújo (con introducción y notas de Julián Marías), Madrid, 1959, y la más reciente de J. Pallí Bonet (con una excelente introducción de E. Lledó Íñigo), Madrid (Gredos), 1985.

3. Monografías

ALLAN, D. J.: «*Magna Moralia and Nicomachean Ethic*», *JHS* 77 (1957), pp. 7-11.

AUBENQUE, P.: *La prudencia en Aristóteles,* Barcelona, 1999 [*La Prudence en Aristote,* París, 1963].

AUSTIN, J. L.: «*Agathon* and *Eudaimonia* in the ethics of Aristotle», en Austin, *Philosophical papers,* Oxford, 1961, pp. 1-31 [reimpr. en J. M. E. Moravcsik, *Aristotle,* pp. 261-296].

BARNES, J., SCHOFIELD, M., y SORABJI, R. (eds.): *Articles on Aristotle,* vol. I, Londres, 1975; vol. II, 1977; vol. III, 1979; vol. IV, 1979.

BROADIE, S.: *Ethics with Aristotle,* Nueva York, 1991.

BURNYEAT, M. F.: «Aristotle on learning to be good», en Rorty, *Essays,* pp. 69-92.

COOPER, J. M.: «The *Magna Moralia* and Aristotle's moral philosophy», *AJP* 94 (1973), pp. 327-349.

– *Reason and Human Good in Aristotle,* Cambridge, Massachusetts, 1975.

– «Aristotle on friendship», en Rorty, *Essays,* pp. 301-340.

– Review of A. Kenny, *The Aristotelian Ethics,* en *Nous* 15: 1(1981), pp. 381-392.

DIRLMEIER, F.: *Aristotle: Magna Moralia* (trad.), Berlín, 1958.

– *Aristoteles, Nikomachische Ethik,* Berlín, 1962.

ENGBERG-PEDERSEN, T.: *Aristotle's Theory of Moral Insight,* Oxford, 1983.

FLASHAR, H.: «The critique of Plato's ideas in Aristotle's Ethics», en Barnes, *Articles* II, pp. 1-16.

FORTENBAUGH, W. W.: «Aristotle and the Questionable Mean-Dispositions ». *TAPhA* 99 (1968), pp. 203-231.

– *Aristotle on Emotion,* Nueva York, 1975.

GOSLING, J. C. B., y TAYLOR, C. C. W.: *The Greeks on Pleasure,* Oxford, 1982.

HARDIE, W. F. R.: *Aristotle's Ethical Theory,* Oxford, 1981[2].

HOOK, J.: *Friendship and Politics in Aristotle's Ethical and Political Thought* (tes.), Universidad de Harvard, 1977.

HUTCHINSON, D. S.: *The Virtues of Aristotle,* Londres, 1986.

JOACHIM, H. H.: *The Nicomachean Ethics,* Oxford, 1951.

KENNY, A.: *The Aristotelian Ethics,* Oxford, 1978.

KRAUT, R.: *Aristotle on the Human Good,* Princeton, 1989.

LEIGHTON, S.: «Aristotle and the emotions», *Phronesis* 27 (1982), pp. 144-174.

LONG, A. A.: «Morals and values in Homer», *JHS* 90 (1970), pp. 121-129.

MACINTYRE, A.: *After Virtue,* Notre Dame, 1982.

MORAVCSIK, J. M. E.: *Aristotle: a Collection of Critical Essays,* Garden City, 1967.

NUSSBAUM, M. C.: *La fragilidad del bien: fortuna y ética en la tragedia y la filosofía griegas*, Madrid, 1995. [*The Fragility of Goodness*, Cambridge, 1986.]
- «Shame, separateness, and political unity: Aristotle' s criticism of Plato», en Rorty, *Essays*, pp. 395-435.

OWEN, G. E. L.: *«Tithenai ta phainomena»*, en S. Mansion *Aristote et les problemes de méthode*, Lovaina, 1961, pp. 83-103.
- «Aristotelian pleasures», *PAS* 72 (1971-1972), pp. 135-152.

PRICHARD, H. A.: «The meaning of *agathon* in the ethics of Aristotle», *Philosophy* 10 (1935), pp. 7-39. [Reimpr. en J. M. E. Moravcsik, *Aristotle*, pp. 241-260.]

RIST, J.: *The Mind of Aristotle*, Toronto, 1989.

RORTY, A.: (ed.), *Essays on Aristotle's Ethics*, Berkeley, 1980.

ROWE, C. J.: *The Eudemian and Nicomachean Ethics*, Cambridge, 1971.
- «A reply to John Cooper on the *Magna Moralia*», *AJP* 96 (1975), pp. 160-172.

SHERMAN, N.: *Aristotle's Theory of Moral Education* (tesis doctoral), Universidad de Harvard, 1982.

SIDWICK, H.: *The Method of Ethics*, Londres, 1907[7].

SPARSHOTT, F. E.: *Taking Life Seriously. A Study of the Argument of the* Nicomachean Ethics, Toronto, 1996.
- «Five Virtues in Plato and Aristotle», *Monist* 54 (1970), pp. 40-65.
- «Aristotle's Ethics and Plato's Republic: A structural Comparison», *Dialogue* 21 (1982), pp. 483-499.

URMSON, J. O.: «Aristotle's Doctrine of the Mean», en Rorty, *Essays*, 1980, pp. 57-70.

WIGGINS, D.: «Deliberation and practical reason», *PAS* 76 (1975-1976), 29-51. [Reimpr. en Rorty, *Essays*, pp. 221-240.]
- «Weakness of will, commensurability, and the objets of deliberation and desire», *PAS* 79 (1978-1979), pp. 251-277. [Reimpr. en Rorty, *Essays*, pp. 241-265.]

WILLIAMS, B. A. O.: «Pleasure and belief», PASS 33 (1959), pp. 57-72.

Ética a Nicómaco

Libro I

I. Parece que toda arte y toda investigación, e igualmente toda actividad y elección, tienden a un determinado bien; de ahí que algunos hayan manifestado con razón que el bien es aquello a lo que todas las cosas aspiran. Aunque es claro que existe una diferencia entre los fines: en efecto, en unos casos hay actividades, mientras que en otros hay ciertas realizaciones que acompañan a éstas. En los casos en que acompañan a las actividades determinados fines, en éstos son mejores por naturaleza las realizaciones que las actividades. Mas como quiera que son numerosas tanto las actividades, como las artes y las ciencias, numerosos resultan ser también los fines: en efecto, el de la medicina es la salud, de la construcción naval un navío, de la estrategia la victoria y de la economía la riqueza. Y entre las de esta clase, cuantas caen bajo una sola facultad (como, por ejemplo, la fabricación de frenos y cuantas se ocupan de la fabricación de ins-

1094a

trumentos hípicos caen bajo la Hípica –y ésta, lo mismo que toda actividad bélica, cae bajo la Estrategia–, y, de la misma manera unas se subordinan a otras diferentes) ... en absolutamente todas las artes, claro está, los fines de las directivas[1] son preferibles a los de cuantas se subordinan a ellas, pues éstas se buscan por causa de aquéllas. Y nada importa que los fines de las acciones sean las propias actividades o que haya algún otro además de ellas, como en el caso de las ciencias aludidas.

II. Pero, claro está, si en el ámbito de nuestras acciones existe un fin que deseamos por él mismo –y los otros por causa de éste– y no es el caso que elegimos todas las cosas por causa de otra (pues así habrá un progreso al infinito, de manera que nuestra tendencia será sin objeto y vana), es evidente que ese fin sería el bien e, incluso, el Supremo Bien. ¿Acaso, entonces, el conocimiento de éste tiene una gran importancia para nuestra vida y alcanzaremos mejor lo que nos conviene como arqueros con un blanco?

Si ello es así, habrá que intentar captar, al menos mediante un bosquejo, cuál es este fin y a cuál de las ciencias o facultades pertenece[2]. Parecería que pertenece a la más importante y a la directiva por excelencia, y es manifiesto que ésta es la Política, pues es ella la que ordena qué ciencias tiene que haber en las ciudades y cuáles debe aprender cada uno y hasta dónde. Y vemos que las

---

1. Aristóteles utiliza aquí el término *architektonikaí,* dentro de la jerarquía de las Ciencias, para las que están en posición dominante. Lo mismo hace en *Física* 194b2 ss. Son expresiones metafóricas, como era el de *basilikê* para la Política en Platón (*Político* 261c).
2. Es decir, de las ciencias teóricas *(epistémai)* o prácticas *(dynámeis).*

facultades más estimadas caen bajo ésta, como la Estrategia, la Economía y la Oratoria.

Y como ésta se sirve del resto de las ciencias e incluso establece las normas sobre qué se debe hacer y de qué cosas hay que abstenerse, el fin de ésta incluiría los de las demás, de manera que éste sería el bien propio del hombre. Porque si es el mismo para un individuo y para un Estado, mejor, desde luego, y más perfecto parece ser el del Estado como para obtenerlo y conservarlo: es deseable incluso para un solo individuo, pero mejor y más divino para un pueblo y para los Estados. Pues bien, nuestra investigación apunta a esto y, en cierto modo, atañe a la Política.

III. Se haría una descripción suficiente, si se alcanzara claridad completa en lo que se refiere a la materia subyacente, pues no hay que buscar la precisión por igual en todas las disciplinas, como tampoco tiene que hacerse en los objetos de las artes manuales. Y lo bueno y lo justo, sobre lo que realiza la Política su indagación, presenta muchas diferencias e incertidumbres, de tal manera que parece existir solamente por convención y no por naturaleza. Incluso los bienes contienen una incertidumbre semejante por el hecho de que a muchos les sobrevienen daños como consecuencia de ellos: en efecto, algunos han perecido por culpa de la riqueza y otros de la valentía. Por consiguiente, nos contentaremos con explicar la verdad *grosso modo* y en bosquejo, ya que hablamos sobre cosas así y partiendo de cosas así[3]; y ya que hablamos sobre cosas generales, y a partir de ellas, contentémonos

---

3. Es decir, cosas inciertas.

con obtener deducciones de esta misma clase. Y, claro, es menester que se acepte de esta misma manera cada una de las afirmaciones que hacemos: es propio de un hombre instruido buscar la exactitud en cada género sólo hasta donde lo permite la naturaleza del objeto. Pues el aceptar que un matemático hable para convencer es como pedir demostraciones a un orador. Cada uno juzga bien aquello que conoce y de esto es buen juez: por ende, en lo particular, lo será el hombre educado en ello, y en lo general, el hombre educado en todos los temas. Por eso el joven no es un alumno apropiado de Política, porque carece de experiencia en las acciones de la vida, y las argumentaciones parten de éstas y versan sobre ellas. Más todavía, como el joven se deja llevar por las pasiones, escuchará en vano y sin provecho, ya que la finalidad no es el conocimiento, sino la práctica. Y no hay diferencia alguna entre el joven de edad y el que es inmaduro de carácter, pues el defecto no acompaña al tiempo, sino que se debe al hecho de vivir y perseguir cada cosa de acuerdo con la pasión. Para los de esta clase el conocimiento resulta sin provecho, lo mismo que para los incontinentes; en cambio, para quienes realizan sus apetitos y obran conforme a la razón sería muy provechoso tener estos conocimientos. Quede esto como prólogo sobre el alumno e, igualmente, sobre cómo hay que aceptarlo y cuál es nuestra propuesta.

IV. Ya que todo conocimiento y elección tienden a un bien, expongamos, para resumir, qué es aquello a lo que decimos que tiende la Política y cuál es el más elevado de todos los bienes que se alcanzan mediante la acción. Pues bien, sobre el nombre hay prácticamente acuerdo por parte de la mayoría: tanto la gente como los hombres cultivados le dan el nombre de «felicidad» y consideran que «bien vivir» y «bien-estar»[4] es idéntico a «ser feliz». Pero sobre la felicidad –qué cosa es– ya disputan y la gente no lo explica de la misma manera que los sabios. En efecto, unos la consideran una de las cosas visibles y manifiestas, como el placer, la riqueza o el honor; otros, otra cosa –y a menudo una misma persona la tiene por cosas diferentes: la salud, cuando está enfermo, y la riqueza cuando es pobre–. Mas si son conscientes de su propia ignorancia, admiran a los que dan una explicación imponente y superior a ellos: algunos pensaban que, además de todos esos bienes, existe otro por sí mismo, el cual es causa de que todos ellos sean bienes[5].

En fin, quizá resulte vano investigar todas las opiniones y sea suficiente hacerlo con las más destacadas o las que parecen admitir alguna clase de argumentación. Mas no debe pasarnos inadvertido que hay diferencia entre los argumentos que proceden de los principios y aquellos que conducen a los principios. Ya Platón se cuestionaba esto correctamente y trataba de indagar si el método consiste en partir *de* los principios o ir *hacia* los principios –lo mismo que la carrera en el estadio: desde los árbitros hacia el extremo o al revés.

1095b

Desde luego hay que comenzar por las cosas cognoscibles; pero éstas son de dos clases: cognoscibles para no-

---

4. La expresión que se utiliza aquí *(eû práttein)* significa 'irle bien a uno', 'encontrarse o estar bien' y se refiere, por tanto, a un *estado* resultante del bien obrar; de ahí que para conservar el paralelismo de las expresiones griegas haya preferido emplear el verbo español «estar».
5. Es la Idea de Bien platónica.

sotros y en sentido absoluto[6], por lo que quizá debemos comenzar por las cosas conocidas *para nosotros*. Por eso debe tener una buena educación en sus costumbres aquel que se dispone a oír con suficiencia sobre el bien y lo justo –y, en general, sobre Política–. Porque el principio es el «qué», y si éste quedara suficientemente claro, no hará ninguna falta el «porqué». Y una persona así ya tiene, o podría captar fácilmente, los principios. En cambio, aquel que carece de ambas cosas, que escuche las palabras de Hesíodo:

> De todos el mejor es éste: quien lo comprende todo
> por sí mismo;
> bueno, a su vez, quien obedece al que bien dice.
> Mas quien no comprende por sí mismo ni, oyéndoselo a otro,
> lo pone en su interior, éste es, por su parte, un hombre inútil[7].

V. Mas prosigamos nosotros hablando desde el punto en que nos desviamos: a juzgar por las clases de vida, no parece que la mayoría y los más groseros consideren sin razón que el bien y la felicidad es el placer, por lo que se contentan con la vida de goce. Tres, en efecto, son las clases de vida que se destacan especialmente: la que acabamos de señalar, la política y, en tercer lugar, la contemplativa[8]. Pues bien, la mayoría de los hombres se revelan completamente serviles por preferir la clase de vida de

---

6. Esta distinción aparece en el Prólogo de la *Física* (184a18 ss.).
7. Cf. *Trabajos,* 293-296.
8. Clasificación que se remonta a Pitágoras y ejemplificaba con los asistentes a los Juegos atléticos (los que van a vender, los que van a competir y los que van a contemplar). Cf. Jámblico, *Vida Pitagórica,* 58.

los animales de pasto; pero logran cierta justificación por el hecho de que muchos poderosos tienen experiencias semejantes a las de Sardanápalo[9]. En cambio, los hombres cultivados y de acción prefieren los honores, pues éste es prácticamente el fin de la vida política, aunque es manifiestamente más superficial que aquel que estamos buscando: en efecto, parece que reside más en quienes lo otorgan que en quien lo recibe y el bien intuimos que es algo propio e imposible de enajenar. Incluso parece que persiguen los honores para demostrarse a sí mismos que son buenos; ahora bien, al menos buscan ser honrados por los hombres sensatos y entre sus conocidos, y ello por su virtud. Es, pues, evidente que para éstos, desde luego, la virtud es superior y quizá, más bien, podría suponerse que es ella el fin del género de vida político. Pero incluso ésta se muestra un tanto incompleta[10] pues, según parece, puede uno mantenerse dormido o inactivo a lo largo de la vida poseyendo la virtud, y, además, sufrir desgracias y sufrir los mayores infortunios. Mas nadie consideraría feliz a quien vive de esta manera, si no es por defender una tesis.

1096a

Pero sobre esto ya basta, pues también en los debates ordinarios[11] se ha tratado suficientemente sobre estos temas. La tercera clase de vida es la contemplativa sobre la

---

9. En Ateneo de Naucratis *(Los Sofistas al Banquete,* 7. 44, *passim)* aparece como proverbial la expresión «vivir como Sardanápalo», el *summum* del refinamiento y el lujo en los placeres de la carne.
10. Se entiende, «para ser el Bien».
11. Gr. *enkyklíois* (sc. *lógois,* pero *philosophémata* en *De Caelo* 279a30, etc.,) parece significar aquí lo mismo que *exoterikoîs* (véase nota 43), e incluso referirse concretamente al *Protréptico* si tiene razón Jaeger (véase Introducción).

que haremos nuestro examen en lo que sigue. En cuanto a la vida dedicada al dinero, es un género violento[12] y resulta evidente que la riqueza no es el bien que buscamos, pues es algo útil, esto es, *con vistas a* otra cosa. Por ello podrían tomarse como fines, más bien, los nombrados anteriormente, pues son deseados por ellos mismos. Pero tampoco parece que lo sean éstos. Y sin embargo se han depuesto muchos argumentos en su favor. Dejemos, pues, este asunto.

VI. Conque quizá sea mejor examinar, y plantearse como problema, en qué sentidos se dice el bien en general, pese a que una indagación de esta índole resulta ardua por el hecho de que nuestros amigos han introducido las Formas. Aunque quizá parecería mejor, e incluso necesario para salvaguardar la verdad, dejar de lado los asuntos familiares sobre todo porque somos filósofos. Pues, siendo amigos ambos, es más honrado poner la verdad por delante[13].

Bien, los que introdujeron esta opinión, no postulaban formas para aquellas cosas en las que contaban lo anterior y lo posterior –por lo que tampoco dispusieron una forma de los números–. Pero el bien se predica tanto en

---

12. Es un apelativo no muy adecuado, por lo que se ha sospechado corrupción textual. Aspasio parece haber leído *baiós* («insignificante») en vez de *bíaios* («violento»). Sospecho que este adjetivo puede estar encubriendo un originario *bíos* seguido de un adjetivo que se ha fundido con esta palabra y se ha perdido. Por otra parte podría haber una interpolación, aunque muy antigua, inducida por la clasificación pitagórica en la que hay los «comerciantes». De hecho en principio se habla de *tres* clases de vidas, lo mismo que en el *EE* y en el *Protréptico*.
13. De aquí procede la frase, ya convertida en proverbio, *amicus Plato, sed magis amica veritas* de los medievales.

la categoría del *qué-cosa-es* como en la *cualidad* y en el *con-relación-a-algo,* y lo que es por sí mismo y la entidad son anteriores por naturaleza a lo *con-relación-a-algo* (esto, en efecto, parece algo sobreañadido y concurrente de la entidad); de manera que no podría haber una forma común para ellos.

Más aún: dado que el bien se dice en los mismos sentidos que *lo-que-es* –pues se dice tanto en el *qué-cosa* (así, dios y el pensamiento) como en la *cualidad* (las virtudes), en la *cantidad* (lo mesurado), en lo *con-relación-a-algo* (lo útil), en el *tiempo* (la oportunidad), en el *lugar* (la residencia) y otras cosas de esta clase– es evidente que no podría ser común un bien general y único, pues no podría decirse en todas las categorías, sino en una sola. Y, además, puesto que de las cosas que caen bajo una sola forma hay también una sola ciencia, también habría una sola ciencia de absolutamente todos los bienes. Ahora bien, hay muchas ciencias incluso para las cosas de una sola categoría, como por ejemplo la de «oportunidad»: en la guerra la ciencia es la Estrategia, en la enfermedad, la Medicina; o la de «lo mesurado»: en el alimento es la Medicina, en el ejercicio, la Gimnástica.

Mas podría uno preguntarse qué entienden ellos por «cada cosa en sí»[14], si es que en «el-hombre-en-sí» y en el «hombre» es una y la misma la definición de hombre, ya que, *en tanto que hombre,* no habrá diferencia. Mas si es así, tampoco la habrá del bien en tanto que bien. Pero es que, además, tampoco por ser eterno va a ser más bien, puesto que tampoco es más blanco lo duradero que lo efímero.

---

14. Es decir, la «Idea» o Forma de cada cosa.

Los pitagóricos parecen decir cosas más convincentes sobre éste, ya que sitúan a la unidad en la columna de los bienes –y Espeusipo, claro, parece seguirles–. Pero sea otro el momento de debatir este asunto[15].

Sin embargo, sobre lo antes dicho puede suscitarse una cierta disputa por el hecho de que los platónicos no han argumentado sobre toda suerte de bien, sino que son las cosas que se persiguen y desean por ellas mismas las que se dicen tal en una sola especie, mientras que aquellas que las producen o conservan, o impiden a sus opuestas, reciben el nombre de bienes por causa de aquéllas y en otro sentido. Entonces, evidentemente, los bienes se dirían tales en dos sentidos: unos por sí mismos, y otros por éstos. Ahora bien, separemos de los bienes útiles los que son por sí mismos y examinemos si se dicen tales bajo una sola Forma. Mas ¿qué bienes supondría uno por sí mismos? ¿No serán todos los que se persiguen incluso estando solos, como el tener juicio, el ver y algunos placeres y honores? Porque incluso si perseguimos éstos por causa de otra cosa, con todo podría uno situarlos entre los que son bienes por sí mismos. ¿O acaso ningún otro lo es, sino la Forma de bien? Entonces la especie será vana. Mas si también estos pertenecen a

---

15. Espeusipo, sobrino de Platón y heredero de la Academia. Es una frase muy vaga y que supone por parte de los destinatarios de la *Ética a Nicómaco* un conocimiento completo de las teorías pitagóricas sobre el bien, así como las de Espeusipo, del que no es nada seguro que siguiera a los pitagóricos tan de cerca como aquí se afirma. Sí parece seguro que, lo mismo que Aristóteles, abandonó la teoría de las Ideas. En todo caso, no lo vuelve a tocar «en otro momento», al menos de la *EN*. Pero todo este párrafo podría ser una interpolación. Dice poco y no muy oportuno.

los que son por sí mismos, la definición de bien tendrá que manifestarse en todos ellos, lo mismo que la de blancura se manifiesta tanto en la nieve como en el albayalde. Pero las definiciones de honor, prudencia y placer son distintas y difieren específicamente *en tanto que* bienes. Por consiguiente, no existe el bien como algo común en una sola Forma.

Pues ¿en qué sentidos, entonces, se dice? Desde luego no parece que se trate de homónimos debidos al azar. ¿Será entonces porque todos proceden de uno o contribuyen a uno solo? ¿O, más bien, por analogía? En efecto, así como la vista está en el cuerpo, así el pensamiento en el alma y, en fin, una cosa está en otra. Mas quizá este planteamiento haya que abandonarlo por ahora, pues buscar la exactitud sobre estos asuntos sería más propio de otra clase de filosofía[16]. E igualmente en lo que se refiere a la Forma, pues si en verdad hay algo que se predica en común como «bien», o que está separado ello mismo por sí mismo, es evidente que no sería realizable ni adquirible para el hombre, mas lo que andamos buscando ahora es una cosa así.

A alguien podría, quizá, parecerle que es mejor conocerlo con vistas a los bienes adquiribles y realizables, pues, si lo tenemos como modelo, conoceremos mejor también los que son bienes para nosotros, y, si los conocemos, los lograremos. Desde luego que este razonamiento contiene una cierta persuasividad, pero parece estar en desacuerdo con las ciencias: en efecto, aunque todas tienden a algún bien y buscan suplir su carencia,

1097a

---

16. Evidentemente se refiere a la *Metafísica*.

dejan de lado el conocimiento de éste. Y, sin embargo, no sería razonable que todos los artesanos ignorasen tamaña ayuda y no la buscaran –aunque es, también, incierto en qué se iban a beneficiar un tejedor o un albañil con vistas a su propia técnica por conocer este bien en sí; o cómo iba a ser mejor médico o estratego el que hubiera contemplado la Forma misma–. Porque es manifiesto que tampoco el médico examina la salud de esta manera, sino la salud *del hombre* y, quizá más bien, la *de este hombre*. Hasta aquí sobre este asunto.

VII. Pero volvamos otra vez al bien que estamos buscando: de qué clase podría ser. Parece claro que cada uno reside en una actividad o técnica: en efecto, uno reside en la Medicina, otro en la Estrategia, e igualmente en las demás. ¿Cuál es, pues, el bien de cada una en particular? ¿No será aquello por lo cual se realiza lo demás? Esto es, la salud en la Medicina, la victoria en la Estrategia, una casa en la Construcción, y cada cosa en una actividad –y en toda actividad y elección, el fin, pues todos realizan las demás cosas con vistas a éste–. De manera que, si hay un fin de todas las cosas propias de la acción, éste sería el bien propio de la acción; y si hay más, serían ellos. He aquí que, con un cambio de argumento, se ha llegado al mismo punto; mas hay que intentar aclararlo todavía más.

Puesto que los fines son manifiestamente más de uno, y elegimos entre ellos a uno por causa de otro como, por ejemplo, la riqueza, las flautas y en general los instrumentos, es evidente que no todos son últimos, y es obvio que lo mejor es lo último. De manera que, si es último un solo fin, éste sería el que buscamos; y, si lo son más de uno, el último de todos. A lo que se persigue por ello mismo lo llamamos más «final» que a lo que se persigue por causa de otra cosa; y a lo que nunca se elige por otra cosa, más final que a las cosas que se eligen tanto por sí como por esto otro. Sencillamente, es último lo elegible por sí mismo siempre y nunca por causa de otra cosa. Y una cosa así parece ser, sobre todo, la felicidad, pues ésta la elegimos siempre por ella misma y nunca por otra cosa, mientras que los honores, el placer, la inteligencia y toda virtud las elegimos, desde luego, por ellas mismas (pues elegiríamos a cada una de ellas aunque de ellas nada resulte), pero las elegimos también por causa de la felicidad, por suponer que vamos a ser felices por su causa. En cambio, nadie elige la felicidad por causa de éstas, ni en general por otra cosa. Y es manifiesto que esto mismo se deriva de su autosuficiencia, pues parece que el bien completo es autosuficiente. Mas la autosuficiencia la referimos no a uno en soledad, al que vive una vida solitaria[17], sino también a sus padres, hijos, esposa y, en general, a sus seres queridos y conciudadanos, puesto que el hombre es un ser político por naturaleza[18]. Aunque, claro, hay que poner a éstos un límite: pues si uno se extiende a los antepasados y a los descendientes y a los amigos de los amigos, tendrá un progreso al infinito. Pero esto hay que analizarlo más tarde[19]. Entendemos

1097b

---

17. Quizá, «no al que vive una vida solitaria consigo en soledad, sino *junto con* sus padres, etc.».
18. Cf. *Política* 1253 a 2.
19. En el cap. X y sobre todo en XI vuelve a referirse a los «descendientes» y a la medida en que su suerte puede afectar a uno que ha muerto. Es un extraño tema en un filósofo como Aristóteles.

por «autosuficiente» aquello que, por sí solo, hace la vida preferible y sin que carezca de nada; y una cosa así creemos que es la felicidad; y la más elegible de todas, aunque no se le sume nada más –pues si se le suma, será evidentemente todavía más preferible en unión del más pequeño de los bienes: lo que se añade constituye un exceso de bienes y de los bienes es siempre preferible el más grande–. Resulta, pues, manifiesto que la felicidad es una cosa completa e independiente ya que es el fin de la acción.

Quizá sea obvio que hay acuerdo en llamar a la felicidad «el Bien Supremo», pero persiste el deseo de que se explique todavía más claramente qué cosa es. Y, claro, esto quizá sería posible si se toma en consideración la función del hombre. Pues lo mismo que para un flautista y un escultor, y para cualquier artesano –en general, para aquellos de quienes hay una función y actividad– parece que el bien y lo correcto residen en la función, así parecería también para el hombre, si es que hay una función de éste. ¿O qué? ¿Acaso hay unas ciertas funciones y actividades del «constructor» y del «curtidor» y no hay ninguna del «hombre», sino que es por naturaleza inactivo? ¿O lo mismo que existe manifiestamente una función del ojo, de la mano y del pie –y, en general, de cada una de las partes– así también, al lado de todas éstas, podría suponerse una función propia del «hombre»? ¿Y cuál podría ser, entonces, ésta? Porque la vida es obviamente común con las plantas y se busca lo específico: hay que descartar, entonces, la vida nutritiva y del crecimiento. A continuación le seguiría la vida sensitiva, mas parece que también ésta es común al caballo y al buey y

1098a

a todo animal. Queda, entonces, la vida activa del elemento que *posee razón*. Pero de éste, una parte la tiene en el sentido de que *es obediente a* la razón y otra en el sentido de que la *posee y razona*. Y como también esta última se dice tal en dos sentidos, hay que postular la que *está en actividad,* pues parece que es ella la que se dice tal en sentido más propio. Si la función del hombre es la actividad del alma conforme a la razón, o no sin la razón, y si decimos que genéricamente es la misma la acción de «tal hombre» y la de «tal hombre competente» (como, por ejemplo, la de un citarista y la de un citarista competente, y esto sucede sencillamente, claro está, en todos los casos), porque la superioridad debida a la excelencia se suma adicionalmente a la actividad –pues propio del citarista es tocar la cítara, mas tocarla bien lo es del bueno... si ello es así[20], entonces el bien humano es una actividad del alma conforme a la virtud, y, si las virtudes son más de una, conforme a la mejor y la más completa–. Y –todavía más– en una vida completa, pues una sola golondrina no hace verano, ni tampoco un solo día: y así ni un solo día ni un corto tiempo hacen al hombre feliz ni próspero.

Quede, pues, delineado el bien de esta manera, que quizá se debe primero hacer un bosquejo y luego com-

---

20. El texto de los manuscritos continúa: «Suponemos que la función del hombre es una cierta clase de vida, y que ésta es una actividad del alma y unas acciones unidas a la razón, y que es propio del hombre virtuoso realizar estas acciones bien y perfectamente si cada acción es realizada de acuerdo con la virtud apropiada, y si es así», pero todo este párrafo es una clara interpolación: es innecesario, repetitivo y confuso. Además ha destruido la secuencia sintáctica creando un anacoluto. Puede ser una corrupción muy antigua del texto.

pletar el dibujo. Parecería estar al alcance de cualquiera proseguir hasta articular por completo lo que está bien en el bosquejo, y el tiempo es un buen descubridor o colaborador de tales empeños (de donde se producen los progresos de los artesanos), pues es propio de todos añadir lo que falta.

Es necesario guardar memoria de lo antes dicho[21] y no buscar la precisión en todo por igual, sino según la materia subyacente en cada caso y sólo en la medida en que es apropiado a la investigación. En efecto, un arquitecto y un geómetra buscan de manera diferente el ángulo recto: el uno por cuanto le es útil con vistas a la obra, el otro busca saber qué es o de qué cualidad[22], pues es un estudioso de la verdad. Pues bien, de esta misma forma hay que obrar también en lo demás, a fin de que lo accesorio no resulte más abultado que las actividades[23].

1098b Tampoco hay que reclamar la causa en todo por igual: en algunas materias es suficiente que se demuestre bien *el hecho-de-que* (son) –por ejemplo en lo que se refiere a los principios, pues el hecho-de-que (son) es cosa primaria y principio–. Mas de los principios unos se estudian mediante la inducción, otros con la percepción sensorial, otros por un cierto hábito y otros de otras maneras. Y hay que intentar buscar cada uno tal como son por naturaleza, y esforzarse por que queden bien delimitados, pues tienen un gran peso con vistas a lo que les sigue: en

---

21. Cf. Cap. III (1194b12-28).
22. Es decir, su esencia y sus atributos esenciales.
23. Se entiende «principales». Hay un juego de palabras entre *párerga* ('actividades colaterales') y *érga* ('actividades –principales–').

efecto, parece que el principio es más de la mitad del todo[24] y mucho de lo que se investiga resulta evidente gracias a éste.

VIII. Hay que indagar acerca de éste no sólo con ayuda del silogismo y los elementos del razonamiento lógico, sino también de lo que sobre él se dice –pues toda la realidad existente concuerda con un razonamiento verdadero, mientras que[25] está en desacuerdo enseguida con uno falso–. Bien, puesto que los bienes se dividen en tres clases y unos se dicen externos y otros en relación con el cuerpo, solemos llamar «buenos» en sentido estricto y principalmente a los del alma y atribuimos al alma las acciones y actividades anímicas[26]. De manera que estaría bien definido así, al menos conforme a esta opinión que es antigua y compartida por los que se dedican a las ciencias; y correctamente definido también, por el hecho de que ciertas acciones y actividades reciben el nombre de «el fin», pues de esta manera pertenece a los bienes del alma y no a los externos. También concuerda con nuestra definición el hecho de que el hombre feliz viva bien y que le vaya bien; pues la felicidad ha sido llamada un cierto «bien vivir» y «bien estar»[27]. Y parece que los factores que buscamos en la felicidad se dan to-

---

24. Siempre se ha visto aquí una alusión velada a Hesíodo *Trabajos* 30 («¡Necios! No saben cuánto más vale la mitad que el todo»), pero el sentido es por completo diferente.
25. En el texto aparece repetido «lo verdadero» convirtiendo la frase en una extraña tautología. Lo eliminamos con Rassow.
26. Hay dos parámetros que se entrecruzan en esta clasificación: personal (cuerpo y alma)/no-personal o externo; y anímico/no-anímico, haciendo toda la frase un tanto confusa.
27. Se trata de un juego de palabras intraducible. Cf. *supra,* nota 4.

dos en el bien definido por nosotros. Pues a algunos les parece que es virtud, a otros prudencia, a otros una cierta sabiduría y a otros esas cosas o una de ellas unida al placer o no carente de placer. Otros todavía añaden incluso la abundancia de bienes externos. De estas opiniones unas las expresan muchos y antiguos hombres, otras las mantienen pocos, pero bien afamados. Y es razonable pensar que ninguno de estos dos grupos yerren en la totalidad, sino que acierten al menos en un punto –o incluso en la mayor parte–. Pues bien, nuestra definición concuerda con quienes dicen que es la virtud o una cierta virtud, porque «actividad conforme a ella» pertenece a «ella». Pero, por el contrario, quizá no haya poca diferencia entre suponer que el Bien supremo consiste en su posesión o en su uso, y en un estado o en una actividad. Pues es posible que el estado, aun existiendo, no lleve a cabo ningún bien, por ejemplo, para quien duerme o está inactivo de cualquier otra manera, mientras que ello no es posible con la actividad: necesariamente obrará y lo hará con éxito. Lo mismo que en las Olimpiadas no reciben coronas los más hermosos y fuertes, sino los que compiten (es entre éstos entre los que algunos vencen), así también son los que actúan rectamente quienes pueden alcanzar las cosas bellas y buenas de la vida. Y la vida de éstos es placentera por sí misma, pues sentir placer pertenece a las cosas del alma[28] y para cada uno es placentero aquello a lo que se dice que «tiene tal o cual

1099a

---

28. También en el Libro X (cap. III) se niega que incluso los placeres corporales sean experiencias del cuerpo.

afición»[29]: así, un caballo para el «aficionado a» los caballos, un espectáculo para el amante de los espectáculos, y de la misma manera, la justicia para el amante de la justicia y, en general, lo que concierne a la virtud para el amante de la virtud. Ahora bien, para la mayoría, las cosas placenteras se hallan en conflicto porque no son tales por naturaleza, mientras que para los amantes del bien es placentero aquello que es placentero por naturaleza. Y esto son las actividades conformes a la virtud, por lo que son placenteras para ello y placenteras por sí mismas. Por supuesto que la vida de éstos no precisa para nada del placer como de un envoltorio, sino que tiene el placer en sí misma.

Además de lo dicho, no es bueno quien no se complace con las actividades buenas: nadie llama «justo» a quien no goza obrando justamente ni «generoso» a quien no se complace en actividades generosas; e igual en lo demás. Y si ello es así, las actividades conforme a la virtud serían por sí mismas placenteras. Pero es más: también buenas y bellas. Y cada una en sumo grado, si es que el hombre virtuoso juzga sobre ellas rectamente; y las juzga tal como hemos dicho. Luego la felicidad es lo mejor, lo más bello y lo más placentero. Y no se encuentran disgregadas estas cualidades conforme a la inscripción de Delos[30]:

---

29. Aristóteles utiliza compuestos con –*philos,* como pasa en las lenguas cultas actuales («cinéfilo»), es decir, un *x-filo* o *x-mano* («melómano», en español); pero precisamente para los ejemplos que pone Aristóteles no hay palabras en español: no hay «caballómano» o «hipómano» o «hipófilo»; mucho menos, «justiciófilo» o «virtudómano». Por eso recurro a la perífrasis.
30. Es un ejemplo de «priamela arcaica», que no conocemos más que por este pasaje.

> Lo más bello es lo más justo, y lo mejor, estar sano;
> pero lo más placentero es lo que uno desea obtener,

pues todo ello se da en las actividades más excelentes. Y éstas, o una sola, la mejor de ellas, decimos que es la felicidad. Con todo, parece que también necesita adicionalmente de bienes externos, pues es imposible o nada fácil que nos vaya bien si carecemos de recursos. Muchas cosas se consiguen, como por medio de instrumentos, a través de amigos, de la riqueza o del poder político. Y, en cambio, empaña la felicidad el carecer de algunas cosas como buena familia, buenos hijos, belleza. En efecto, no puede ser feliz del todo quien es muy feo de aspecto o es de familia innoble o es un solitario o carece de hijos. Y, quizá peor todavía, si alguien tiene hijos o amigos completamente perversos o se le han muerto siendo buenos.

Por consiguiente, tal como hemos dicho, parece que también se necesita una bonanza de esta clase. Por ello algunos identifican la buena fortuna con la felicidad[31].

IX. De aquí que surjan dudas sobre si la felicidad es objeto de aprendizaje, ya sea de costumbre o ejercicio –o bien, si sobreviene en virtud de una cierta asignación divina o por fortuna–.

Pues bien, si existe algún otro don de los dioses a los hombres, es razonable pensar que la felicidad es otorgada por los dioses –y la que más entre las cosas humanas, por cuanto es la más excelente–. Sin embargo, puede que

---

31. Los manuscritos añaden: «y otros la virtud» en una clara interpolación.

esto sea más propio de otra clase de estudio[32], aunque es evidente que, aun en el caso de que no sea enviada por los dioses sino que sobreviene por virtud, aprendizaje o ejercicio, pertenece a las cualidades más divinas: el premio y fin de la virtud parece que es cosa divina y feliz.

Por otra parte, sería también común a muchos, pues es posible que se dé en cuantos no están tarados para la virtud mediante un cierto aprendizaje y diligencia. Y si es mejor ser feliz de esta manera que serlo por azar, es razonable pensar que es así, ya que las cosas por naturaleza son de la mejor manera en que es posible que sean; e igualmente con los objetos del arte y de cualquier otra causa –y especialmente de la causa más excelente[33]–. Dejar en manos del azar lo más importante y lo mejor está por completo fuera de tono.

Lo que andamos buscando resulta claro también por la definición: se ha dicho que es una clase de actividad del alma, mientras que de los demás bienes unos son atributos necesarios y otros son por naturaleza auxiliares y útiles de manera instrumental. Y ello sería acorde con nuestras afirmaciones iniciales, porque dejamos sentado que el bien supremo es el fin de la Política y ésta pone el máximo empeño en hacer a los ciudadanos de una cierta cualidad y buenos e inclinados a practicar el bien. Es, pues, razonable no llamar feliz a un buey, un caballo o ningún otro animal, pues ninguno de ellos es capaz de participar en una actividad semejante. Por esta razón tampoco un niño es feliz, pues todavía no es capaz de

1100a

---

32. Se refiere a la *Metafísica,* pero no lo estudia allí.
33. Es decir, la inteligencia.

realizar tales acciones debido a su edad. Y de quienes ello se dice, se los «felicita» por las expectativas de serlo. Porque se necesita, como dijimos, una virtud perfecta y una vida completa.

Y es que en la vida se producen numerosos cambios y azares de muchas clases: es posible que el más próspero caiga a la vejez en los mayores infortunios, tal como se cuenta de Príamo en los poemas troyanos. Y a quien se ve envuelto en semejantes azares y acaba su vida lamentablemente nadie lo tiene por feliz.

X. ¿Será, entonces, que no hay que considerar feliz a ningún hombre mientras viva y que es preciso ver el final siguiendo a Solón?[34] Pero, claro, si hay que postularlo así, ¿acaso es uno feliz precisamente cuando muere? ¿O esto es, desde luego, por completo extraño sobre todo para quienes, como nosotros, dicen que la felicidad es una cierta actividad? Y si no llamamos feliz a quien ha muerto –y Solón no pretende decir esto, sino que podría felicitarse con seguridad a un hombre en ese momento, porque ya se encuentra fuera del alcance de males e infortunios– también esto es susceptible de discusión. Pues parece que el que ha muerto *tiene* algo, tanto malo como bueno, si también lo tiene el que vive, aunque no lo experimente en persona –como honores y deshonras– y también fortuna, e infortunios de sus hijos y, en general, de sus descendientes. Mas también esto presenta

---

34. Hace referencia al episodio entre Solón y Creso que narra Heródoto en I, 32. Allí concluye sus reflexiones sobre la vida humana el estadista ateniense con las siguientes palabras: «Es necesario observar el final de cada asunto, cómo resulta: que a muchos dios les dio prosperidad, pero luego los destruyó de raíz».

problemas: a quien ha vivido felizmente hasta la vejez y muere de forma correspondiente le pueden acontecer muchas vicisitudes en lo que concierne a sus descendientes –que no sean buenos y logren una vida según su merecimiento y otros al contrario–. Y es obvio que pueden encontrarse en toda clase de grados de parentesco con relación a sus progenitores. Y, claro, sería extraño que también el que ha muerto cambiara con ellos y fuera unas veces feliz y otras desdichado, pero también sería extraño que no alcanzara en absoluto por un cierto tiempo a los progenitores la suerte de sus descendientes.

Mas hay que volver al problema antes suscitado, pues quizá se aclare a partir de esto lo que ahora andamos indagando. Si de verdad hay que mirar al fin y felicitar entonces a cada uno, no porque sea feliz sino porque lo ha sido antes, ¿cómo no va a ser extraño el que, cuando es feliz, no se diga de él la verdad de lo que hay, por no querer felicitar a los vivos debido a los cambios y por haber considerado a la felicidad como algo estable y en absoluto mudable, mientras que muchas veces la rueda de la fortuna da un giro completo para muchos hombres?

1100b

Es claro que si seguimos los golpes de fortuna llamaremos muchas veces feliz y luego infeliz al mismo hombre poniendo de manifiesto que el hombre feliz es una suerte de camaleón y que su base es inestable[35]. ¿O acaso el seguir los golpes de fortuna no es en absoluto correcto? Pues no es en ellos en los que reside el bien o el mal, sino que la vida humana precisa de ellos, como hemos señala-

---

35. El texto griego parece encubrir un trímetro yámbico *chamailéonta kaì sathrôs hidryménon,* pero no se conoce su autor y contexto.

do, y en cambio las actividades conforme a virtud son responsables de la felicidad, y las contrarias lo son de lo contrario.

El problema que acabamos de plantear viene a dar testimonio de nuestra definición: en ninguna de las actividades humanas existe una estabilidad como en las actividades conforme a virtud. Éstas parece que son más estables incluso que los conocimientos: las más valoradas entre ellas son más estables por el hecho de que los hombres felices perseveran más en ellas y de forma más continua; y ésta parece ser la causa de que no se origine olvido en torno a ellas.

Pues bien, lo que andamos buscando[36] se dará en el hombre feliz y será tal a lo largo de su vida. Pues siempre, o antes que nada, obrará y contemplará lo que concierne a la virtud; y sobrellevará los cambios de fortuna de la mejor manera y siempre de manera completamente armoniosa, ya que es verdaderamente «bueno y cuadrado sin reproche»[37]. Y como son muchas las cosas que suceden por azar y difieren en magnitud y pequeñez, las pequeñas venturas –e igualmente lo contrario– es evidente que no producirán un desequilibrio en su vida, mientras que las grandes –si se producen en abundancia– harán su vida más feliz (que también éstas colaboran a embellecerla por naturaleza y su uso es bueno y virtuoso), pero si ocurren en sentido contrario, perjudican al hombre feliz pues le proporcionan aflicción y son un estorbo para muchas actividades. Sin embargo, incluso

---

36. Es decir, «el elemento de estabilidad».
37. Son palabras del poeta Simónides en Platón, *Protágoras* 339 b2.

en estos casos se abre paso la luz del bien cuando uno soporta con dignidad muchos y grandes infortunios no por insensibilidad, sino porque es noble y magnánimo.

Y si son las actividades las que determinan la vida, como hemos dicho, ninguno de los hombres felices podría ser digno de lástima, pues jamás realizará acciones odiosas o malas. En efecto, decimos que quien de verdad es bueno y sensato sobrelleva todos los golpes de fortuna con buena compostura y saca el mejor partido de lo que hay en cada momento —lo mismo que el buen estratego utiliza el ejército que tiene a su disposición de la manera más adecuada a la guerra y el zapatero fabrica el mejor calzado con la piel que se le da, y de la misma manera todos los demás artesanos—.

1101a

Si es así, el hombre feliz nunca será desdichado, aunque desde luego no será bienaventurado si viene a dar en los infortunios de Príamo. Pero, claro, tampoco será versátil ni fácil al cambio, pues no será fácilmente desalojado de la felicidad por cualesquiera infortunios, sino por los grandes y numerosos; y después de estos tales, no volverá a ser feliz en un tiempo corto, sino, si acaso, en uno largo y completo cuando haya alcanzado grandes y buenos logros.

Por consiguiente, ¿qué nos impide llamar feliz al que actúa conforme a la virtud perfecta y está suficientemente dotado de bienes externos no por un tiempo cualquiera sino a lo largo de una vida entera? ¿O hay que añadir que habrá de vivir de esta manera y morir consecuentemente —ya que el futuro es inescrutable para nosotros y suponemos que la felicidad siempre y por completo es un fin y algo perfecto—? ¿Y si es así, llamaremos felices entre los vivientes a aquellos en quienes se da y se seguirá dando lo ya señalado, y felices como hombres? Bien. Sobre esto, llegue hasta aquí nuestra definición.

XI. En cuanto a que las vicisitudes de los descendientes y de los amigos todos no contribuyan en absoluto parece cosa en exceso inamigable y contraria a las opiniones. Siendo muchos los acontecimientos y teniendo toda clase de diferencias –y dado que unos llegan más cerca y otros menos– parece asunto largo e interminable clasificar cada uno en particular, pero quizá sería suficiente si se dice en general y en bosquejo. Y, claro, si como sucede en los infortunios que afectan a uno mismo, unos tienen peso e influencia para con la vida y otros parecen más ligeros, así también sucederá en lo que se refiere por igual a todos los seres queridos. Y es diferente el que cada una de las afecciones concierna a los vivos o a quienes han muerto –en mucha mayor medida que el que en las tragedias se den de antemano o se cometan acciones criminales y terribles–.

Hay que concluir, entonces, que ésta es la diferencia, y –quizá todavía más– preguntarse sobre los difuntos si participan de algún bien o de lo opuesto. Porque de lo anterior parece que, aunque llega algo hasta ellos –ya sea un bien o su opuesto–, es cosa débil e insuficiente, ya sea en sentido absoluto o para ellos; y si no, al menos en tal cantidad o tal grado que no puede hacer felices a quienes no lo son ni privar de la bienaventuranza a quienes lo son. En fin, parece que colaboran en cierta medida en relación con los difuntos tanto las venturas de los seres queridos como sus desventuras, pero en tal forma y medida que ni hacen infelices a los felices ni nada que se le parezca.

XII. Una vez definido esto, pasemos a considerar, acerca de la felicidad, si pertenece a lo elogiable o más bien a lo honroso, pues es evidente que al menos no está entre las cosas potenciales. Pues bien, parece claro que todo lo elogiable es elogiado por ser de una cierta clase y por estar en una cierta relación con algo: en efecto, elogiamos al justo, al valiente y, en general, el bien y la virtud en razón de sus acciones y actos –y al fuerte, al veloz y a cada uno de los otros[38] por ser de una cierta clase y estar en una cierta relación con algo bueno y valioso–. Y ello queda claro por los elogios para con los dioses: parece ridículo que se los ponga en comparación con nosotros –y ello acontece por el hecho de que los elogios se hacen por referencia a algo, tal como hemos dicho–. Y si el elogio lo es de cosas así, es evidente que de las cosas mejores no hay elogio, sino algo mayor y mejor tal como se puede ver: en efecto, a los dioses los llamamos bienaventurados y felices, y, entre los hombres, también a los más «divinos». Igualmente con los bienes: nadie elogia la felicidad, como hace con la justicia, sino que la bendice como a algo más divino y superior. Parece que Eudoxo[39] se ha hecho un buen valedor del placer hablando sobre sus excelencias, pues el hecho de que no se lo elogie, estando entre los bienes, significaba en su opinión que era superior a lo elogiable. Y que una cosa así es dios y el bien –pues es lo demás lo que se pone en referencia con

---

38. Se entiende, «que destacan físicamente».
39. Sobre las ideas de Eudoxo, discípulo también de Platón, acerca del placer trata de forma más explícita y completa en el Libro X, caps. III y IV.

estas cosas–. Conque el elogio pertenece al ámbito de la virtud, pues a partir de ésta los hombres pueden realizar acciones buenas; y los encomios, por su parte, pertenecen por igual al ámbito de las acciones corporales y anímicas.

Mas quizá sea más apropiado para los que trabajan los encomios el afinar más en esto –ya que a nosotros nos parece claro, a partir de lo dicho, que la felicidad pertenece a las cosas valiosas y perfectas–. Y parece que ello es así también porque es un principio –pues todos lo hacemos todo con vistas a ella– y al principio y causa de los bienes lo tenemos por algo valioso y divino.

1102a

XIII. Y puesto que la felicidad es una cierta actividad del alma conforme a una virtud perfecta, preciso sería examinar la virtud, pues quizá de esta manera nuestra investigación sobre la felicidad sería mejor. Es opinión común que el verdadero político tiene su esfuerzo puesto principalmente en ésta, ya que quiere hacer buenos a los ciudadanos y obedientes de las leyes. Y como ejemplo de ello tenemos a los legisladores de Creta y Lacedemonia, y a cualesquiera otros que hayan sido semejantes.

Y si este examen versa sobre la Política, es evidente que la investigación sería conforme al plan inicial. Pero es claro que hay que investigar acerca de la virtud *humana*, pues también andábamos indagando el bien humano y la felicidad humana. Pero «humana» llamamos no a la virtud del cuerpo, sino a la del alma: también llamamos a la felicidad una actividad del alma. Si ello es así, evidentemente el político debe conocer en cierto sentido los asuntos acerca del alma, lo mismo que el que va a curar los ojos, acerca del cuerpo; y todavía en mayor medida, por cuanto la Política es más valiosa y mejor que la Medicina. Los mejores entre los médicos se ocupan muy mucho del conocimiento del cuerpo, conque también el político debe estudiar acerca del alma. Aunque debe estudiar con vistas a –y sólo en la medida en que– ello es suficiente para lo que él investiga. El buscar mayor precisión es quizá más trabajoso de lo que requiere el objetivo que se propone.

Sobre el alma se han expuesto suficientemente algunos puntos, incluso en los tratados para el público[40], y de ellos habrá que servirse: por ejemplo, que una parte de ella es irracional y la otra tiene un principio racional. (Aunque en nada interesa para el objetivo que tenemos delante el que éstos estén separados como las partes del cuerpo y como todo lo divisible, o bien sean dos por definición, siendo inseparables por naturaleza, como lo convexo y lo cóncavo en una circunferencia.) De la parte irracional, una parece común y vegetativa –me refiero a la causante del alimentarse y el crecer–. Una capacidad semejante del alma se postularía en todos los seres que se alimentan –incluso en los embriones– y esa misma también en los seres completos, pues es más razonable que postular cualquier otra. Ahora bien, la virtud de ésta es obviamente común a todos, no humana, pues parece que esta parte y capacidad está activa sobre todo en los sue-

---

40. Gr. *exoterikoí lógoi*. Son los tratados escritos con gusto literario y dirigidos al público para dar a conocer, en lenguaje ordinario y sin el armazón de extensas demostraciones lógicas, los principales puntos del aristotelismo. La expresión aparece nueve veces en el *Corpus aristotelicum* (también con el sustantivo *sképsis,* 'estudio', en *Política* 1254a33).

ños, y es en el sueño donde el bueno y el malo se distinguen menos (de ahí que digan que en nada difieren los felices de los infelices durante la mitad de su vida). Y ello sucede razonablemente, pues el sueño es una inactividad del alma en la medida en que se la llama buena y mala, salvo que algunos movimientos la alcanzan en pequeña medida y en esa medida las imaginaciones de los buenos son mejores que las de uno cualquiera. Pero sobre esto ya es bastante; hay que dejar al margen la parte nutritiva, ya que no participa naturalmente de la virtud humana.

Mas parece que hay otra naturaleza del alma irracional, pero que, con todo, participa de alguna manera de la razón. En efecto, solemos elogiar el principio racional tanto del hombre continente como del incontinente, así como la parte de su alma que tiene el principio racional –pues los impulsa rectamente y hacia lo mejor–. Pero parece que en ellos hay también por naturaleza otro elemento contrario a la razón que combate a la razón y se resiste a ella. En una palabra, lo mismo que las partes del cuerpo paralizadas, cuando decidimos moverlas hacia la derecha, se dirigen en sentido contrario hacia la izquierda, lo mismo en el alma: los impulsos de los incontinentes se mueven en sentido opuesto. Sólo que en los cuerpos vemos la parte que se desvía, mientras que en el alma no la vemos. Y quizá hay que pensar que también en el alma existe, no menos, una parte contraria a la razón que se opone a ésta y le hace frente. Y nada importa en qué sentido sea diferente, aunque parece que también ella participa de la razón como hemos dicho.

Desde luego que la del hombre continente obedece a la razón, y, quizá todavía más obediente es la del hombre templado y valiente, pues es en todo concorde con el principio racional. Claro que parece que la parte irracional es doble: la vegetativa de ninguna manera participa de la razón, mientras que la pasional, y en general la apetitiva, participa de alguna manera en la medida en que es sumisa y obediente (en el sentido, desde luego, en que afirmamos del padre o los amigos que «tienen razón», no en el de las matemáticas[41]). Pero que en cierto sentido la parte irracional es persuadida por la razón, lo pone de manifiesto la represión, así como toda clase de censura y exhortación. Aunque, si hay que decir que también esto «tiene razón», será doble aquello que tiene razón: lo uno la tendrá en sentido propio y en sí mismo, lo otro en cambio es algo que escucha como a un padre.

Divídese también la virtud por esta diferencia: de las virtudes a unas las llamamos «intelectuales» y a otras «morales»: intelectuales a la sabiduría, la comprensión y la inteligencia práctica; morales, a la generosidad y la templanza. En efecto, cuando hablamos sobre el carácter, no decimos que uno es sabio o inteligente, sino manso o templado; aunque también al sabio lo elogiamos por su condición, y, entre los hábitos, a los elogiables les damos el nombre de «virtudes».

---

41. Aquí se utiliza la expresión *échein lógon* en tres sentidos: a) «tener un principio racional» (ref. a la parte intelectiva del alma); b) «prestar oídos, obedecer» (ref. a la parte apetitiva del alma); c) «tener *ratio*», ser conmensurable (ref. a las matemáticas).

Libro II

I. Y, claro, dado que la virtud es doble –una intelectual y otra moral– la intelectual toma su origen e incremento del aprendizaje en su mayor parte, por lo que necesita experiencia y tiempo; la moral, en cambio, se origina a partir de la costumbre, por lo que incluso de la costumbre ha tomado el nombre con una pequeña variación[1]. De aquí resulta también evidente que ninguna de las virtudes morales se origina en nosotros por naturaleza: en efecto, ninguna de las cosas que son por naturaleza se acostumbra a otro comportamiento. Por ejemplo, la piedra, que se dirige por naturaleza hacia abajo, nunca podría acostumbrarse a dirigirse hacia arriba ni aunque uno tratara de acostumbrarla tirándola miles de veces hacia arriba; ni el fuego hacia abajo, ni ningún otro de

---

1. Una nueva etimología errónea por parte del estagirita: confunde *éthos* ἦθος con *éthos* ἔθος.

los elementos que se originan de una manera podría acostumbrarse a un comportamiento diferente. Por consiguiente, las virtudes no se originan ni por naturaleza ni contra naturaleza, sino que lo hacen en nosotros que, de un lado, estamos capacitados naturalmente para recibirlas y, de otro, las perfeccionamos a través de la costumbre.

Más aún: de cuanto se origina en nosotros por naturaleza primero recibimos las facultades y después ejercitamos sus actividades. (Ello es evidente con los sentidos, pues no por ver muchas veces o por oír muchas veces hemos recibido estos sentidos, sino al revés: los utilizamos porque los tenemos, no los hemos adquirido por utilizarlos.) Las virtudes, en cambio, las recibimos después de haberlas ejercitado primero. Lo mismo que, por lo demás, en las artes: lo que hay que hacer después de aprenderlo, eso lo aprendemos haciéndolo: por ejemplo, los hombres se hacen constructores construyendo y citaristas tocando la cítara. Pues bien, de esta manera nos hacemos justos realizando acciones justas y valientes. Esto lo corrobora lo que sucede en las ciudades: los legisladores hacen buenos a los ciudadanos con la costumbre. Ésta es la voluntad de todo legislador y cuantos no lo hacen bien, fracasan; y en esto reside la diferencia entre una buena y una mala constitución.

1103b

Más aún: toda virtud se origina como consecuencia y a través de las mismas acciones. Y el arte, igual: de tocar la cítara se originan los buenos y los malos citaristas. Y de manera similar los constructores y todos los demás: de construir bien se harán buenos constructores y de construir mal, malos. Porque de no ser así, ninguna necesidad habría de que alguien enseñara, sino que todos habrían nacido buenos o malos.

Pues bien, así sucede también con las virtudes: es realizando las acciones relativas a las transacciones con los hombres como unos nos hacemos justos y otros injustos; y realizando las acciones relativas a las situaciones de peligro, y acostumbrándonos a temer o a tener valor unos nos hacemos valientes y otros cobardes. E igualmente sucede con los apetitos y la ira: unos se hacen templados y mansos y otros intemperantes e irascibles –unos por desenvolverse de una manera y otros de otra en las mismas circunstancias–. Bien, en una palabra: los hábitos se originan a partir de actividades correspondientes. Por ello hay que realizar actividades de una cierta clase, pues de acuerdo con las diferencias entre ellas se siguen los hábitos. En consecuencia, no es pequeña la diferencia entre habituarse en un sentido o en otro ya desde jóvenes; es de gran importancia o, mejor, de la máxima importancia.

II. Por tanto, puesto que el presente tratado no tiene por objeto la teoría, como los demás (pues no estamos examinando qué es la virtud por saberlo, sino para ser buenos, ya que su provecho sería nulo), se impone necesariamente examinar, en lo que concierne a las acciones, cómo hay que realizarlas, dado que son éstas las responsables de que los hábitos sean también de una cierta clase, tal como hemos dicho.

Pues bien, el obrar conforme a la recta razón es un principio común y debe quedar asentado –más tarde se hablará sobre ello y sobre qué cosa es «la recta razón» y en qué relación está con las demás virtudes[2]–. Pero ha de aceptarse previamente que todo tratamiento sobre la conducta debe expresarse mediante un bosquejo y no con exactitud. Lo mismo que también dijimos al principio que las explicaciones hay que exigirlas en razón de la materia; y los asuntos de la conducta y la conveniencia no tienen nada firme, como tampoco los de la salud. Y si el tratamiento de lo general es de esta índole, con mayor razón carece de precisión el que versa sobre los aspectos particulares. Pues no caen bajo ciencia alguna, ni tampoco bajo ninguna tradición oral, sino que los que obran deben, en cada caso, observar lo que conviene a la ocasión como pasa también en la Medicina y en la Náutica.

1104a

Mas, por mucho que sea de esta clase el presente tratamiento, hay que intentar prestarle nuestro esfuerzo. Pues bien, antes que nada debemos considerar que estas tales[3] se pierden naturalmente por defecto o exceso, como vemos con el vigor y la salud (ya que hay que servirse de testimonios visibles en ayuda de lo invisible): los ejercicios gimnásticos excesivos o deficientes hacen que se pierda el vigor. E igualmente las bebidas y los alimentos acaban con la salud, si se producen en exceso o defecto, mientras que si son equilibrados la crean, la aumentan y la conservan. Pues bien, de esta manera sucede también con la templanza, la valentía y las demás virtudes. El que lo rehúye todo y es temeroso y no aguanta nada se hace un cobarde; y el que no teme nada en absoluto, sino que se enfrenta a todo, temerario. Igualmente,

---

2. En el Libro VI.
3. Se entiende, «las virtudes morales».

el que disfruta todo placer y no se abstiene de ninguno, se hace intemperante, pero el que rehúye todo, como los hombres toscos, es insensible. Por consiguiente se pierden la templanza y la fortaleza por el exceso y el defecto, mientras que se conservan por la mesura.

Y no sólo se producen nacimientos, incrementos y pérdidas[4] *como consecuencia* y *por causa* de unas mismas acciones, sino que también sus actividades tendrán lugar en las mismas acciones. También es ello así en las cualidades más visibles, como en el caso del vigor. Éste se origina de tomar mucho alimento y soportar muchos esfuerzos, y es precisamente el hombre vigoroso quien lo puede realizar. Así sucede también con las virtudes: como consecuencia de abstenernos de los placeres llegamos a ser temperantes, y, una vez que hemos llegado a serlo, somos los más capaces de abstenernos de ellos. Lo mismo en el caso del valor: por acostumbrarnos a despreciar las cosas temibles llegamos a ser valerosos y, una vez que hemos llegado a serlo, seremos capaces de soportar las cosas temibles.

III. Y hay que poner como signo de los hábitos el placer o el dolor que se añade a las acciones. En efecto, el que se abstiene de los placeres corporales y goza por ello es templado, pero si sufre, es intemperante; y el que soporta las cosas terribles y se alegra o al menos no sufre, es valiente; pero el que sufre es cobarde. Y es que la virtud moral concierne a los placeres y a los dolores: por causa del placer realizamos acciones malas, mientras que por causa del dolor nos abstenemos de las acciones bue-

---

4. Se entiende, «de virtudes».

nas. Por lo cual debemos ser educados de alguna manera directamente desde la niñez, tal como dice Platón, de manera que nos alegremos y suframos con las cosas que se debe, pues ésta es la recta educación.

Aún más: si las virtudes tienen relación con las acciones y las afecciones, y a toda acción y a toda afección le acompaña el placer y el dolor, por esta misma razón la virtud tendría que ver con los placeres y los dolores. También lo ponen de manifiesto los castigos que se producen a través de éstos: en efecto, son una especie de remedios y los remedios suelen producirse por medio de sus contrarios.

Más todavía: tal como decíamos hace un momento, todo hábito del alma tiene su naturaleza vuelta hacia las cosas por las que ha llegado a ser mejor o peor. También debido a los placeres y dolores los hombres se envilecen por perseguirlos o huirlos –ya sean los que no se debe, o cuando no se debe o como no se debe, o de cuantas otras maneras distingue la razón tales cosas–. Por lo cual algunos definen las virtudes como una cierta ausencia de afección y un cierto reposo. Mas no hacen bien, porque lo enuncian en términos absolutos y no se añade cómo deber ser y cómo no debe ser y cuándo; y todas las otras circunstancias que se suelen añadir. Por consiguiente, una virtud de esta clase es aquella que realiza las mejores acciones en relación con los placeres y los dolores; y, vicio, lo contrario.

Pero esto quedaría claro para nosotros, también acerca del mismo asunto, como consecuencia de lo que sigue. Siendo tres los factores que colaboran en los actos de elección y tres los que colaboran en los de evitación

–lo bueno, lo conveniente y lo placentero– y siendo tres los factores contrarios –lo malo, lo dañino y lo doloroso–, el hombre bueno es aquel que consigue todo ello y malo el que no lo alcanza. Y sobre todo en lo que atañe al placer, ya que éste es común también para los animales y acompaña a todos los actos que caen bajo elección: en efecto, tanto lo bueno como lo conveniente parece placentero. Además, desde niños está en todos nosotros, por lo que es difícil eliminar esta afección que se encuentra incrustada en nuestra vida. Y también medimos las acciones –unos más y otros menos– con el placer y el dolor. Por esta razón, pues, es necesario poner todo nuestro interés en esto: pues no es baladí en lo que se refiere a las acciones el alegrarse o sufrir de manera buena o mala.

1105a

Más aún: es más difícil combatir al placer que a la cólera, tal como dice Heráclito[5], y siempre se ocupan de lo más difícil tanto el arte como la virtud, puesto que en ello obrar bien es hacerlo mejor. De manera que también por esta razón todo nuestro interés versa sobre los placeres y dolores tanto en la virtud como en la Política: quien se sirve bien de éstas, será bueno, y el que se sirve de ellas mal, será malo. Pues bien, quede así establecido que la virtud tiene relación con los placeres y los dolores y que a partir de aquello en que se origina, por causa de esto mismo también aumenta y se destruye si no se produce de la misma manera; y también que tiene su actividad precisamente en aquello a partir de lo que surgió.

IV. Podría plantearse como problema en qué sentido decimos que hay que realizar acciones justas para ser jus-

---

5. Cf. *Fr.* 85 (= Plutarco, *Coriolano,* 22).

tos y moderadas para ser temperantes. Porque si los hombres realizan acciones justas y comedidas, ya son justos y comedidos, lo mismo que si realizan acciones gramaticales y musicales ya son gramáticos y músicos. ¿O acaso no sucede de esta manera con las artes? Porque es posible realizar algo que sea gramatical tanto por casualidad como porque otro lo sugiere. Entonces, pues, uno será gramático no sólo si hace algo gramatical, sino también si lo hace como un gramático –y esto es lo que se conforma al arte gramatical que él posee–.

Aún más: tampoco hay en esto semejanza entre las artes y las virtudes, pues aquello que se realiza por obra de las artes posee en sí mismo la excelencia. Es suficiente, por tanto, que se realice de una forma determinada, mientras que aquello que se realiza conforme a las virtudes no se realiza con justicia o con templanza porque estas mismas acciones sean de una determinada manera, sino porque, además, las realiza el agente estando de una determinada manera: en primer lugar si actúa con conocimiento; después, si lo hace por elección y si las elige por ellas mismas; y en tercer lugar, si también las realiza manteniéndose firme e inconmovible. Y estas condiciones no cuentan por lo demás a la hora de adquirir las artes, excepto el propio conocimiento, mientras que para adquirir las virtudes el conocimiento tiene escaso o ningún valor. En cambio, las otras condiciones no es que puedan poco, sino que lo pueden todo, en tanto que por el hecho de realizarlas muchas veces, las acciones se convierten en justas y moderadas.

1105b

Pues bien, las acciones reciben el nombre de justas y templadas cuando son tales como podría realizarlas el hombre justo o el templado. Y es justo y templado no el que realiza tales acciones, sino también el que las realiza tal como las realizan los hombres justos y templados. Por consiguiente es acertado decir que el hombre se hace justo por el hecho de realizar acciones justas y templado por realizarlas templadas; y también que como consecuencia de no realizar éstas nadie podría ni siquiera estar en disposición de ser bueno. Sin embargo, la mayoría no llevan esto a la práctica, sino que se refugian en la teoría y creen que son filósofos y que así van a ser virtuosos, obrando de manera parecida a los enfermos que escuchan atentamente a los médicos, pero no hacen nada de lo que se les prescribe. Pues bien, lo mismo que éstos no van a estar bien de cuerpo si reciben este tratamiento, tampoco aquéllos van a estar bien de alma si filosofan de esta manera.

V. Después de esto hay que considerar qué es la virtud. Pues bien, dado que lo que se origina en el alma es de tres clases: afecciones, capacidades y estados, la virtud sería una de estas cosas. Y llamo «afecciones» al deseo, la ira, el miedo, la audacia, la envidia, la alegría, la amistad, el odio, la pasión, el celo, la piedad –en general aquellas a las que acompaña placer o dolor–. «Capacidades» son aquellas en virtud de las cuales se dice que podemos experimentar las anteriores: por ejemplo, aquellas en virtud de las cuales somos capaces de sentir ira, aflicción o piedad. «Estados» son aquellos en virtud de los cuales nos hallamos bien o mal con respecto a las afecciones. Por ejemplo, con respecto al sentimiento de ira: si estamos en una disposición violenta o floja, estamos mal, mientras que si estamos en disposición moderada, estamos bien. E igualmente con los demás. Ahora bien, ni las virtudes ni los vicios son afecciones, porque no se dice que somos buenos o malos en razón de las afecciones, sino en razón de las virtudes y los vicios. También, porque no recibimos elogios ni censuras en razón de las afecciones (en efecto, ni el que tiene miedo ni el que siente ira recibe elogios; ni recibe censuras el que siente ira sencillamente, sino el que la siente de una manera determinada), sino que recibimos elogios o censuras en razón de las virtudes y de los vicios.

1106a

Más todavía: sentimos ira y temor no por elección, mientras que las virtudes son actos de elección o no se dan sin elección. Además de esto, se dice que nos conmovemos en razón de las afecciones, pero no se dice que nos conmovamos en razón de las virtudes y los vicios, sino que estamos en una cierta disposición. Por estas razones tampoco son capacidades, porque, en efecto, no se dice que seamos buenos ni malos por ser capaces de tener sencillamente afecciones, ni recibimos elogios ni censuras.

Aún más: es por naturaleza como tenemos capacidades, pero en cambio, no somos buenos o malos por naturaleza. Ya hemos hablado antes sobre esto. Por consiguiente, si las virtudes no son ni afecciones ni capacidades, sólo queda que sean estados. Pues bien, ya ha quedado dicho qué es la virtud genéricamente.

VI. Mas conviene no sólo decir que es un estado, sino también qué clase de estado. Pues bien, hay que afirmar que toda virtud no sólo hace que esté en buena disposición aquello de lo que es virtud, sino que también lleva bien a cumplimiento su actividad: por ejemplo, la virtud del ojo hace valioso tanto al ojo como a su actividad, pues vemos bien gracias a la virtud del ojo. Igualmente, la virtud del caballo hace excelente al caballo y bueno para correr, para llevar a su jinete y hacer frente a los enemigos. Bien, si ello es así en todos los casos, también la virtud del hombre sería el estado gracias al cual el hombre llega a ser bueno y gracias al cual realiza bien su propia actividad.

En qué sentido será ello así, ya lo hemos tratado, pero quedará claro también si consideramos de qué clase es la naturaleza de la virtud: en efecto, en todo lo que es continuo y divisible es posible tomar una parte mayor, una menor y una igual; y ello ya sea con respecto al propio objeto o en relación con nosotros; y la parte igual es un término medio del exceso y del defecto. Llamo «término medio del objeto» al que está a la misma distancia de cada uno de los extremos, cosa que es una y la misma para todo; y «con respecto a nosotros», aquello que no tiene exceso ni defecto: esto en cambio no es único ni lo mismo en todo. Por ejemplo, si 10 es mucho y 2 poco, se toma el 6 como término medio con relación a la cosa, pues excede y es excedido en una cantidad igual; es un término medio por proporción aritmética. Pero con relación a nosotros no hay que considerarlo de esta manera: no porque para uno sea mucho comer una cantidad de 10 minas y 2 sea poco, el entrenador prescribirá 6 minas, pues quizá incluso esto es mucho o poco para quien vaya a tomarlo: para Milón será poco, en cambio será mucho para quien comienza sus ejercicios gimnásticos; e igualmente con la carrera y la lucha. Bien, de esta manera, todo experto rehúye el exceso y el defecto y en cambio busca el término medio y lo elige –pero el término medio no del objeto, sino el relativo a nosotros–.

Y, claro, si toda ciencia realiza bien su actividad de esta manera con vistas al término medio y dirigiendo sus obras hacia éste (por lo que se acostumbra a decir de los trabajos bien hechos que no es posible quitarles ni añadirles nada por cuanto el exceso y el defecto destruiría su excelencia, mientras que el término medio la conserva –y los buenos artesanos, según decimos, trabajan con la vista puesta en éste–), y si la virtud es más exacta y mejor que cualquier arte, lo mismo que también lo es la naturaleza, sería capaz de alcanzar el término medio. Pero me refiero a la virtud moral, pues ésta tiene que ver con afecciones y acciones y es en ellas donde hay exceso, defecto y término medio. Por ejemplo, sentir miedo, audacia, deseo, ira o piedad, o, en general, sentir placer o dolor es posible en mayor o menor grado –y en ambos casos ello no está bien–. Pero sentirlo «cuando» y «en los casos en que», y «con respecto a quienes», y «para lo que» y «como» se debe, eso es el término medio y lo mejor –lo cual es propio de la virtud–.

Igualmente, también se da en las acciones exceso, defecto y término medio. Y la virtud se ocupa de afecciones y acciones en las cuales el exceso es un error lo mismo que el defecto, mientras que el término medio se elogia y es un acierto –cosas ambas propias de la virtud–. Por consiguiente, la virtud es una cierta condición intermedia capaz, desde luego, de alcanzar el término medio. Más todavía, es posible errar de muchas maneras (pues lo malo pertenece a lo Ilimitado, tal como lo dibujaban los pitagóricos, mientras que lo bueno pertenece a lo

Limitado)[6], en cambio acertar es posible de una sola manera (por lo cual también lo uno es fácil y lo otro difícil: fácil es errar el blanco, difícil acertarlo) –y por ello, pues, propios del vicio son exceso y defecto, mientras que de la virtud es propio el término medio–:

Los buenos son de una sola manera, de muchas los malos[7].

Es, por consiguiente, la virtud un estado electivo que se encuentra en la condición media relativa a nosotros, el cual se define con la definición con que lo definiría un hombre sensato. Y es una mediedad entre dos vicios: el uno por exceso, el otro por defecto. Y lo es por el hecho de que los unos se quedan cortos y los otros exceden lo conveniente tanto en las afecciones como en las acciones, mientras que la virtud encuentra y elige el término medio. Por lo cual, en lo que toca a su entidad y a la definición que pone de manifiesto su esencia, la virtud es una condición media, por más que con respecto a lo mejor y a la excelencia sea un extremo. Mas no toda acción ni toda afección admiten el término medio: en efecto, algunas han tomado su nombre directamente por estar envueltas en la vileza: por ejemplo, la malevolencia, la desvergüenza, el rencor, y, entre las acciones, el adulterio, el robo, el asesinato. En efecto, todas estas acciones y otras tales son censuradas por el hecho de ser malas en sí y no se censuran sus excesos o defectos. No es posible, efecti-

---

6. Se refiere a las célebres columnas *(systoichíai)* de los pitagóricos. Cf. I. 6.
7. Verso, de autor desconocido, procedente de la lírica arcaica.

vamente, acertar nunca con ellas, sino siempre errar. Y el «obrar bien o no bien» con respecto a tales cosas no reside en el con quién, cuándo, y cómo hay que cometer adulterio, sino que realizar sencillamente cualquiera de estas acciones es errar. Semejante es, pues, el pretender que hay término medio, exceso y defecto en el ser injusto, cobarde o libertino, pues en ese caso habría un término medio del exceso y del defecto, así como un exceso del exceso y un defecto del defecto.

Y lo mismo que no hay exceso ni defecto de la templanza por el hecho de que el término medio es, en cierto sentido, un extremo, así tampoco hay ni término medio, ni exceso ni defecto de aquéllas, sino que, de cualquier manera que se obre, se yerra. En una palabra, no hay término medio del exceso ni del defecto, ni exceso o defecto del término medio.

VII. Y conviene que esto se diga no sólo en general, sino que también hay que aplicarlo a los casos particulares, porque en los razonamientos que conciernen a las acciones, los generales son más comunes, pero los particulares son más verdaderos. En efecto, las acciones se refieren a los particulares, y, dado que hay que convenir en ello, habrá, por consiguiente, que tomarlo también a partir del gráfico[8]. Pues bien, en lo que atañe al miedo y el atrevimiento, el valor es el término medio, y, entre los que se exceden, aquel que lo hace por falta de temor carece de nombre (hay muchos que carecen de nombre),

---

8. Los manuscritos no conservan el gráfico que se supone representaba las virtudes, véase *EE* II (122b37), pero el autor se explaya en el tema desde III, 6 hasta el final de IV.

mientras que el que se excede en el atrevimiento es audaz. Y el que se excede en el temor y el que se queda corto en el atrevimiento es cobarde.

En lo que toca a los placeres y los dolores (no a todos, pero sí al menos en los dolores), el término medio es la templanza y el exceso la intemperancia. No siempre hay quienes se quedan cortos en lo que se refiere a los placeres, por lo cual estos tales no han recibido un nombre, pero digamos que son «insensibles».

En lo que se refiere a dar y tomar dinero, el término medio es la generosidad, el exceso y el defecto son la prodigalidad y la avaricia, aunque en ellos los excesos y defectos se producen en sentido contrario: en efecto, el pródigo se excede en entregar y se queda corto en recibir, mientras que el no generoso se excede en recibir y se queda corto en dar. Ahora bien, por el momento estamos hablando en bosquejo y sumariamente, porque ello nos es suficiente, pero después se definirá con mayor exactitud acerca de estos asuntos.

En lo que atañe al dinero, también hay otras disposiciones: el término medio es la magnificencia: en efecto, el magnificente difiere del generoso: el uno se ocupa de cantidades grandes y el otro de pequeñas. Su exceso es el mal gusto y la vulgaridad y su defecto la mezquindad, pero estos difieren de las que se refieren a la generosidad aunque en qué difieren se dirá más tarde.

En lo que toca al honor y al deshonor, el término medio es la magnificencia, el exceso se llama jactancia y el defecto pusilanimidad. Y la misma relación que decíamos que tenía la generosidad con la magnanimidad –es decir porque difiere al referirse a cantidades pequeñas–

esta misma proporción tiene una cierta condición con la magnanimidad, pues se interesa por un gran honor, ya que esta otra lo hace por un honor pequeño. Es posible aspirar al honor como es debido y también más y menos de lo que es debido. Y el que se excede en sus aspiraciones recibe el nombre de ambicioso (amante del honor), mientras que el que se queda corto recibe el nombre de carente de ambición; el término medio no tiene nombre. También carecen de nombre sus disposiciones, excepto la ambición en el caso del ambicioso. De ahí que los extremos se diputen el lugar central: también nosotros unas veces llamamos ambicioso al moderado y otras veces lo llamamos carente de ambición; y hay veces que elogiamos al ambicioso y otras veces al carente de ambición. Por qué razón hacemos esto se dirá en lo que sigue. Ahora continuemos hablando respecto de lo demás conforme al orden antes sugerido.

1108a

También hay con respecto a la ira un exceso, un defecto y un término medio, y, aunque prácticamente todas las disposiciones carecen de nombre, llamemos mansedumbre al término medio, ya que al moderado lo llamamos manso; y, de los extremos, el que se excede sea el irascible y su vicio la irascibilidad y el que se queda corto, flemático, y su defecto la flema.

Existen también otros tres términos medios que tienen una cierta semejanza, pero que difieren entre sí. Todos se refieren a la comunicación de palabras y acciones, pero difieren en que uno tiene que ver con la verdad que hay en éstos, otro con el placer y, de este último, uno consiste en la diversión y el otro en todas las demás circunstancias de la vida. Habrá que hablar, pues, también sobre esto para que comprendamos mejor que en todo el término medio es elogiable y los extremos no son ni elogiables ni rectos, sino censurables. También entre éstos, desde luego, la mayoría carecen de nombre, pero hay que intentar, como en los demás casos, buscarles un nombre por mor de la claridad y de la facilidad para seguir el argumento.

Pues bien, acerca de la verdad, el que se sitúa en el término medio es veraz y el término medio llámese veracidad; y la simulación, aquella que tiende a más es fanfarronería y el que la tiene fanfarrón, y la que tiende a menos es la modestia y el que la tiene el modesto.

En lo que se refiere a lo placentero que reside en la diversión, el que se sitúa en el término medio es el gracioso y su disposición el gracejo, mientras que su exceso es la bufonería y el que la tiene el bufón. El que se queda corto es el rudo y su disposición la rudeza. Acerca del resto de lo placentero de la vida, el que es agradable como se debe, es amigable, y el término medio la amigabilidad, y el que se excede, si no lo hace por ninguna razón, es complaciente, y si lo hace para su provecho, adulador. Y el que se queda corto y es desagradable en toda circunstancia, es pendenciero e intratable.

También hay término medio en las emociones y en las pasiones. En efecto, también en éstas se dice que una ocupa el término medio y otra lo excede, como el pasmado que se avergüenza de todo, mientras que el que se queda corto no se avergüenza de nada o es por completo desvergonzado, mientras que el que se sitúa en medio es pudoroso. El respeto no es una virtud, pero también el pudoroso recibe elogios.

La indignación es un término medio entre la envidia y la malevolencia y éstas tienen que ver con la pena y el placer que se produce por lo que le acontece al prójimo. En efecto, el que siente indignación se aflige por los que tienen éxito sin merecerlo, mientras que el envidioso excede a éste y se duele por todo, y el malévolo está tan lejos de afligirse que incluso se alegra. Pero sobre esto también habrá ocasión de hablar en otro lugar.

Acerca de la justicia, puesto que no se dice tal en términos absolutos, hablaremos después de esto estableciendo divisiones en cada caso y viendo en qué medida hay término medio. E igualmente acerca de las virtudes intelectuales.

VIII. Y puesto que hay, claro está, tres disposiciones —dos vicios, uno por exceso y otro por defecto, y una sola virtud, el término medio— todas se oponen a todas de alguna manera. En efecto, las extremas son contrarias tanto de la media como entre sí; y la media es contraria de las extremas. Y lo mismo que lo igual es mayor con respecto a lo menor y menor con respecto a lo mayor, de esta manera las disposiciones medias se exceden en lo que se refiere al defecto y se quedan cortas en lo que se refiere al exceso tanto en las pasiones como en las acciones. En efecto, el hombre valiente parece audaz en comparación con el cobarde, pero parece cobarde en comparación con el audaz. Igualmente, también el hombre templado parece intemperante frente al insensible e insensible frente al intemperante, y el generoso parece pródigo frente al no generoso y no generoso frente al pródigo, por lo cual cada uno de los extremos trata de empujar el centro hacia el otro extremo: el cobarde, por su parte, llama audaz al valiente y el audaz lo llama cobarde, y en lo demás análogamente.

Y dado que éstas se oponen entre sí, la mayor oposición se da en los extremos entre sí: en efecto, éstos distan más entre sí que del centro, lo mismo que lo grande está más lejos de lo pequeño y lo pequeño de lo grande que ambos de lo igual. Más todavía: algunos extremos parecen tener una cierta semejanza con el centro, como la audacia con el valor y la prodigalidad con la generosidad. En cambio, entre los extremos la diferencia recíproca es máxima. Y se definen como contrarios aquellos que distan más entre sí, de manera que también son más contrarios los más alejados, y, con respecto al medio, en unos casos es más opuesto el defecto y en otros el exceso. Por ejemplo, al valor no se opone la audacia, que es un exceso, sino la cobardía que es un defecto; y a la templanza no se opone la insensibilidad, que es una carencia, sino la intemperancia que es un exceso. Y ello acontece por dos causas: una en razón de la cosa misma, pues por el hecho de que uno de los extremos es más cercano y más semejante al centro, no le oponemos éste, sino más bien el contrario: por ejemplo, como la audacia parece ser más semejante y más cercana a la valentía, y, en cambio, la cobardía es lo más desemejante, lo oponemos, más bien, a ésta; porque los que están más alejados del centro parece que son más contrarios.

1109a

Pues bien, ésta es una causa, la que reside en la cosa misma; la otra depende de nosotros mismos, pues aquello hacia lo que estamos de alguna manera más inclinados por naturaleza, esto nos parece más contrario al término medio (centro): por ejemplo nosotros nos inclinamos por naturaleza más a los placeres, por lo cual somos más fáciles de arrastrar a la intemperancia. Pues bien, llamamos más bien contrarios a aquellos a los que cedemos más fácilmente. Por esta razón la intemperancia, que es un exceso, es más contraria a la templanza.

IX. Conque ha quedado suficientemente explicado que la virtud moral es una condición media y en qué sentido lo es; y que es una mediedad entre dos vicios, uno por exceso y otro por defecto; y que es de esta índole por ser capaz de alcanzar el término medio tanto en las acciones como en las pasiones. Por lo cual es también una hazaña ser bueno. En efecto, el alcanzar el término medio en cada caso es una hazaña: por ejemplo, dar con el centro del círculo no es propio de cualquiera, sino del entendido; de igual manera, también es propio de cualquiera y fácil el encolerizarse y el dar dinero y gastarlo, pero con quién, y en qué medida, y cuándo, y para qué, y cómo, ya no es propio de cualquiera ni tampoco fácil; por lo cual el bien es escaso, elogiable y bello. Por esta razón el que pretende alcanzar el término medio debe, en primer lugar, alejarse de lo que es más contrario, como aconseja Calipso: «Aleja a la nave fuera de ese humo y oleaje»[9]. En efecto, de los extremos uno es más erróneo y el otro menos, por lo que, como es extremadamente[10] difícil acertar el término medio, hay que aceptar el menor de los males, tal como dice el proverbio, *en una*

---

9. *Odisea* 12.209.
10. O es un juego de palabras o se trata de una corrupción del texto (quizá *ákrōs* por *akribôs* con Richards).

segunda navegación[11]; y la mejor manera será de la forma que estamos indicando. Es necesario observar a qué somos más fáciles de ser arrastrados, pues cada uno lo somos por naturaleza a una cosa; y ello será reconocible a partir del placer y el dolor que se produce en nosotros. Es necesario arrastrarnos hacia el extremo contrario, pues si nos alejamos mucho del error llegaremos al término medio, lo cual hacen precisamente quienes tratan de enderezar los maderos torcidos[12]. Y en todo debemos guardarnos especialmente de lo placentero y del placer, porque no lo juzgamos como jueces incorruptos. Pues bien, debe pasarnos a nosotros, con respecto del placer, lo que les pasó a los ancianos del pueblo con Helena y aplicar en cada caso el dicho de aquellos, pues de esta manera si lo alejamos erraremos menos[13]. Si hacemos, pues, esto por decirlo en una palabra seremos más capaces de alcanzar el término medio. Quizá sea ello difícil, y sobre todo en los casos particulares, pues no es fácil distinguir de qué manera, con quiénes, en qué caso y durante cuánto tiempo hay que encolerizarse, ya que también nosotros algunas veces elogiamos a los que se quedan cortos y los llamamos mansos, y otras veces a los que se encolerizan llamándoles valerosos. Pero no recibe censura el que se aleja un poco del bien hacia lo más o hacia lo menos, sino aquel que más se aleja, pues éste no pasa inadvertido. Ahora bien, no es fácil distinguir con una

---

11. Es una expresión proverbial que explica Menandro (*Fr.* 241) en un par de trímetros como «navegar con los remos si a uno le falta casualmente el viento».
12. Quizá los árboles cuando son jóvenes.
13. Cf. *Ilíada,* 3.156-160.

definición hasta qué punto y en qué medida es reprochable uno, ni tampoco es fácil de definir ninguna de las cosas sensibles, pues las tales residen en lo particular y el juicio reside en las cosas sensibles. Pues bien, todo esto demuestra que la condición de medio es elogiable en todos los casos, pero que hay que inclinarse unas veces al exceso y otras al defecto. De esta manera alcanzaremos más fácilmente el término medio y el bien.

Libro III

I. Dado que la virtud tiene que ver con las afecciones y las acciones, y, dado que en las acciones voluntarias se producen elogios y censuras y, en cambio, indulgencia para las contrarias e incluso, a veces, compasión, quizás sea necesario para quienes tratan de indagar acerca de la virtud, definir lo voluntario y lo involuntario. También será útil para los legisladores con vistas a los honores y castigos.

Desde luego, parece que son involuntarias las acciones que se producen a la fuerza y por ignorancia, y «forzoso» es aquello cuyo inicio es externo siendo de tal clase que en ello no colabora el sujeto agente o paciente. Por ejemplo, si lo arrastrara el viento a alguna parte u hombres que lo tienen en su poder. Ahora bien, cabe dudar si son involuntarias o voluntarias cuantas acciones se realizan por miedo a males mayores o por algún bien, como, por ejemplo, si un tirano que tiene en su poder a sus padres y sus hijos ordena a alguien realizar algo indecoroso y, si lo realiza, se salva y si no, muere. Tal acontece también cuando se arroja la carga por la borda en las tempestades, porque en general nadie la arroja voluntariamente, mas para la salvación propia y de los demás lo hacen todos los hombres sensatos. Pues bien, acciones de esta índole son mixtas, aunque más parecidas a las voluntarias, pues se eligen en el momento en que se realizan. La finalidad de las acciones se produce según la ocasión y, por tanto, lo voluntario o involuntario hay que calificarlo como tal en el momento en que se realiza. Y el agente obra voluntariamente, puesto que el inicio del mover las partes instrumentales en acciones así está en uno mismo, y, cuando el inicio está en uno mismo, en uno mismo está también el obrar o no. Conque tales acciones son voluntarias, aunque en sentido absoluto quizás sean involuntarias, pues nadie elegiría ninguna de ellas por sí misma.

Por otra parte, en acciones como éstas se producen a veces elogios cuando los hombres soportan algo indecoroso o doloroso a cambio de grandes y buenas cosas, mientras que, en caso contrario, se producen reproches, puesto que soportar las cosas más indecorosas por nada bueno o por algo mediocre es propio de un hombre innoble. En algunas no se produce elogio, sino indulgencia cuando se hace lo que no se debe por razones que ponen en tensión excesiva a la naturaleza humana y nadie soportaría. Quizá no sea posible verse obligado a realizar algunas, sino que es preferible morir sufriendo los más terribles males. En efecto, nos parecen ridículas las razones que obligan al Alcmeón de Eurípides a matar a su madre[1]. Y es difícil algunas veces discernir qué cosa hay que elegir en vez de qué otra y qué cosa hay que soportar en vez de qué otra; y todavía más difícil permanecer en lo que uno ha decidido, pues por lo general lo que se espera es doloroso y a lo que se obliga es vergonzoso, por lo que se dispensan elogios y reproches a quienes se ven obligados o no.

Entonces ¿a qué clase de acciones hay que llamar «forzosas»? ¿Acaso lo son, en términos generales, cuando la causa es externa y el agente no colabora en absoluto? Pero los actos que en sí mismos son involuntarios, aunque elegidos en un momento dado y por una razón dada –y el inicio está en el agente–, son involuntarios en sí mismos sí, pero en ese momento dado y a cambio de esa cosa dada son voluntarios y se parecen más a los voluntarios. Y es que las acciones se dan en lo particular y estos actos particulares son voluntarios. Ahora bien, no es fácil decidir qué acciones hay que elegir a cambio de qué otras, pues en lo particular hay muchas diferencias.

Mas si alguien dijera que son forzosas las cosas agradables y las bellas, pues nos obligan siendo externas, todo sería forzoso en este sentido, pues todos los hombres realizan todas las acciones por causa de éstas. También los que actúan por fuerza e involuntariamente lo hacen

---

[1]. Según el mito, que dramatizaba Eurípides en la tragedia perdida *Alcmeón,* Erifile, madre de éste, era inducida con el regalo de un collar a que convenciera a su marido Anfiarao para tomar parte en la expedición de los Siete contra Tebas. Anfiarao, sabiendo que va a morir, compromete a sus hijos para que se venguen matando a la madre. Las razones de Alcmeón se conservan en uno de los pocos versos que se nos han transmitido: cf. *Fr.* 69.

con dolor, mientras que quienes lo hacen por lo placentero y lo bueno lo hacen con placer. Es ridículo culpar a las cosas externas y no a uno mismo por ser presa fácil de tales cosas; y también lo es hacerse uno mismo responsable de las cosas buenas y a lo placentero de las vergonzosas. Parece, desde luego, que forzoso es aquello cuyo inicio es externo sin que colabore en nada el que se ve forzado.

Todo lo que se produce por ignorancia es no-voluntario, pero es involuntario lo que se da con aflicción y con arrepentimiento[2]. En efecto, el que ha realizado cualquier acción por ignorancia, sin que sienta disgusto por su acción, no la ha realizado voluntariamente ya que, desde luego, no era consciente, pero tampoco involuntariamente, ya que ciertamente no siente disgusto. Conque entre los que obran por ignorancia, aquel que lo hace con arrepentimiento parece hacerlo involuntariamente, pero el que no se arrepiente, dado que es de otra clase, digamos que es no-voluntario. Puesto que difieren, es mejor que tenga un nombre particular.

Parece que es diferente obrar *por ignorancia* y obrar *en ignorancia,* igual que el que se emborracha o se irrita no parece que obre por ignorancia, sino por una de las razones ya señaladas: obra sin ser consciente, sí, pero lo hace *en ignorancia*. Ahora bien, todo hombre malvado ignora lo que se debe hacer y aquello que se debe evitar. Y por

---

2. Gr. *akoúsion,* recibe dos sentidos: (a) «involuntario», es decir, de forma «ajena a la voluntad de uno»; y en sentido cercano a éste utiliza Aristóteles aquí la expresión *ou hekoúsion;* y (b) «contra la voluntad de uno».

un yerro de esta clase los hombres son injustos o en general malos. Pero la calificación de «involuntario» no suele aplicarse cuando alguien ignora lo que le conviene, pues no es la ignorancia que se da en la elección la responsable del acto involuntario (sino del vicio), ni la ignorancia en general (pues los hombres reciben reproches por ésta, desde luego), sino la que se refiere a los casos particulares, es decir, la ignorancia de las circunstancias en las que se produce la acción y en relación con las cosas en que se produce. Porque en éstos hay compasión y perdón, ya que quien obra ignorando alguna de estas circunstancias lo hace involuntariamente.

1111a

Quizá, entonces, no será mala cosa definir cuáles son éstas y cuántas son: el «quién», «qué cosa», «acerca de qué», o «en qué»[3] actúa; algunas veces también el «con qué ayuda», como, por ejemplo, el instrumento, y «con qué fin», por ejemplo la salvación, y «de qué manera», como, por ejemplo tranquila o vehementemente. Pues bien, todas éstas en su conjunto nadie las ignoraría, a menos que esté loco, y es evidente que tampoco las ignora el que obra. Pues, ¿cómo podría ignorarse a sí mismo? «Lo que» hace alguien podría ignorarlo: por ejemplo, la gente dice cuando está hablando que «se les ha escapado» o que no saben que era secreto, como Esquilo los misterios[4],

---

3. La expresión en *tíni,* vaga como es, abarca el *ubi* y el *quando* de las célebres siete circunstancias del acto voluntario que la escolástica reunió en el conocido hexámetro: *quis, quid ubi, quibus auxiliis, cur, quomodo, quando* (= 'quién', 'qué', 'con qué ayuda', 'por qué', 'cómo', 'cuándo').
4. Parece que Esquilo fue acusado de revelar los misterios de Eleusis. Probablemente en relación con tal proceso está la frase que aparece en Platón, *República,* 563c («diremos que me acaba de venir a la

o el que queriendo hacer una demostración dispara, como el que disparó la catapulta[5]. Podría uno pensar también que su hijo es un enemigo, como Mérope[6], y que la lanza puntiaguda ha sido embotada, o que una piedra es piedra pómez. También podría uno matar a alguien dándole de beber para su salvación, o podría darle un puñetazo queriendo asirlo, como los que luchan sólo con las manos.

Pues bien, dándose la ignorancia en todas estas circunstancias en las que se produce la acción, el que ignora alguna de ellas parece que ha obrado involuntariamente y, sobre todo, en las más importantes: y las más importantes parece que son las circunstancias en que se produce la acción y el «aquello-para-lo-cual»[7]. Pero, claro, aunque se llama involuntario lo que se adecua a tal ignorancia, todavía es preciso que la acción vaya acompañada de pena y arrepentimiento.

Y siendo acto involuntario el que se produce por una cierta ignorancia, parecería que el acto voluntario es aquel cuyo inicio estaría en uno mismo sabiendo las circunstancias particulares en que se produce la acción.

---

boca»). Más improbable parece la noticia de Clemente de Alejandría (*Stromateis* 2.461) de que fue absuelto por demostrar que no había sido iniciado. Esquilo había nacido en Eleusis. No sabemos en qué obra pudo darse tal revelación.
5. Ignoramos si se refiere a un hecho histórico o es un ejemplo escolar.
6. Heroína, esposa de Cresfonte, estuvo a punto de matar a su propio hijo Telesfonte por confusión. Su historia y esta anécdota proceden de la obra perdida de Eurípides, *Cresfonte,* perteneciente al grupo de melodramas de este autor, cuyo éxito demuestran las múltiples citas que de ella conservamos.
7. Es decir, «el fin». Algunos editores piensan que falta, e insertan en el texto, «el acto mismo» (gr. *ho*).

Porque quizá no esté bien decir[8] que son involuntarios los actos que se realizan por ira o deseo. En primer lugar, porque ya ninguno de los demás animales obraría voluntariamente –tampoco los niños–. Después, ¿acaso no realizamos voluntariamente ninguna de las acciones que se realizan por deseo e ira? ¿O es que realizamos voluntariamente las buenas e involuntariamente las malas? ¿No sería ello ridículo, cuando el causante es uno solo? Sin embargo, quizás sea extraño decir que son involuntarias aquellas cosas a las que es necesario tender, y es necesario tender a algunas cosas y desear ciertas cosas, como la salud y el aprendizaje. También parece que las acciones involuntarias son penosas, mientras que son placenteras las que se producen por deseo. Todavía más: ¿qué diferencia hay entre la involuntariedad de los yerros cometidos con deliberación y la de los cometidos con ira? Pues unos y otros son vitandos y parece que no son menos humanas las afecciones irracionales, de manera que también son propias del hombre las acciones que se producen por ira o deseo. Extraño sería, pues, hacer a todas involuntarias.

1111b

II. Una vez, pues, que ha sido definido lo involuntario y lo voluntario procede hablar acerca de la elección, pues parece que es lo más propio de la virtud y que es más apta que las acciones para juzgar nuestro carácter. Pues bien, la elección parece que es algo voluntario, pero no son lo mismo, sino que lo voluntario es más amplio: de lo voluntario participan tanto los niños como los demás animales, pero de la elección, no. Igualmente

---

8. Esto es precisamente lo que hace Platón en *Leyes* 683a ss.

llamamos «voluntarias» a las cosas repentinas, pero no «por elección».

Por otra parte, no parecen hablar rectamente quienes sostienen que ésta es apetito o apasionamiento o deseo o una clase de opinión, pues la elección no es común a los animales, pero sí el apetito y el apasionamiento. También el incontinente actúa siguiendo sus apetitos, pero no por elección, mientras que el continente, al revés: por elección sí, pero no por apetito. También el apetito se opone a la elección, pero no el apetito al apetito. Y el apetito lo es de algo agradable o penoso, mientras que la elección no lo es ni de lo penoso ni de lo agradable. Todavía menos es apasionamiento, pues parece que las acciones realizadas con apasionamiento son las más alejadas de la elección. Pero tampoco es deseo, aunque parece cercano a éste, pues la elección no lo es de cosas imposibles; y si alguien dijera que las ha elegido, parecería que es bobo. El deseo, en cambio, lo es de cosas imposibles, como, por ejemplo, de la inmortalidad. También el deseo se refiere a las cosas que no podrían conseguirse de ninguna manera por uno mismo, como, por ejemplo, que venza un actor o un atleta. Nadie elige cosas así, sino todas aquellas que cree que pueden producirse por uno mismo. Más todavía: el deseo tiene que ver, más bien, con el fin, mientras que la elección lo es de aquello que conduce al fin. Por ejemplo, tenemos deseo de estar sanos, pero elegimos aquello por lo que sanamos, y también queremos ser felices y así lo afirmamos, pero no es adecuado decir que lo elegimos. En general, parece que la elección tiene que ver con lo que depende de nosotros.

Tampoco, desde luego, sería opinión, pues parece que la opinión versa sobre todas las cosas y no menos sobre las eternas o las imposibles o las que dependen de nosotros. También se distingue por la falsedad o la verdad y no por el mal o por el bien, mientras que la elección lo hace, más bien, por éstos. Por consiguiente, quizá no diga nadie que es lo mismo que la opinión en general, pero tampoco que una opinión particular, pues somos de una cierta clase por elegir lo bueno o lo malo, mas no por opinar. También elegimos aceptar o rehuir alguna de estas cosas, pero en cambio opinamos qué es, a quién conviene o de qué manera. Pero en absoluto opinamos sobre aceptar o rehuir. También se elogia a la elección por ser de aquello que más conviene, mientras que la opinión es elogiada por el cómo. También elegimos lo que sabemos que es especialmente bueno, mientras que opinamos sobre lo que no sabemos en absoluto. Y no parece que sean los mismos quienes eligen lo mejor y opinan mejor, sino que algunos opinan mejor, pero por causa del vicio eligen no lo que deben. Y nada importa si la opinión precede a la elección o la sigue, pues no estamos investigando esto, sino si es lo mismo que una cierta opinión.

Entonces, ¿qué cosa es, o de qué clase, si no es nada de lo dicho? Parece, desde luego, que es algo voluntario, pero no todo lo voluntario es objeto de elección. Entonces ¿acaso será aquello que se ha deliberado previamente, ya que la elección va acompañada del razonamiento y el discurso? Y parece que incluso su nombre sugiere que se trata de algo «elegido en vez de» otras cosas.

III. ¿Acaso los hombres deliberan acerca de todo y todo es objeto de deliberación? ¿O acerca de algunas cosas no hay deliberación? Quizás haya que añadir que es objeto de deliberación no aquello sobre lo que deliberaría un bobo o un loco, sino acerca de lo que deliberaría el hombre sensato. Por supuesto que acerca de las cosas eternas nadie delibera, como, por ejemplo, acerca del mundo o sobre si la diagonal y el lado son inconmensurables. Pero tampoco acerca de las cosas que están en movimiento y que se producen siempre de la misma manera, ya sea por necesidad, por naturaleza o por cualquier otra causa, como, por ejemplo, los solsticios y los ortos. Tampoco sobre las que se producen cada vez de una manera, como las sequías y las lluvias. Tampoco acerca de las que se producen por azar, como el hallazgo de un tesoro, pues ninguna de estas cosas podría producirse por agencia nuestra. En cambio, deliberamos acerca de las cosas que dependen de nosotros y son realizables (pues son éstas las que quedan: en efecto, parece que las causas son la naturaleza, la necesidad y el azar y, adicionalmente, la razón y todo lo que se realiza por el hombre). Tampoco deliberamos acerca de todas las cosas humanas: por ejemplo, ningún lacedemonio delibera sobre cómo los escitas podrían tener el mejor régimen de gobierno. Cada grupo de hombres delibera sobre las cosas que son realizables por propia agencia. Además no hay deliberación sobre las ciencias exactas y autosuficientes, por ejemplo, acerca de la Gramática (no dudamos sobre cómo hay que escribir), en cambio deliberamos sobre todas aquellas cosas que se producen por agencia nuestra y no siempre de la misma manera, como por ejemplo, sobre los asuntos referentes a la Medicina o a los negocios; y más sobre el arte de conducir que sobre

1112b

la Gimnástica por cuanto éstas son menos exactas, e igualmente en lo demás. Y deliberamos más acerca de las artes que de las ciencias, pues de aquéllas dudamos más.

La deliberación, pues, se da en aquellas cosas que suceden por lo general, pero que es incierto cómo van a resultar y en aquellas en las que es indefinido el resultado y tomamos consejeros para los asuntos importantes porque desconfiamos de que nosotros mismos seamos capaces de decidir. Y no deliberamos sobre los fines, sino sobre lo que conduce a los fines. Ni el médico delibera si va a curar ni el orador si va a persuadir ni el político si va a crear un buen gobierno, ni ninguno de los otros acerca del fin, sino que, una vez que se ha establecido el fin, los hombres examinan de qué manera y por qué medios va a producirse. Y si parece que va a producirse por más de uno, examinan a través de cuál se producirá más fácilmente y mejor; pero si se alcanza a través de uno sólo, examinan qué manera se producirá a través de éste y éste a través de qué, hasta que llegan a la causa primera, que es la última en ser descubierta. (Pues el que delibera parece que intenta descubrir y resolver un problema de la manera que ya hemos señalado, a través de una figura. Parece que no toda investigación es deliberación, por ejemplo las Matemáticas, pero toda deliberación es investigación. Y lo último en el análisis parece que es lo primero en el origen.) Y abandonan si encuentran algo imposible: por ejemplo si hace falta dinero y no es posible procurárselo, pero si parece posible, intentan conseguirlo. Y posibles son las cosas que podrían realizarse por agencia nuestra, pues las que se realizan por agencia de los amigos de alguna manera lo son por nuestra agencia, ya que el inicio está en nosotros.

Por otra parte, unas veces se investigan los instrumentos y otras su utilización. Igualmente, también en lo demás, unas veces se investiga el «por-qué-medio» y otras el «cómo-por un-cierto-medio». Por eso, desde luego, tal como se ha dicho, parece que el hombre es el inicio de las acciones, que la voluntad se refiere a las cosas que son realizables por uno mismo, y que las acciones son con vistas a otra cosa. No sería, por tanto, objeto de deliberación el fin, sino lo que conduce a los fines, ni tampoco, claro está, los hechos particulares, por ejemplo, si esto es un pan o si está cocido como debe, pues ello es propio de la sensación. Y si vamos a deliberar siempre, llegaremos al infinito.

1113a

El objeto de la deliberación y el de la elección son el mismo, sólo que ya ha sido determinado previamente lo que se elige, puesto que aquello que se elige es lo que ha sido seleccionado como consecuencia de la deliberación. Cada cual cesa de indagar cómo va a actuar cuando lleva el inicio de la acción hasta él mismo y hasta la parte conductora de él mismo, pues es ésta la que elige. Ello resulta claro también por las antiguas formas políticas que Homero reproduce en sus poemas: los reyes comunicaban al pueblo las decisiones que habían tomado con anterioridad. Entonces, si el objeto de elección es lo que se decide previamente y a lo que se tiende de entre las cosas que dependen de nosotros, también la elección sería una tendencia deliberativa a cosas que dependen de nosotros. Pues, tras decidir como consecuencia de la deliberación, tenemos deseos conforme a ésta.

Pues bien, quede formulada la deliberación mediante un bosquejo, e, igualmente, de qué cosas se ocupa y que lo hace de aquello que conduce a los fines.

IV. El deseo, en cambio, ya se ha dicho que pertenece al fin, aunque unos opinan que pertenece a lo bueno y otros a lo que parece bueno. Pero a quienes dicen que el bien es lo que se desea les viene a resultar la conclusión de que no es deseable aquello que desea quien no elige rectamente (pues si es deseable, también es bueno, pero si es de esta otra manera, sería malo). Por su parte, para quienes dicen que lo deseable es aquello que *parece* bueno la conclusión es que el bien no es lo que se desea por naturaleza, sino lo que a cada uno le parece. Pero a cada uno le parece de una manera y, si se da el caso, cosas opuestas.

Por lo que, claro, si esto no es suficiente, habrá que decir, acaso, que el bien es lo deseable en términos absolutos y en verdad, mientras que para cada uno lo es aquello que lo parece. En efecto, para el hombre bueno lo será el bien verdadero, mientras que para el malo lo es cualquier cosa (lo mismo que también con los cuerpos: para quienes tienen una buena condición física serán saludables las cosas que sean tales en verdad, mientras que para los enfermizos lo serán otras; e igualmente lo amargo, lo dulce, lo caliente, lo pesado y cada una de las demás cosas): el hombre bueno juzga rectamente cada cosa y en cada una le parece lo que es verdad. Porque en cada disposición hay cosas propias, tanto buenas como agradables, y el hombre bueno se distingue quizá, sobre todo, por ver en cada caso lo que es verdad, como si fuera un canon y medida de ello. Para la mayoría, en cambio, el engaño se origina, a lo que parece, por causa del placer, pues éste es aparentemente cosa buena, aunque no lo sea, y, consecuentemente, eligen lo placentero como bueno, mientras que rehúyen el dolor como malo.

1113b

V. Y, claro, como el fin es objeto del deseo, y, en cambio, las cosas que conducen al fin son objeto de deliberación y elección, las acciones referentes a éstos se dan conforme a elección y son voluntarias. Y las actividades de las virtudes se dan en éstas; por consiguiente, también la virtud depende de nosotros; e igualmente el vicio. En efecto, en lo que depende de nosotros el actuar, también depende el no actuar, y en lo que hay un no, también hay un sí. De tal manera que, si depende de nosotros el obrar cuando es bueno, también dependerá de nosotros el no obrar cuando es malo. Y si el no obrar, cuando es bueno, depende de nosotros, también depende de nosotros el obrar cuando es malo. Y si depende de nosotros realizar buenas y malas acciones, e igualmente el no realizarlas (y esto era el ser buenos o malos), entonces dependerá de nosotros el ser virtuosos o viciosos. Mas afirmar que

nadie es miserable voluntariamente ni dichoso involuntariamente[9]

parece por un lado verdadero y por otro falso. En efecto, nadie es involuntariamente dichoso, mientras que la

---

9. Trímetro yámbico perteneciente a la lírica arcaica, quizás a Solón. En todo caso parece claro que Aristóteles cambia el sentido del término *ponerós* ('malvado') que, al oponerse a *mákar*, toma el sentido de 'infeliz' por polarización.

maldad es voluntaria. En caso contrario, habrá que contradecir lo que se acaba de afirmar ahora y habrá que decir que el hombre no es principio ni originador de sus acciones como si fueran hijos. Pero si ello parece ser así, y no podemos atribuirlo a principios diferentes de los que están en nosotros, entonces las acciones, cuyos principios están en nosotros, también dependerán ellas de nosotros y serán voluntarias.

Y en favor de esto parecemos testificar cada uno de nosotros en particular y también los propios legisladores: en efecto, éstos castigan y exigen reparación a cuantos cometen malas acciones (si es que no lo hacen a la fuerza o por una ignorancia de la que no son ellos culpables), mientras que a quienes realizan buenas acciones les conceden honores con la intención de estimular a unos y refrenar a otros. Y sin embargo, nadie induce a realizar las acciones que no dependen de nosotros ni son voluntarias en la convicción de que de nada sirve el dejarse persuadir para no quemarse o sentir dolor o hambre o cualquier otra cosa de esta índole. Pues no por ello vamos a dejar de sentirlas. Incluso castigan por el propio hecho de ignorar, si alguien parece ser culpable de su ignorancia. Por ejemplo, para quienes están borrachos la pena es doble, pues el origen está en uno mismo. En efecto, uno es dueño de no embriagarse y esto es la causa de su ignorancia. También castigan a quienes ignoran, de lo que hay en las leyes, algo que hay que conocer y que no es difícil. Igualmente también en las demás cosas, cuantas parecen ignorar por negligencia en la idea de que depende de ellos el no ignorarlas, puesto que son dueños de ser diligentes.

Quizás un individuo es de un carácter tal como para no ser diligente, pero son ellos los culpables de haber llegado a ser tales por vivir descuidadamente y ser injustos o intemperantes –unos por obrar mal y otros por pasar el tiempo en francachelas y cosas por el estilo–. En efecto, la actividad en cada una de las cosas los hace de tal clase. Ello resulta claro por los que se ejercitan para cualquier combate o práctica, pues pasan el tiempo haciendo ejercicio. Por consiguiente, es sencillamente de un hombre carente de sentido el ignorar que los hábitos se originan, en cada actividad, por el hecho de realizar ejercicio. Y si alguien realiza, sin ignorarlo, acciones por las que va ser injusto, sería voluntariamente injusto. Más aún, no es razonable sostener que no quiere ser injusto el que delinque, o que no quiere ser intemperante quien realiza actos intemperantes. Ahora bien, no va a dejar de ser injusto, o a ser justo, porque lo quiera, pues tampoco el que está enfermo se pondrá sano, aunque acaso esté enfermo voluntariamente por vivir de manera incontinente y no hacer caso a los médicos. Por tanto, le habría sido posible no caer enfermo entonces, pero si se ha abandonado, ya no, de la misma manera que tampoco a quien ha soltado una piedra le resulta ya posible recogerla. Y sin embargo, de él depende el recoger y el arrojar, pues el principio está en él. De esta manera, también al que es injusto y al intemperante les habría sido posible desde un principio no llegar a ser tales, por lo cual lo son voluntariamente. Pero una vez que han llegado a serlo, ya no les es posible dejar de serlo.

Y no sólo son voluntarios los vicios del alma, sino también los del cuerpo en algunas personas, a las que también se los censuramos. En efecto, a quienes son feos por naturaleza nadie los censura, pero sí a quienes lo son por falta de ejercicio y de cuidado. Igualmente también con la debilidad y la pérdida de un miembro: nadie reprocharía a uno que es ciego de nacimiento o por enfermedad o por un golpe, sino más bien le compadecería; pero, en cambio, cualquiera censuraría a quien lo es como consecuencia de una borrachera o de cualquier otro acto de intemperancia. Conque, entre los defectos referentes al cuerpo, son censurables los que dependen de nosotros, pero no lo son cuantos no dependen de nosotros. Y si ello es así, también en el caso de los demás defectos dependerían de nosotros aquellos que se suelen censurar.

Mas si alguien dijera que todos tienden a lo que les parece bueno, pero no son dueños de esta apariencia, sino que tal como cada uno es, de esa misma índole también le parece que es el fin...[10] Pues bien, si cada uno es responsable, de alguna manera, de su propia condición, entonces también será de alguna manera responsable de esta apariencia (en caso contrario, nadie sería responsable de realizar malas acciones, sino que las realizará por ignorancia del fin creyendo que a través de ellas le va a sobrevenir lo mejor). Pero si la tendencia hacia el fin no es objeto de elección, sino que uno nace necesariamente teniendo una especie de visión con la que juzga rectamente y elige lo que es bueno en verdad, entonces será de buen natural aquel que la posea bien por naturaleza. En efecto, tendrá, lo mismo que al nacer, aquello que es

10. Anacoluto.

lo mayor y más bello y que no es posible recibir ni aprender de nadie; y el completo y verdadero «buen natural» sería el poseer esto bien y hermosamente.

Pero, claro, si esto es cierto, ¿por qué la virtud va a ser más voluntaria que el vicio? Pues a ambos por igual, al bueno y al malo, el fin les parece y es por naturaleza de una manera determinada, y las demás acciones las realizan de manera acorde con éste. Y, claro, ya sea que el fin no le parece a cada uno de una determinada clase por naturaleza, sino que también hay una parte que depende de él, o ya sea que el fin es natural, pero la virtud es cosa voluntaria porque el hombre virtuoso realiza voluntariamente las demás acciones, no menos voluntario sería también el vicio: en el hombre malo está igualmente presente lo que de él depende en sus acciones, incluso si no lo está en el fin. Pues bien, si tal como se viene diciendo, las virtudes son voluntarias (porque también somos nosotros corresponsables de nuestros hábitos, y, por el hecho de ser nosotros de una cierta índole, nos proponemos un fin de una cierta índole), también los vicios serían voluntarios, pues se producen de forma semejante.

En fin, hemos hablado en general acerca de las virtudes: de su género en bosquejo (que son término medio y hábito), de que son aptas por sí mismas para realizar las acciones de las que se originan y de la manera en que lo ordena la recta razón; también de que dependen de nosotros y son voluntarias. Aunque las acciones y los hábitos no son voluntarios de forma similar: de las acciones somos dueños nosotros de principio a fin, pues conocemos lo particular, pero, en cambio, de los hábitos sí lo somos del inicio, pero su incremento en particular no es

1115a reconocible, como pasa con las enfermedades. Sin embargo, son voluntarias por el hecho de que dependería de nosotros utilizarlas de esta manera y no de esta otra. Por resumir, digamos acerca de cada una en particular cuáles son y en qué se ejercitan y de qué manera, y al mismo tiempo quedará claro también cuántas son.

VI. En primer lugar acerca de la valentía. Pues bien, que es un término medio en lo que respecta al miedo y a la confianza, ya ha quedado claro. Tememos, evidentemente, las cosas temibles y éstas son, por decirlo en una palabra, las malas. Por lo cual también se define el miedo como la expectación de un mal. Tememos, pues, todas las cosas malas, como por ejemplo, la mala reputación, la pobreza, la enfermedad, la carencia de amigos y la muerte, pero no parece que el hombre valiente lo sea en todo: en efecto, algunas cosas no sólo hay que temerlas, sino que es bueno, y el no hacerlo, malo, como, por ejemplo, la mala reputación: el que la teme es virtuoso y pudoroso, mientras que el que no la teme es desvergonzado. Algunos llaman a éste valeroso metafóricamente, pues tiene algo que se parece al valiente: carece de miedo también el valiente. Pero quizá no hay que tener miedo de la pobreza ni de la enfermedad ni, en general, de cuanto no procede del vicio ni por culpa de uno mismo. Pero tampoco es valiente el que carece de miedo en estas cosas (también a éste se lo llamamos tal por semejanza): algunos, que son cobardes en los riesgos de la guerra, son generosos y tienen una actitud animosa en lo que se refiere a soltar dinero. Y, claro, si uno teme agravios hacia sus hijos y mujer, o envidia, o alguna cosa parecida, no es cobarde; pero tampoco es valiente si se muestra animoso cuando van a azotarlo.

Entonces, ¿en cuáles de las cosas temibles se revela el hombre valiente? ¿Acaso en las más importantes? Pues nadie es más capaz de soportar las cosas terribles. Y lo más temible es la muerte, ya que es el fin y no parece que haya nada, ni bueno ni malo, para el que ha muerto. Parecería, pues, que el valiente tampoco lo es, por lo que respecta a la muerte, en cualquier clase de muerte como, por ejemplo, en el mar o por enfermedades. ¿En qué clases de muerte, entonces? ¿Acaso en las más honrosas? Tales son las de la guerra, pues se dan en el riesgo máximo y más hermoso. Y con éstas se corresponden los honores que se dispensan en los Estados y en las monarquías[11]. En sentido propio, pues, llamaríase valiente el que carece de miedo con relación a una muerte honrosa y en cuantas circunstancias acarrean la muerte siendo repentinas; y éstas son, sobre todo, las de la guerra. Por lo demás, también en el mar y en las enfermedades carece de miedo el valiente, aunque no de la misma manera que los marineros: aquél ha renunciado a su salvación y le repugna una muerte de esa clase, mientras que éstos tienen buen ánimo como consecuencia de su experiencia. Al mismo tiempo se muestran valientes en las circunstancias en las que hay lugar a una proeza o es bello morir. Y en cambio, en semejantes muertes no hay nada de esto.

VII. Lo temible, empero, no es lo mismo para todos, sino que hay algo a lo que llamamos superior al hombre: esto es, desde luego, temible para cualquiera –al menos si tiene sentido común–, mientras que lo que correspon-

---

11. En esta curiosa polarización frente a «monarquía», *pólis* viene a tomar el significado de 'Estado democrático'.

de al hombre difiere en magnitud y en el más o menos (lo mismo que también lo que inspira seguridad). Y el valiente se mantiene impávido como hombre; temerá, por consiguiente, también tales cosas, mas las soportará como debe y como es razonable, por causa del bien, que éste es el fin de la virtud. Es posible temerlas más y menos y, más todavía, temer las que no son temibles como si fueran tales. De los errores, uno surge porque se teme «lo que no se debe», otro «como no se debe», otro «cuando no se debe» o alguna de tales condiciones; e igualmente también en lo que inspira confianza.

Pues bien, es valiente aquel que soporta y teme lo que debe y por la razón que debe, y tal como debe y cuando debe, e igualmente también el que siente confianza (pues el valiente sufre y obra como es merecido y tal como es razonable: el fin de toda actividad es el que corresponde a su condición –también para el hombre, claro; y la valentía es cosa buena, luego de tal clase será también su fin, ya que cada cosa se define por el fin–. Por consiguiente, el valiente soporta y realiza las acciones que corresponden a la valentía por causa del bien).

Entre los que se exceden, el que lo hace por carencia de miedo no tiene nombre (ya hemos dicho anteriormente que hay muchos que carecen de nombre), pero sería un loco o insensible si no temiera nada, ni un terremoto ni las olas, tal como dicen de los celtas[12]. El que se

---

12. En *EE* 1229b28 se hace la misma alusión de forma más completa («lo mismo que los celtas se enfrentan a las olas con las armas»), lo que parece una deformación del pasaje de Éforo (*Fr.* 2a,70,F.132.1-133.1 = Estrabón, *Geografía,* VII. 2.1.15 ss.): «Tampoco dice bien el que afirma que los cimbros toman las armas para enfren-

excede en atreverse en las cosas temibles es temerario, mas parece que también es un fanfarrón y un simulador de valentía: en efecto, pretende parecer que se encuentra en la misma relación que está aquél con las cosas que inspiran miedo. Así pues, lo imita en aquello que puede, por lo cual la mayoría de ellos son también cobardes-temerarios[13], pues aunque en estas circunstancias muestran arrojo, no soportan las cosas temibles.

El que se excede en temer es un cobarde: en efecto, le acompañan el «lo que no se debe», el «como no se debe» y todas las circunstancias de esta clase. Se queda corto también en el atrevimiento, pero es más evidente que se excede en afligirse, y, desde luego, el cobarde es un hombre desesperanzado, pues todo lo teme, mientras que el valiente al revés, pues el ser animoso es propio de quien tiene esperanza. Por consiguiente, tanto el cobarde, como el temerario, como el valiente tienen que ver con lo mismo, pero están con ello en diferente relación: unos se exceden o se quedan cortos, mientras que otro se mantiene en el medio y como es debido. También los temerarios son impetuosos y bien dispuestos antes de los peligros, pero en medio de ellos se arredran; los valientes, al contrario, son decididos en la acción y tranquilos con anterioridad.

1116a

Pues bien, tal como se ha dicho, la valentía es una condición media en lo que concierne a las cosas que inspiran

---

tarse a la pleamar; ni que los celtas, para ejercitar su arrojo, aguantan a que sus casas se inunden y luego las reconstruyen; y que les sobrevienen mayores pérdidas por el agua que por la guerra, como dice Éforo». Un interesante ejemplo de deformación en la transmisión de «datos».
13. Gr. *thrasýdeilos,* adjetivo creado *ad hoc* por Aristóteles.

confianza y las que inspiran miedo en los términos en los que se ha dicho; también, que el valiente es animoso y aguanta porque el asunto es noble, y no lo hace porque no lo es. Pero morir por huir de la pobreza o la pasión o algo doloroso, no es de un hombre valiente, sino más bien de un cobarde: blandura es eludir las situaciones duras, y aquel que lo hace aguanta no porque sea bueno, sino por huir de lo malo.

VIII. La valentía es, pues, de esta clase, pero reciben este nombre otras clases de ella según cinco modalidades diferentes: en primer lugar, la política, pues es la que más se le asemeja. En efecto, parece que los ciudadanos soportan los peligros por los castigos, los reproches y los honores que se derivan de las leyes. Por eso parece que los más valientes son aquellos entre quienes los cobardes son deshonrados y los valientes, honrados. Hombres así describe Homero en sus poemas, como Diomedes y Héctor:

Polidamante será el primero que me cubra de baldón[14];

y Diomedes:

Pues Héctor dirá un día entre los Troyanos hablando: por mí fue el Tidida…[15].

Ésta es la más semejante a la anteriormente referida, porque se origina a causa de la virtud (por vergüenza,

---

14. *Ilíada* 22.100.
15. *Ilíada* 8.148.

sin duda), por tendencia hacia el bien (por la honra, sin duda) y por huir del baldón, pues es cosa mala. En la misma clase se podría poner a los que son obligados por los que mandan –aunque son peores, por cuanto no lo hacen por pundonor, sino por miedo, y por huir no de lo deshonroso, sino de lo doloroso–. Sus señores los obligan, como Héctor:

> Aquel a quien yo vea acurrucado lejos del combate
> no le quedará esperanza de escapar de los perros[16].

También hacen esto mismo los que ponen a los soldados delante y los golpean si se retiran; y también quienes los ponen en fila delante de las fosas y demás, pues todos los obligan. Por consiguiente no hay que ser valiente por necesidad, sino porque ello es bueno.

Parece igualmente que es valentía la experiencia en casos particulares, por lo que también Sócrates pensó que la valentía es conocimiento. De esta clase de valentía, hay unos que lo son en unas cosas y otros en otras; y los soldados mercenarios[17], en los peligros de la guerra.

Efectivamente parece que son muchos los falsos avatares de la guerra que precisamente éstos tienen muy vistos, y, claro, parece que son valientes porque los demás no saben cuáles pueden ser. Además, son capaces de obrar y de no recibir, precisamente como consecuencia

---

16. *Ibidem,* 2.391.
17. Aunque en el texto no aparece la palabra «mercenario» (gr. *xénoi),* es evidente que se refiere a ellos, porque los opone, más abajo, a los ciudadanos; y por la profesionalidad que les atribuye esta descripción.

de su experiencia, porque pueden utilizar sus armas y porque tienen tales armas que serían las más idóneas tanto para obrar como para no recibir. Por consiguiente, combaten como hombres armados contra desarmados y como atletas contra hombres corrientes, porque, también en certámenes de esta clase, no son los más valientes quienes son más combativos, sino los que tienen más fuerza y sus cuerpos en condición excelente. Pero los soldados profesionales son cobardes cuando el peligro se tensa en exceso y son superados en número y en equipamiento: son los primeros en huir; en cambio, los soldados ciudadanos mueren aguantando a pie firme, que es lo que sucedió en el Hermeo[18]. Porque para los unos es vergonzoso huir y la muerte es preferible a una salvación de esta clase; los otros, en cambio, se arriesgaban desde el principio en la seguridad de que eran superiores, pero huyen cuando caen en la cuenta, porque tienen más miedo a la muerte que a la vergüenza. El hombre valiente es de esta clase.

También se suele adscribir a la valentía la rabia. En efecto, parece que son valientes quienes se conducen con ímpetu, lo mismo que los animales se lanzan contra quienes los han herido. Y es que también los valientes son impetuosos, puesto que el ímpetu es la cosa más de-

---

18. El templo de Hermes: de acuerdo con el escoliasta *(ad loc.)* se refiere al episodio de la batalla de Coronea (323 a. C.), en el que unos mercenarios, contratados por los beotarcas para defender a los beocios contra el focio Onomarco, que había capturado la Acrópolis, huyeron «tan pronto como se enteraron de que había muerto uno de los beotarcas». Por el contrario, los beocios «murieron, después de cerrar las puertas, para no poder huir y abandonar a la patria ni aunque les entrara tal deseo».

cidida, por lo que dice Homero: «Puso fuerza en su ánimo»[19] y «despertó su ímpetu y su ira»[20], «el ímpetu le salió por la nariz»[21] y «le hervía la sangre»[22]. Todas las expresiones de esta clase parecen significar el despertar y el arrojo de la ira. Pues bien, los valientes obran por el bien, y el ímpetu colabora con ellos, pero los animales lo hacen por dolor, por el hecho de ser golpeados o por tener miedo, puesto que si se encuentran en un bosque no se acercan. Por consiguiente, no son valientes, ya que se lanzan al peligro conducidos por el dolor y la rabia, y sin prever ninguno de los peligros, pues, en ese caso, hasta los asnos serían valientes cuando tienen hambre: aunque se los golpee, no se apartan de su pitanza. Igualmente los adúlteros realizan muchas acciones osadas por causa de su lascivia. (Ahora bien, los seres que se ven arrastrados al peligro por el dolor o la rabia no son valientes)[23]. Parece que la forma más natural es la debida al coraje, y que, si añade la elección y el «para-qué», es la valentía. Además, los hombres sienten dolor cuando se encuentran irritados y gozan cuando se cobran venganza; pero los que pelean por estas razones son «combativos», aun-

---

19. No es un buen ejemplo. Aristóteles cita de memoria y lo hace deficientemente: la palabra que utiliza Homero, y sólo una vez (cf. *Ilíada* 16.529), es *ménos* ('ímpetu').
20. Tampoco es un ejemplo correcto: Homero utiliza 16 veces (cf. *Ilíada* 5.470, etc.) la expresión *ótrune menos kai thymon hekástou* ('excitó el ímpetu y la ira de cada uno').
21. Con ligeras variantes esta expresión se halla en *Ilíada* 24. 318.
22. La expresión no es homérica. Aparece sólo en Teócrito 20.15 y en el poeta cómico Ferécrates *(Fr.* 18).
23. Esta última frase, que pongo entre paréntesis, parece una clara interpolación, innecesaria y molesta.

que no «valientes», pues no lo hacen por algo noble, ni como dicta la razón, sino por pasión. Pero poseen una cualidad semejante.

Tampoco, desde luego, son valientes aquellos que son confiados, puesto que se envalentonan en los peligros por haber vencido muchas veces y a muchas personas. Semejantes sí son, porque ambos son animosos, pero los valientes lo son por las razones antes señaladas[24], y los otros por creer que son superiores y que no les va a pasar nada (algo así hacen los borrachos, que también son confiados). Pero cuando las cosas no les salen así, se dan a la fuga: en cambio, era propio del hombre valiente aguantar las cosas que son, y le parecen, terribles a un hombre, porque el hacerlo es noble –e innoble el no hacerlo–. Por ello también parece que sea más propio de un hombre valiente el mantenerse libre de miedo y turbación en los terrores repentinos que en los previsibles: pues debe proceder más del carácter si procede con menor preparación. Cualquiera preferiría afrontar los riesgos manifiestos con cálculo y razón, pero los repentinos dependen del carácter.

También los que ignoran parecen valientes, y no están muy lejos de los confiados, aunque son inferiores por cuanto no tienen autoestima alguna, y los otros sí. Por eso estos últimos incluso aguantan un tiempo, pero los otros, como están en el engaño, se dan a la fuga cuando caen en la cuenta de que el asunto es diferente de lo que sospechaban. Precisamente esto les aconteció a los argivos cuando cayeron sobre los laconios pensando que

---

24. Cf. *supra* 115b11-21.

eran sicionios²⁵. Pues bien, ya ha quedado dicho de qué clase son los valientes y quiénes aquellos que parecen valientes.

IX. Y aunque la valentía atañe a sentimientos de confianza y miedo, no atañe a ambos por igual, sino más a los de miedo. Porque es más valiente el que se mantiene imperturbable en éstos y con relación a ellos, tal como debe, que quien lo hace en situaciones de confianza. Desde luego, tal como se ha dicho, se los llama «valientes» por soportar el dolor. Por eso la valentía está incluso acompañada de dolor; y con razón recibe elogios, porque es más duro soportar las situaciones de dolor que abstenerse de las placenteras.

Y, lo que es más, podría parecer que el fin correspondiente a la valentía es placentero, aunque queda oscurecido por aquello que le rodea lo mismo que sucede en los certámenes gimnásticos: en efecto, para los boxeadores el fin es placentero –el «para-qué», la corona y los honores–, pero en cambio el recibir golpes es doloroso –si es que son de carne– e igualmente doloroso es todo su esfuerzo; y, debido a que los esfuerzos son muchos, parece que el fin, pequeño como es, no contiene nada agradable.

Pero, claro, si tal cosa se da también en lo que se refiere a la valentía, serán dolorosas la muerte y las heridas para quien es valiente y las recibe voluntariamente, pero las soporta porque es ello bueno o porque es malo el no

---

25. Suceso de la batalla de Corinto en el 392 a. C. (cf. Jenofonte *Helénicas* 4.4.10): los laconios iban armados con los escudos que les habían arrebatado a los de Sición y que llevaban una Σ (sigma) grabada.

soportarlas. Y cuanto más completa tenga la virtud y más feliz sea, tanto más se afligirá por la muerte: porque para un hombre así vivir vale más que nada y él se ve privado de los mayores bienes a sabiendas; y ello es doloroso. Mas no es menos valiente, sino quizá incluso más, porque prefiere lo bello que hay en la guerra en vez de aquello otro. Entonces no es el caso que en todas las virtudes se dé una actividad placentera, excepto en la medida en que se alcanza el fin. Y nada impide, quizás, que los mejores soldados profesionales no sean los hombres así, sino los menos valientes y que no poseen ningún otro bien, pues éstos están más dispuestos al peligro y truecan su vida a cambio de pequeñas ganancias. Pues bien, acerca de la valentía quede dicho todo esto; como consecuencia de ello no es difícil abarcar en un bosquejo qué cosa sea.

X. Después de ésta, continuemos hablando acerca de la templanza, pues parece que éstas son las virtudes de las partes irracionales del alma. Ya ha quedado dicho que la templanza es una condición intermedia en relación con los placeres (menos, y no de la misma manera, con los dolores), y en estos mismos se manifiesta también la intemperancia. Definamos, pues, ahora acerca de cuáles entre los placeres. Queden éstos, desde luego, divididos en anímicos y corporales, como, por ejemplo, el amor al honor o al aprendizaje. En efecto, cada uno de éstos se complace en aquello de lo que es amante sin que su cuerpo se vea afectado, sino más bien su mente. Los que andan en semejantes placeres no reciben el nombre ni de templados ni de intemperantes. E igualmente tampoco los que andan en otros placeres que no son corporales. En efecto, no llamamos intemperantes a los amantes de los mitos o los relatos, o a los que pasan los días charlando sobre cualquier tema, ni tampoco a los que sufren por dinero o por los amigos. Conque la templanza tendría que ver con los placeres corporales –aunque ni siquiera con todos ellos: quienes se complacen con los objetos de la visión, como, por ejemplo, colores, formas y dibujos tampoco reciben el nombre de templados ni de intemperantes–. Y sin embargo podría parecer que es posible también en esto complacerse como se debe y por exceso y defecto. Y lo mismo en los objetos del oído: en efecto, a quienes se complacen extraordinariamente con melodías o con representaciones nadie los llama intemperantes, ni tampoco templados a quienes lo hacen como se debe. Tampoco a cuantos se complacen con el olor, excepto por concurrencia: en efecto, no llamamos intemperantes a quienes se complacen con el olor de las manzanas o de las rosas o de los sahumerios, sino, más bien, a los que se complacen con el olor de los perfumes y de los manjares, pues los intemperantes se complacen en éstos ya que a través de ellos les viene el recuerdo de los objetos de su deseo. (Podría verse que también los demás, cuando tienen hambre, se complacen con el olor de los alimentos, pero complacerse en cosas así es propio del intemperante, pues son ellas el objeto de su deseo)[26].

Tampoco hay placer para el resto de los animales en estos sentidos, como no sea por concurrencia: las perras no se complacen con el olor de las liebres, sino con de-

---

26. Esta frase, que nada tiene que ver con el contexto, bien podría ser una interpolación, como señala Rackam, *ad loc.*

vorarlas, aunque es el olor el que ha hecho que las perciban; ni tampoco el león con el mugido de los bueyes, sino por comerlos, aunque gracias al mugido se ha enterado de su cercanía y parece que se alegra por éste. Igualmente, tampoco lo hace porque vea «a un ciervo o a una cabra montés»[27], sino porque va a tener alimento.

Por consiguiente, la templanza tiene que ver con tales placeres y la intemperancia lo es de cosas de las que también participan los demás animales, por lo que parecen propias de esclavos y de animales. Y éstos son el tacto y el gusto. Pero incluso con el gusto parece que tienen que ver poco o nada, pues lo propio del gusto es juzgar los sabores, como hacen precisamente los catadores de vino y los que preparan manjares. No es, en absoluto, que las gentes se complazcan con éstos o al menos, desde luego, no los intemperantes, sino con el disfrute que se produce en su totalidad a través del tacto tanto en los alimentos, como en la bebida, como en los llamados placeres de Afrodita. Por eso uno que era un comilón[28] suplicó a los dioses que su cuello fuera más largo que el de una grulla en la seguridad de que gozaba con el tacto. Por tanto, el más común de los sentidos es aquel en el cual se da la intemperancia; y parecería justo que ésta sea reprobable porque se da no por cuanto somos hombres, sino por cuanto somos animales. Y, claro, complacerse en cosas así y amarlas por encima de todo es propio de animales.

---

27. Pertenece a *Ilíada* 3. 24.
28. En *EE* 1231^{a}16 se da el nombre de este personaje, Filóxeno, hijo de Erixis, a quien cita también Aristófanes en *Ranas* 934, atribuyéndole forma de *hippalektryón* ('caballo-gallo').

Y eso que suprimimos los más generosos de entre los placeres que se producen por el tacto, como aquellos que surgen en los gimnasios a través de los masajes y los baños calientes, pues el tacto del intemperante no abarca todo el cuerpo, sino a ciertas partes.

XI. Entre los deseos unos parece que son comunes, otros, en cambio, son particulares y accesorios. Por ejemplo, todo el que está necesitado desea el alimento seco o húmedo y a veces ambos; también la unión amorosa, según Homero[29], el que es joven y vigoroso. Pero no todo el mundo desea tal alimento o tal otro, ni tampoco los mismos, por lo que parece que depende de nosotros. Aunque, claro está, también esto tiene algo de natural: unas cosas son agradables para unos y otras para otros, y algunas son para todos más agradables que las ordinarias.

Pues bien, en los deseos naturales pocos son los que se equivocan y ello sólo en un sentido, a mayor, puesto que comer cualquier cosa o beber hasta saciarse es exceder lo natural en cantidad, pues el deseo natural consiste en satisfacer la necesidad. Por ello éstos reciben el nombre de glotones, porque la sacian más allá de lo conveniente y de esta clase son los muy esclavos; pero en los placeres particulares son muchos los que yerran de muchas maneras, pues los llamados «filo-tal cosa» lo son o por complacerse en lo que no se debe o por hacerlo más de lo que lo hace la mayoría o por no hacerlo como se debe. Y en todos estos casos se exceden los intemperantes: se

---

29. Por la relación entre el alimento y el sexo parece referirse al pasaje de *Ilíada* 24. 130.

complacen con algunas cosas en las que no se debe (pues son abominables), y si hay que complacerse con alguna de las tales lo hacen más de lo que se debe o de lo que la mayoría se complace.

Pues bien, es claro que el exceso en relación con los placeres es intemperancia y cosa reprobable. En lo que atañe al dolor, no se llama templado a alguien por el hecho de aguantar, como pasaba con la valentía, e intemperante por no hacerlo, sino que el intemperante recibe el nombre porque se aflige más de lo debido por no alcanzar las cosas placenteras (y el placer le produce aflicción), mientras que el templado recibe este nombre por no afligirse ante la ausencia de lo placentero. Por consiguiente el intemperante desea todo lo que es placentero y lo que es más placentero, y se deja llevar por el deseo hasta el punto de preferirlo antes que lo demás, por lo que también se aflige cuando lo pierde y cuando siente deseo, pues el deseo va acompañado de dolor. Aunque podría parecer extraño el afligirse por placer.

1119a

No hay en absoluto hombres que se queden cortos en lo que atañe al placer o que gocen menos de lo que se debe, pues semejante carencia de sensibilidad no es propia de un hombre. Incluso los demás animales distinguen los alimentos y con unos se complacen y con otros no. Pero si a alguien nada en absoluto le parece placentero ni hay diferencia entre una cosa y otra, estaría más allá de ser un hombre. Y un tal no ha recibido nombre por no existir en absoluto.

El hombre templado se mantiene en medio en relación con esto, pues ni se complace con lo que más se complace el intemperante, sino que, por el contrario, se disgusta más, ni en absoluto con lo que no se debe; ni se complace excesivamente en nada por el estilo ni se aflige ni desea placeres ausentes, o lo hace comedidamente y no más de lo que se debe ni cuando no se debe ni, en general, nada por el estilo. De cuanto conduce a la salud o al bienestar, siendo placentero, a esto tiende moderadamente y como se debe, y de las demás cosas placenteras siempre que no estorben a éstas o se den al margen de lo bueno o excedan su patrimonio. Porque el que está en una condición así ama tales placeres más de lo que se merecen y el hombre templado no es tal, sino como indica la recta razón.

XII. La intemperancia parece cosa voluntaria en mayor medida que la cobardía, pues la una se origina por placer y la otra por dolor, de los cuales uno es objeto de elección y el otro de evitación. También el dolor saca de quicio y destruye la naturaleza de quien lo tiene, mientras que el placer no hace nada de esto. Por consiguiente es más voluntario, por lo cual también es más digno de reproche. Pues es más fácil habituarse contra ellos: hay muchas cosas así en la vida y habituarse carece de peligro, mientras que en las cosas temibles es al revés. Podría parecer que la cobardía no es voluntaria en el mismo sentido que los actos particulares, ya que ella es ajena al dolor y éstos sacan de quicio por culpa del dolor hasta el punto de que arrojamos las armas y perdemos, por lo demás, la compostura; por ello parece que son compulsivos. Pero para el intemperante es al revés: los actos particulares son voluntarios porque los desea y hacia ellos tiende, mientras que la totalidad lo es menos: nadie desea ser intemperante.

En cuanto al nombre de «intemperancia» lo aplicamos a las faltas infantiles, pues tienen cierta semejanza. Ahora bien, determinar cuál de las dos recibe nombre de la otra no importa en absoluto ahora, aunque es evidente que la última procede de la primera. Y no parece que se haya convertido en metáfora equivocadamente, pues debe ser castigado aquello que tiende a lo malo y lo que cobra gran incremento, y una cosa así es sobre todo el deseo y el niño: en efecto, también los niños viven de acuerdo con sus deseos y especialmente en ellos se da la tendencia a lo placentero. Por tanto, si no va a ser obediente y dócil a la autoridad llegará muy lejos, pues la tendencia a lo placentero es insaciable y está en todo para quien carece de sentido. La actividad del deseo incrementa lo que es congénito y si esas actividades son grandes e intensas incluso llegan a expulsar a la razón, por lo cual deben ser moderadas y escasas y no oponerse en absoluto a la razón –y tal cosa es lo que llamamos dócil y disciplinado–. Y lo mismo que el niño debe vivir a las órdenes del pedagogo, así también el elemento apetitivo debe hacerlo a las órdenes de la razón, por lo cual el elemento apetitivo del hombre templado debe estar de acuerdo con la razón, pues el objetivo de ambos es el bien. También el templado desea las cosas que debe y como y cuando las debe, y de esta manera lo ordena también la razón. En fin, quede dicho esto acerca de la templanza.

Libro IV

I. Prosigamos hablando a continuación sobre la generosidad. Parece, desde luego, que es un término medio en lo que atañe al dinero: el generoso es elogiado no en los asuntos de la guerra ni en aquello en lo que es elogiado el hombre templado, ni tampoco en las decisiones judiciales, sino en lo que se refiere a dar y recibir dinero; y, sobre todo, en dar. Y llamamos dinero a aquello cuyo valor se mide en monedas.

Por otra parte, la prodigalidad y la avaricia son excesos y defectos en lo que atañe al dinero. También ponemos siempre la avaricia en relación con los que se afanan por el dinero más de lo debido, pero ampliamos la prodigalidad a veces por asociación: en efecto, a los incontinentes y manirrotos para sus actos de intemperancia los llamamos pródigos. Por lo cual también parece que son muy malos, pues tienen a la vez muchos vicios. Pero no reciben este nombre con propiedad, pues el pródigo suele ser el que tiene una sola cosa mala: destruir su patrimonio. Pródigo es el que se arruina por sí mismo y parece que la pérdida del patrimonio es también la ruina de uno mismo, ya que el vivir es posible gracias a éste. Así es, pues, como aceptamos el término prodigalidad.

Mas en las cosas de las que hay uso, en ellas es posible hacer un buen o mal uso, y la riqueza es una de las cosas de uso. En cada caso realiza el mejor uso aquel que tiene la virtud relativa a ello: luego también en el caso de la riqueza lo hará de la mejor manera el que tenga la virtud relativa al dinero: y éste es el generoso. El gastar y entregar dinero parece que es obviamente uso, mientras que recibir y guardarlo es, más bien, posesión. Por lo cual es más propio del hombre generoso el entregar a quienes debe, así como el tomar de donde debe y el no tomar de donde no debe, pues es propio de la virtud más el obrar bien que el tomar bien, y el realizar buenas acciones antes que no realizar las acciones malas. Y es claro que al entregar le acompaña el obrar bien y realizar buenas acciones, mientras que al tomar le acompaña el recibir bien y el no realizar malas acciones. Además, el agradecimiento es para quien da, no para quien toma; y el elogio todavía más. Además, no tomar es más fácil que dar, puesto que las gentes tienden a no soltar lo propio antes que a no tomar lo ajeno. Además, reciben el nombre de generosos los que dan; los que no toman no son elogiados por generosidad sino más bien por justicia, y, en cambio, los que toman no son elogiados en absoluto. Entre los virtuosos, los generosos son apreciados casi más que nadie, pues son benéficos y ello por dar.

Las acciones conforme a virtud son buenas y orientadas al bien, así que el hombre generoso dará con vistas al bien. Y lo hará bien, pues lo hará a quienes debe, cuanto y cuando se debe y todas las demás circunstancias que acompañan al recto acto de dar. Y ello además con agrado y sin pena, pues lo conforme a virtud es agradable y carente de dolor, y no es penoso en manera alguna. Quien da como no se debe o no por el bien, sino por cualquier otro motivo, no recibirá el nombre de generoso, sino cualquier otro. Ni tampoco el que lo hace con pesadumbre, pues preferiría el dinero antes que la buena acción y esto no es propio de un hombre generoso.

Y tampoco tomará, claro está, de donde no se debe, pues semejante forma de tomar no es propia de quien no estima la riqueza en nada. Tampoco estaría inclinado a pedir, pues no es propio de quien obra bien el estar dispuesto a recibir favores. Tomará de donde se debe –por ejemplo, de sus propios bienes– no porque sea bueno, sino porque es necesario a fin de tener con qué dar. Tampoco se descuidará de sus bienes, puesto que, desde luego, su deseo es poder asistir a algunos con ellos. Tampoco dará a cualquiera, a fin de poder dar a quienes se debe, y cuando y donde está bien. Es también propio del hombre generoso el excederse muy mucho en el dar, hasta el punto de que le queden a él menos cosas, pues el no mirar hacia sí mismo es propio del hombre generoso.

1120b

Háblase de la generosidad en proporción al patrimonio, pues la condición de generoso no reside en la cantidad de lo que se da, sino en la disposición del que da; y ésta lo hace en proporción al patrimonio. Por ende, nada impedirá que sea el hombre más generoso aquel que da menos, si es que lo da de bienes menores. Por otra parte parecen más generosos los que no han adquirido, sino heredado, su patrimonio, pues desconocen la necesidad, mientras que todo el mundo ama más que nada sus propias obras, como los padres y los poetas. No es fácil que el hombre generoso se enriquezca, ya que no está inclinado a tomar ni a guardar, sino más bien a entregar; y no valora los bienes por ellos mismos, sino con vistas a su entrega. Por lo cual también se culpa a la fortuna de que los más dignos de ello son los que menos se enriquecen. Pero no es ilógico que así suceda: no es posible que tenga riquezas quien no se cuida de tenerlas igual que lo demás.

Pero es más: no dará a quienes no debe ni cuando no se debe ni todas las demás circunstancias, pues ya no obraría conforme a generosidad; y si lo gasta en esto ya no podría gastarlo en lo que debe, pues, como se ha dicho, generoso es el que gasta en proporción a su patrimonio y en lo que se debe. Y el que lo sobrepasa es el pródigo. Por esto no llamamos pródigos a los tiranos, pues no parece que sea fácil que excedan la cantidad de sus posesiones con sus dádivas. Por consiguiente, dado que la generosidad es un término medio en lo que atañe a dar y tomar dinero, el hombre generoso dará y gastará en lo que debe y la cantidad que debe tanto en lo pequeño como en lo grande; y ello con gusto. También tomará de donde debe y la cantidad que debe, pues, dado que la virtud es un término medio en relación con ambos, realizará ambos como se debe. A un dar virtuoso le acompaña un tomar de esa clase, y se le opone un tomar que no es así. Por tanto, las prácticas que se corresponden se dan a la vez en el mismo sujeto, pero las opuestas es evidente que no. Si le sucede a él que gasta contra lo debido y contra lo que está bien, se afligirá, pero comedidamente y como debe, pues es propio de la virtud el complacerse y afligirse en lo que se debe y como se debe.

El hombre generoso es también de fácil trato para los asuntos de dinero, pues puede ser objeto de injusticia ya que, claro, no valora el dinero. Y se aflige más, si no ha gastado algo conveniente, de lo que se duele si ha gastado algo no conveniente –no estando de acuerdo con las palabras de Simónides[1]–.

El pródigo, por su parte, también yerra en esto, pues ni se complace en lo que se debe ni como se debe, ni tampoco se aflige. Y ello quedará más claro según vayamos avanzando.

Hemos dejado, pues, sentado que la prodigalidad y la avaricia son formas de exceso y defecto y ello en dos cosas: en dar y en tomar. Y asignamos el gasto al dar. Pues bien, la prodigalidad se excede en el dar y se queda corta en el tomar, mientras que la avaricia se queda corta en el dar y se excede en el tomar, sólo que lo hace en cosas pequeñas. Ahora bien, las formas de prodigalidad no se combinan en absoluto: no es fácil que quien no toma de ninguna parte le dé a todo el mundo, pues rápidamente se les agota el patrimonio a los que dan, si son ciudadanos particulares, que son precisamente los que parece que son pródigos. Pues en caso contrario, un hombre así parecería superior en no poco al avaricioso. Porque es

---

1. No conservamos ningún pasaje de Simónides, autor conservado muy fragmentariamente, que trate este asunto.

fácil de curar tanto por la edad como por la falta de medios, y es capaz de llegar al término medio, pues tiene las cualidades del generoso. En efecto, da y no toma, aunque en ninguno de los dos casos como se debe ni bien. Pero, claro, si esto se corrige por la costumbre o cambia de alguna otra forma, entonces podría ser generoso, pues dará a quienes se debe y no tomará de donde no se debe. Por eso parece también que no es malo de carácter, pues no es propio de un hombre malo o innoble el excederse dando y no recibiendo, aunque sí de un bobo. Y, claro, el que es pródigo de esta forma parece mucho mejor que el avaro por las razones señaladas y porque uno beneficia a muchos y el otro a ninguno –ni siquiera a sí mismo–.

Pero la mayoría de los pródigos, tal como se ha dicho, toman de donde no se debe y por esto mismo son avaros. Se hacen inclinados a tomar por el hecho de que quieren gastar, pero no pueden hacerlo a manos llenas, puesto que enseguida se les agotan los recursos: por consiguiente, se ven obligados a obtenerlos de otra parte. Y al mismo tiempo, por no preocuparse en absoluto del bien, toman despreocupadamente y de todas partes, pues sienten ansias de dar y no les importa nada el cómo y el de dónde. Por ello tampoco son generosas sus dádivas, pues no son buenas ni con vistas al bien, ni tampoco como se debe, sino que algunas veces hacen ricos a quienes deben ser pobres y no darían nada a quienes son de costumbres morigeradas, mientras que dan mucho a los aduladores o a quienes les proporcionan cualquier otro placer. Por esto también la mayoría de ellos son intemperantes, pues gastan a manos llenas y derrochan en sus actos de intemperancia; y como no viven orientados hacia el bien, se inclinan a los placeres.

Pues bien, a esto llega el pródigo por carecer de alguien que lo guíe, pero si obtiene algún cuidado podría llegar al término medio y a lo conveniente. En cambio, la avaricia es incurable (parece que la vejez y toda clase de incapacidades hacen a los hombres avariciosos) y es más connatural al hombre que la prodigalidad, pues la mayoría son más amantes del dinero que inclinados a dar. Y llega todavía a más y toma varias formas: parece que hay muchas variedades de avaricia. Pues como consiste en dos vicios, en el defecto de dar y el exceso de tomar, no se da en todos en su integridad, sino que a veces se separan y unos se exceden en tomar y otros se quedan cortos en dar. Todos los que reciben apelativos tales como «ahorrativos», «agarrados»[2], «mezquinos» se quedan cortos en dar, mientras que no aspiran a lo ajeno ni desean tomarlo: unos, por una cierta honestidad y prevención contra las acciones indecorosas (algunos parece, o al menos afirman, que guardan sus dineros precisamente por esto, para no verse obligados un día a realizar una acción indigna; entre ellos está «el que corta un pelo en el aire»[3] y todos los de ese jaez: han recibido su nombre del exceso en no dar absolutamente nada). Otros, a su vez, se abstienen de los bienes ajenos por miedo, en la convicción de que no es fácil que él pueda tomar lo de los demás y ellos no puedan tomar lo suyo. Por lo cual se

---

2. Lit. «pegajosos».
3. La expresión en griego es también graciosa: *kyminoprístes,* 'el que corta un comino con un serrucho'.

contentan con no tomar ni dar. Por su parte, otros se exceden con respecto a tomar por tomar de todas partes y cualquier cosa, como, por ejemplo, los que tienen ocupaciones innobles: los chulos y todos los de ese jaez; también los prestamistas de poco a cambio de mucho. Todos éstos toman de donde no se debe y la cantidad que no se debe. Común a todos parece ser la codicia sórdida, pues todos soportan la infamia por causa de su ganancia, aunque ésta es pequeña.

Porque a los que toman grandes cantidades no de donde se debe ni las que se debe no los llamamos avaros, por ejemplo, a los tiranos que devastan ciudades y saquean templos, sino más bien malvados o impíos o injustos. Ahora bien, el truhán y el carterista[4] y el salteador están entre los avaros, pues unos y otros trabajan con vistas a la ganancia y soportan la infamia, y unos arrostran los mayores peligros con vistas a la ganancia y otros se benefician de sus amigos, a los cuales se debía dar: unos y otros, pues, son codiciosos porque quieren obtener ganancias de donde no se debe. En fin, todas estas formas de tomar son formas de avaricia.

Y es razonable que se diga que la avaricia es opuesta a la generosidad, pues no sólo es un vicio mayor que la prodigalidad, sino que también las gentes yerran más por ésta que por la llamada prodigalidad. Pues bien, acerca de la generosidad y de sus vicios opuestos sea esto todo.

II. Parecería consecuente hablar ahora acerca de la magnificencia, pues parece que también ella es una vir-

---

4. En realidad, el 'robamantos' (gr. *lopodýtes*).

tud relativa al dinero. Aunque no se extiende, como la generosidad, a todas las actividades relativas al dinero, sino solamente a las que suponen un gasto. Y en éstas sobrepasa a la generosidad en magnitud. Pues como sugiere su propio nombre, es un gasto «adecuado en magnitud»; pero la magnitud es relativa, pues no es lo mismo el gasto de uno que equipa una trirreme que el de quien sufraga una embajada sagrada[5]. Por consiguiente la adecuación del gasto se refiere al sujeto, a la ocasión y al objeto. El que gasta ajustadamente con sumas pequeñas o moderadas no recibe el nombre de magnificente –como aquello de «daba yo muchas veces a un vagabundo»[6]– sino el que lo hace así en grandes gastos. Y es que el magnificente es generoso, pero el generoso no es por ello más magnificente. De un hábito como éste el defecto se llama mezquindad, y el exceso, vulgaridad y mal gusto, etcétera; y no porque se excedan en magnitud con aquello que se debe, sino que relumbran en las cosas en que no se debe y de la manera en que no se debe. Después hablaremos sobre éstas.

Pero el magnificente tiene algo de experto, pues es capaz de ponderar lo conveniente y realizar grandes gastos con buen gusto. (Pues, como dijimos al principio, el hábito se define por sus actividades y por aquello de que son actividades.) Conque los gastos del magnificente son grandes y adecuados. Tales son, claro está, también sus obras: así el gasto será grande y adecuado a la obra, de

---

5. Se está refiriendo a las liturgias, que se imponían a los ciudadanos en Atenas, llamadas «trierarquía» y «arquiteoría».
6. *Odisea* 17.420.

tal manera que la obra debe ser digna del gasto, y el gasto de la obra, o incluso excederlo. El magnificente realizará tales gastos con vistas al bien, pues este rasgo es común a las virtudes. E incluso lo hará con agrado y decisión, pues el cálculo es mezquino. Y consideraría cómo realizarlo de la manera más bella y magnificente antes que por cuánto dinero o cómo hacerlo con el mínimo gasto. Es necesario, pues, que también el magnificente sea generoso: pues el generoso realizará los gastos que se deben y de la manera en que se debe. Y en éstos consiste el «magni-» de «magnificente», dado que la generosidad tiene que ver con cosas como la magnitud. También hará más magnificente su obra con el mismo gasto, pues la virtud de una posesión y de una obra no es la misma: la posesión más valorada es la que más cuesta, por ejemplo el oro, mientras que la obra más valorada es la que es grande y bella (pues la contemplación de una cosa así produce admiración y lo magnificente produce admiración). Y la excelencia de una obra consiste en su magnitud. Hay entre los gastos aquellos que llamamos honorables, como por ejemplo, los referentes a los dioses –ofrendas votivas, edificios y sacrificios–. E igualmente también los referentes a toda clase de divinidad y cuantas son valoradas con vistas al bien público, como, por ejemplo, si las gentes creen que hay que desempeñar la coregia o bien ser trierarca[7] o bien ofrecer un festejo a la ciudad con brillantez. En todas éstas, como se ha di-

---

7. Otras dos liturgias, consistentes en proporcionar un coro para los concursos dramáticos y armar un navío de guerra o trirreme, respectivamente.

cho, se hace referencia al que las realiza en cuanto a quién es y qué cosas posee. Y es que tienen que ser dignas de estos recursos y ser adecuadas no solamente a la obra, sino también a quien la realiza. Por esto un pobre no podría ser magnificente, porque no tiene muchos bienes con los que hacer gastos adecuadamente con magnificencia. Y el que lo intenta es bobo, pues lo hace contra lo que es digno y contra lo que debe, y, en aquello que se ajusta a la virtud, se impone el hacerlo rectamente.

Y son adecuadas para quienes tienen tales cosas por sí mismos o a través de sus antepasados o de quienes con ellos tienen relación. También para quienes son de buena cuna y para los ilustres: todas estas cosas tienen grandeza y prestigio. Por consiguiente, el magnificente es precisamente de esta clase y la magnificencia se revela en tales clases de gastos, como se ha dicho (los máximos y los más honrosos). Pero, además, en las ocasiones particulares, cuantas suceden una sola vez, como por ejemplo una boda o una celebración así; y también en el caso de que se interese por algo toda la ciudad o los que tienen prestigio. También en la recepción y despedida de huéspedes extranjeros y en el intercambio de dádivas, pues el magnificente no gasta para sí mismo, sino para el común, y sus dádivas tienen algo de semejanza con las ofrendas. También es propio del magnificente equipar su casa de manera adecuada a su riqueza (pues también ésta constituye un cierto adorno), y el gastar más en aquellas obras que son duraderas (pues éstas son las más hermosas) y en cada ocasión gastar lo adecuado, pues no se adecuan las mismas cosas a dioses y hombres, ni tampoco en un templo o en una tumba. Y puesto que cada uno de los gas-

1123a

tos es grande en su género, y por un lado el más magnificente es el grande en lo grande, pero en un caso concreto es lo grande en tal y tal circunstancia; y, dado que hay una diferencia entre lo grande de la obra y lo grande del gasto (pues la más bella pelota o el más bello jarrón funerario tiene la magnificencia de un regalo infantil, por más que el precio de ello sea pequeño y poco generoso), por esta razón es propio del magnificente realizar la obra magnificentemente dentro del género en que la vaya a realizar (pues tal obra no es fácil de exceder) y que sea proporcionada al gasto.

De esta clase es, pues, el magnificente; en cambio, el que se excede, y el vulgar, lo hace por gastar más allá de lo que está bien, tal como se ha dicho, pues gasta mucho en objetos de poca monta y brilla fuera de tono: por ejemplo, uno que ofrece a su peña de amigos un banquete como si fuera de bodas, o, si es corego, proporciona un manto de púrpura a los actores de la Comedia para la párodos, como los de Mégara[8]. Además hará todas estas cosas no con vistas al bien, sino por exhibir su riqueza y pensando que va a recibir admiración por ello; y allí donde hay que gastar mucho, gastando poco, y donde poco, mucho. El mezquino, por su parte, se queda corto en todo. Y por gastar lo máximo en una pequeñez, pierde lo bueno, y también por dudar en cualquier cosa que realice y examinar cómo podría gastar lo mínimo y lamentándose por esto, y creyendo que todo lo hace más

---

8. Algo más apropiado para la tragedia que para el *atrezzo* de la comedia, basto y común como se ve por las reproducciones plásticas de la cerámica, etc. Pero no sabemos bien cómo era la comedia megarense.

grande de lo que debe. Claro que estos hábitos son vicios, pero, en verdad, no acarrean descrédito por el hecho de que ni son perjudiciales para el vecino ni en exceso indecorosos.

III. La magnanimidad[9], incluso por el nombre, parece que tiene que ver con cosas grandes, conque emprendamos primero la investigación acerca de cuáles son éstas. Y nada importa si examinamos el hábito o a quien se conforma al hábito. Parece, desde luego, que es magnánimo el que se considera a sí mismo merecedor de grandes cosas, siéndolo. Pues aquel que lo hace sin merecerlo es tonto y nadie de los virtuosos es tonto ni insensato. Por consiguiente, magnánimo es el que hemos señalado, pues el que es merecedor de cosas pequeñas y se considera a sí mismo digno de éstas es templado, pero no magnánimo. La magnanimidad reside en la grandeza, como también la belleza reside en un cuerpo grande: los pequeños son graciosos y proporcionados, pero no hermosos. El que se considera a sí mismo digno de grandes cosas, siendo indigno, es un vanidoso, aunque no todo el que se considera merecedor de cosas mayores de las que es digno es vanidoso. Y el que se considera merecedor de menos de lo que merece es pusilánime, ya sea porque merezca cosas grandes o moderadas o, incluso, porque siendo merecedor de cosas pequeñas se considera a sí

1123b

---

9. No hay un término en español para traducir esta virtud aristotélica, eminentemente pagana, a la que se opone la «humildad» como un vicio. Traducirlo por «orgullo» como hace Ross *(pride),* sería darle el nombre de un vicio más que de una virtud. Por eso he optado por el calco semántico, a sabiendas de que «magnanimidad» en castellano tampoco responde a *megalopsychía.*

mismo merecedor de cosas todavía más pequeñas. En verdad parecería pusilánime sobre todo el merecedor de cosas grandes, pues ¿qué haría si no fuera merecedor de cosas tan grandes?

Por consiguiente el magnánimo está en un extremo con relación a la grandeza, pero en el medio con relación al cómo debe ser (pues se tiene por digno de lo que merece). En cambio los otros se exceden y se quedan cortos. Y, entonces, si se considera merecedor de grandes cosas siéndolo, y sobre todo de las cosas mayores, tendría que ver especialmente con una cosa. Ahora bien, el «valor» se aplica a los bienes externos y consideraríamos el mayor aquel que dispensamos a los dioses y aquel al que aspiran más que a nada los hombres de categoría, así como el premio que se otorga a las más nobles acciones. Y tal cosa es el honor. De los bienes externos éste es el más grande. Entonces el magnánimo está en la disposición debida con respecto a los honores y deshonras. Incluso sin necesidad de argumentación parece claro que los magnánimos se afanan por el honor, pues los grandes se consideran dignos de honor por encima de todo; y con merecimiento, desde luego.

El pusilánime se queda corto incluso en relación consigo mismo y en relación con la pretensión del magnánimo, mientras que el vanidoso se excede en relación consigo mismo, aunque no, desde luego, en relación con el magnánimo. Por otra parte, si el magnánimo es merecedor de las mejores cosas, sería el mejor hombre, pues el mejor es merecedor de algo mejor y el más excelente lo es de las mejores cosas. Por consiguiente el verdaderamente magnánimo debe ser un hombre bueno. Incluso parecería propio de la magnanimidad la grandeza que hay en cada virtud: desde luego no sería apropiado para un hombre magnánimo ponerse en fuga agitando los brazos ni cometer un delito, porque ¿a santo de qué iba a realizar acciones delictivas un hombre para quien nada hay, en absoluto, grande? No sería tampoco digno de honor si fuera malo, pues el honor es el premio de la virtud y se dispensa a los buenos. Parece por consiguiente que la magnanimidad es como un cierto ornamento de las virtudes: las hace más grandes y no se da sin aquéllas. Por esto es difícil ser verdaderamente magnánimo, pues no es posible serlo sin la nobleza moral[10]. Por consiguiente, el magnánimo lo es sobre todo con los honores y deshonras, y se complacerá moderadamente en los honores grandes y concedidos por los hombres virtuosos, ya que obtiene lo que le es propio o incluso menos. Pues no podría haber un honor digno de la virtud perfecta. Pero, con todo, lo aceptará por el hecho de que ellos no tienen nada mejor que ofrecerle, aunque despreciará por completo el honor dispensado por cualesquiera personas y por motivos pequeños, pues no es eso lo que merece. E igualmente también con la deshonra, pues no será algo que se merece. Pues bien, tal como se ha dicho, el magnánimo lo es muy especialmente en lo que atañe a los honores. Ahora bien, igualmente tendrá una actitud moderada con respecto a la riqueza, al poder y a toda buena suerte e infortunio, como quiera que se presenten, y ni se alegrará en exceso cuando tiene buena suerte ni se

1124a

---

10. Gr. *kalokagathía,* término también de difícil traducción, pero que hace referencia a la excelencia moral y social.

afligirá en exceso cuando la tiene mala. Pero es que ni siquiera estará en esta disposición con respecto al honor, aunque es lo más grande (pues el poder y la riqueza son deseables por causa del honor: son, precisamente aquellos que los poseen quienes desean recibir honores por su causa). Ahora, para quien incluso el honor es cosa pequeña, para éste lo serán también las demás –razón por la que parece que son altivos–.

También parece que los dones de fortuna contribuyen a la magnanimidad: en efecto, tanto los nobles como los poderosos o los ricos se consideran merecedores de honor, pues ellos están en superioridad y todo aquello que es superior en lo bueno es más merecedor de honor. Por lo cual también cosas así hacen magnánimos a los hombres, pues son honrados por algunos. De verdad, sólo el bueno debe ser honrado, aunque aquel que tiene las dos cosas se considera más merecedor de honores. Mas los que tienen semejantes bienes sin virtud ni se consideran ellos mismos justamente merecedores de grandes cosas ni reciben el nombre de magnánimos, con razón, pues sin la virtud completa no existe tal. También quienes poseen tales bienes se hacen altaneros e insolentes, pues sin virtud no es fácil llevar con elegancia los dones de fortuna. Y como no pueden llevarlos, y se creen superiores a los demás, los desprecian y ellos mismos realizan lo que les viene en gana. Imitan al magnánimo, aunque no son iguales, y hacen esto en las circunstancias en que pueden. Claro que no realizan acciones virtuosas y, en cambio, desprecian a los demás. Porque el magnánimo los desprecia con razón ya que es verdaderamente digno de ello, mientras que los demás lo hacen porque sí. Tampoco se arriesga al peligro por pequeñeces ni ama el peligro debido a que valora pocas cosas, pero sí que afronta grandes riesgos y, cuando lo hace, se despreocupa de su vida ya que no le parece digno vivir a cualquier precio.

También es capaz de hacer bien y en cambio se avergüenza de recibir favores, pues lo uno es propio de quien es superior, y lo otro de quien es superado. También se inclina a devolver los favores en número superior, pues de esta manera el que se los hizo le quedará en deuda y será el que ha recibido lo mejor. También tienen fama de recordar sus beneficios, mientras que no se acuerdan de los que han recibido (pues el que recibe un buen trato es inferior al que lo da, y el magnánimo quiere ser superior), y de que lo uno lo oyen con agrado y lo otro con desagrado, por lo cual Tetis no le relató a Zeus los beneficios que le había hecho, ni los lacedemonios a los atenienses[11], sino los favores que habían recibido.

Propio del magnánimo es también no pedir nada o hacerlo con desgana, y, en cambio, ayudar con decisión. E igualmente ser grande con los hombres de categoría y buena suerte y comedido con los que la tienen mediana, pues ser superior a unos es difícil y conlleva distinción, en cambio sobre los otros es fácil. Además de que no es innoble ser orgulloso con aquellos, mientras que es vulgar serlo con los humildes, lo mismo que mostrar fuerza con los débiles. Tampoco irá en busca de lo que produce

---

11. No es fácil adivinar a qué episodio se refiere esto, pero probablemente es una alusión a alguna obra literaria (más que histórica). En cuanto a Tetis, la realidad es, más bien, contraria a lo que dice aquí Aristóteles: en *Ilíada* 1.393 ss. Aquiles afirma haber oído a su padre contar cómo Tetis le recordaba a menudo a Zeus sus favores.

honor o allí donde otros son los primeros. También es poco activo y dubitativo excepto cuando hay en juego un gran honor o una hazaña. Y se inclina a realizar pocas cosas aunque sí las grandes y renombradas. Necesariamente será también alguien que odia y ama a las claras (pues ocultarse es propio de quien tiene miedo) y se ocupa más de la verdad que de la opinión. Habla y actúa abiertamente (pues es franco por ser despectivo, y es amante de la verdad a menos que utilice la falsa modestia; y tiene falsa modestia para con la mayoría). No puede vivir pendiente de otro si no es un amigo (pues ello es servil, por lo que también todos los aduladores son serviles, y los humildes, aduladores). Tampoco se inclina a sentir admiración, pues nada es grande para él. Tampoco es rencoroso, pues no es propio del magnánimo el acordarse de las cosas sobre todo cuando son malas, sino más bien olvidarlas. Tampoco habla sobre la gente: no hablará ni sobre sí mismo ni sobre otro, pues no le preocupa que lo elogien ni tampoco que los demás reciban reproches (a su vez tampoco es muy inclinado al elogio). Así que tampoco es maldiciente, ni siquiera de sus enemigos, a menos que sea por humillarlos. Ni en los asuntos de fuerza mayor ni en los insignificantes tiende a lamentarse o a pedir en modo alguno, pues ello es propio de quien se preocupa por esto. También es hombre como para poseer más bien lo bueno e infructuoso que lo fructífero y beneficioso, pues ello es más propio de un hombre independiente.

El movimiento del hombre magnánimo parece lento, la voz profunda y el habla reposada, pues no se atropella quien no se interesa por las cosas pequeñas ni tiene tono agudo el que no considera importante nada. Y en cambio la agudeza de la voz y la precipitación se producen por estos motivos.

Tal es, pues, el magnánimo. Y el que se queda corto es el pusilánime y el que se excede el vanidoso. Ahora bien, no parece que tampoco éstos sean malos, pues no hacen daño aunque sí yerran. Pues el pusilánime, aunque es merecedor de bienes, se priva a sí mismo de los que merece; y parece que tiene defecto por el hecho de no considerarse a sí mismo merecedor de los bienes. Y parece desconocerse a sí mismo, pues, en caso contrario, aspiraría a aquellas cosas de las que es merecedor, puesto que son buenas. Ahora bien, tampoco parece que estos tales sean tontos, sino más bien indecisos. Pero semejante opinión parece que los hace peores, pues cada uno aspira a lo que se merece y ellos se apartan de acciones y ocupaciones nobles –e igualmente también de los bienes externos– como si fueran indignos. Los vanidosos, en cambio, son tontos y se desconocen a sí mismos y ello abiertamente, pues sin ser merecedores pretenden posiciones honorables y después quedan en evidencia. También hacen ostentación con sus ropas y posturas, y con cosas por el estilo. Y quieren que sus propios bienes de fortuna sean patentes y hablan acerca de ello con la intención de ser honrados por causa de éstos. A la magnanimidad se opone la pusilanimidad más que la vanidad: se da con más frecuencia y es peor. Pues bien, la magnanimidad tal como se ha dicho tiene que ver con un gran honor.

IV. Parece que también con respecto a ésta hay una virtud, tal como se dijo al principio, que parecería estar

1125b

con la magnanimidad en una relación parecida a la que tiene la generosidad con la magnificencia: ambas están lejos de lo grande, pero nos disponen como es debido hacia la moderación y lo pequeño. Lo mismo que hay en tomar y dar dinero un término medio y un exceso y un defecto, así también en la tendencia al honor hay un más y un menos de lo que se debe, y también un «de donde» se debe y «como» se debe. Al ambicioso lo reprochamos en la idea de que aspira al honor más de lo que debe y de donde no debe, mientras que al que carece de ambición por preferir no recibir honores ni siquiera por razon es nobles. Hay veces en que al ambicioso lo elogiamos como valiente y amante del bien, y al carente de ambición como comedido y templado, tal como ya hemos dicho anteriormente[12]. Y como evidentemente el *«filo*-tal cosa» se dice en muchos sentidos, no aplicamos siempre a lo mismo la palabra «ambicioso» *(filó-timos),* sino que lo hacemos elogiosamente para con lo que es más que la mayoría y con reproche para con lo que es menos de lo que se debe. Y, dado que el término medio carece de nombre, los extremos se lo disputan como vacante. En lo que hay un exceso y un defecto también hay un medio: y la gente aspira al honor más y menos de lo que se debe. A veces, desde luego, también como se debe. Y, por consiguiente, se elogia este hábito, ya que es un término medio que carece de nombre en relación con el honor. Comparado con la ambición, parece carencia de ambición, y, comparado con la carencia de ambición, parece ambición; y comparado con los dos, parece las dos

---

12. Cf. II 7 (1107b25 ss.).

cosas de alguna manera. Parece que también esto se da en las demás virtudes, pero en este caso los extremos parece que se oponen por el hecho de que el centro no tiene nombre.

V. La mansedumbre es un término medio en relación con la ira, y como el término medio carece de nombre y prácticamente también los extremos, llevamos la mansedumbre hacia el centro, aunque con inclinación hacia el defecto, el cual carece de nombre a su vez. El exceso podría uno llamarlo irascibilidad, pues la afección es la ira y lo que la produce es de muchas y diferentes clases. Pues bien, el que se irrita por aquello que debe y con los que debe, e incluso también como debe y cuando y todo el tiempo que debe, recibe elogios. Por lo tanto, éste sería manso si es que la mansedumbre recibe elogios (el manso busca estar libre de agitación y no dejarse llevar por la pasión, sino, tal como la razón se lo ordena, así también de esta manera y por tales cosas y por tanto tiempo se mantiene irritado, aunque parece que yerra más del lado del defecto, pues el manso no es vengativo sino, más bien, inclinado a la indulgencia).

1126a

El defecto, ya sea una clase de falta de ira o cualquier otra cosa, recibe censuras, pues los que no se irritan por aquello que deben parece que son bobos, e igualmente quienes lo hacen no como ni cuando ni con quienes se debe: en efecto, parece que no siente ni padece al no defenderse, y que, si no se irrita, no es capaz de defenderse, y que es servil el soportar que se le ultraje y permitir que se ultraje a los propios. El exceso se da en todos los casos (en efecto, contra quienes no se debe, en lo que no se debe, más de lo que se debe, más rápidamente y más tiempo). Ahora bien, no se dan todos juntos en el mismo sujeto, pues no podría ser ello posible, ya que lo malo se destruye a sí mismo, y si se da íntegro resulta insoportable. Pues bien, los irascibles se irritan rápidamente tanto contra quienes no deben como en lo que no deben y más de lo que deben, pero cesan rápidamente, cosa que es la mejor que tienen. Y ello les sucede porque no contienen la ira, sino que devuelven el golpe a las claras debido a su precipitación y luego cesan. Los coléricos son en exceso irritables e irascibles para todo y en toda circunstancia, de ahí también su nombre, mientras que los amargados son difíciles de ablandar y mantienen su ira durante mucho tiempo, pues contienen su cólera pero se produce una cesación cuando se vengan, pues la venganza pone fin a la ira proporcionando placer a cambio del dolor. Si esto no se produce, llevan la pesadumbre, pues como ésta no es evidente nadie trata tampoco de persuadirlos y necesitan que la ira fermente en él un tiempo. Estos tales son molestos para sí mismos y para sus amigos más cercanos. Y llamamos «despiadados» a los que se enojan en lo que no deben y más de lo que deben y durante más tiempo, y que no se reconcilian sin que medie venganza o castigo.

A la mansedumbre le oponemos más el exceso: en efecto, se produce con mayor frecuencia (pues es más humano buscar venganza), porque los que son despiadados son peores para la convivencia. Mas lo que se ha dicho anteriormente también queda claro por lo que ahora se está diciendo: no es fácil definir el de qué manera y con quiénes y en qué cosas y cuánto tiempo hay que irritarse y hasta qué punto lo hace uno rectamente o yerra.

Pues no recibe censura el que transgrede poco, ya sea del lado de lo más o del lado del menos. Y pues algunas veces elogiamos a los que se queda cortos, y los llamamos mansos, también llamamos «varoniles» a los que se irritan, en la idea de que son capaces de mandar. Ahora bien, no es fácil decidir mediante razonamiento cuánto o de qué manera hay que transgredir para ser objeto de reproche, pues la decisión radica en los casos particulares y en la percepción de los sentidos. Sin embargo, al menos esto queda claro: que es elogiable el hábito medio en virtud del cual nos irritamos con quienes y por las cosas que se debe y de la manera que se debe y todo lo demás. Y, en cambio, los excesos y defectos son reprochables: si se dan poco, levemente; si se dan más, un poco más; y si se dan mucho, fuertemente. Queda, pues, claro que hay que aspirar al hábito intermedio. Pues bien, queden definidas las disposiciones relativas a la ira.

1126b

VI. En el trato, en la convivencia y en la comunicación de palabras y acciones, los complacientes parecen ser aquellos que todo lo elogian con vistas al placer y nada oponen, sino que creen que no deben resultar molestos para con aquellos con quienes se encuentran; los que, en sentido contrario a éstos, no se preocupan por molestar reciben el nombre de intratables y pendencieros. Pues bien, no es oscuro que los hábitos aludidos son reprobables y que es elogiable el término medio entre ellos, conforme al cual se acepta lo que es necesario y como es necesario. No se le ha dado nombre alguno a éste, pero se parece sobre todo a la amistad: un hombre así, en el hábito medio, es al que nos solemos referir como «buen amigo», aunque éste añade el afecto. Se diferencia de la amistad en que se da sin sentimiento ni afecto para aquellos con quienes trata. Pues acepta como debe cada cosa no por amor u odio, sino porque él es de esta índole. En efecto, obrará lo mismo tanto con los desconocidos como con los conocidos, y tanto con quienes tiene familiaridad como con quienes no la tiene –sólo que lo hará en cada circunstancia como sea adecuado; que no es igualmente apropiado preocuparse de los familiares que de los extraños, ni, tampoco, ocasionarles daño–.

En general, pues, ha quedado señalado que su trato será como debe y que tenderá a ocasionar daño o placer con la mira puesta en el bien y en lo conveniente. Parece, desde luego, que le conciernen los placeres y dolores que se producen en el trato, y, entre éstos, rechazará cuantos no son buenos para él o son perjudiciales; incluso preferirá causar dolor. Y si proporcionan descrédito al que obra –y éste no pequeño– o perjuicio, mientras que el oponerse proporciona un pequeño inconveniente, no los aceptará sino que los rechazará. Tratará de manera diferente a los hombres de prestigio que a la gente ordinaria y a los que son más conocidos que a quienes lo son menos; e igualmente también, en las demás distinciones, concediendo lo que conviene y, de por sí, eligiendo participar en el placer y cuidándose de no proporcionar dolor, mas dejándose guiar por las consecuencias, si son más importantes; y quiero decir por lo bueno y lo conveniente. También causará un inconveniente pequeño con vistas a un placer posterior más grande.

Pues bien, el hombre de carácter medio es así, aunque no ha recibido nombre: en lo tocante a participar de lo placentero, el que tiende a ser agradable sin ninguna otra razón es el complaciente, mientras que es adulador el que lo hace con vistas a que se le produzca un beneficio en relación con el dinero o a cuanto se consigue con dinero. Por el contrario, el que se disgusta con todos es el intratable y pendenciero. Parece que los extremos se oponen entre sí por carecer el medio de nombre.

VII. Aproximadamente con estas mismas cosas tiene que ver el término medio de la jactancia. También ésta carece de nombre. Pero no será malo abordar también unas características así, pues podemos conocer mejor lo que concierne al carácter, si las recorremos en particular, y podríamos confirmar que las virtudes son términos medios si vemos conjuntamente que es de esta manera en todos los casos. Pues bien, ya se ha hablado de los que, en la convivencia ordinaria, tienen trato en relación con el placer y el dolor. Hablemos igualmente sobre los que son veraces tanto de palabra como de obra –y también por simulación–. Parece, desde luego, que el jactancioso es un simulador de cualidades prestigiosas –ya sea de las que no tiene, ya sea de mayores que las que tiene– mientras que el modesto, al revés, niega poseer las que tiene o las hace más insignificantes. El intermedio, en cambio, hombre directo como es, resulta veraz tanto en su vida como en su palabra reconociendo las cualidades que le acompañan. Cada una de estas cosas es posible hacerlas con una finalidad o sin motivo alguno, pero, si se obra con una finalidad determinada, cada uno habla y obra tal como es, y de esta manera vive. Por sí misma la falsedad es mala y censurable, mientras que la veracidad es buena y elogiable. Así también el hombre veraz es digno de elogio, mientras que los mendaces lo son de reproche —ambos, desde luego, pero sobre todo el jactancioso—.

Hablemos sobre cada uno, mas primero sobre el veraz. Y no nos referimos al que dice verdad en los contratos ni en cuanto tiende a la injusticia o a la justicia (pues esto es objeto de otra virtud), sino que, en aquellas circunstancias en que no interviene nada de esto, es veraz tanto de palabra como en su vida porque así es en su disposición. Parecería que alguien así es un hombre virtuoso, pues el veraz dirá verdad incluso cuando no es importante decirla y todavía más cuando es importante. Pues cuando la falsedad es mala, se cuidará muy bien de evitarla, claro está, aquel que ya la evitaba cuidadosamente por sí misma. Y alguien así es digno de elogio. Se alejará de la verdad, más bien, en dirección a menos, pues ello parece de mejor gusto, ya que las exageraciones son detestables.

Por su parte, el que sin motivo alguno simula mayores cualidades de las que posee parece, desde luego, hombre vil (ya que en caso contrario no se complacería en la mentira), pero más parece de poca valía que malo. Y si es con un fin, el que lo hace por la gloria o el honor no es reprobable en exceso, pero si es por dinero o por cuanto conduce a éste, es más indecente. (El ser jactancioso no reside en una capacidad potencial, sino en una elección: es jactancioso por disposición y porque es de esa índole)[13]. Lo mismo que el mentiroso: uno se complace en la mentira misma y otro porque busca gloria o ganan-

---

13. Es una frase mal situada: estaría mejor detrás de «...las condiciones señaladas», donde parece que lo leyó el comentarista Aspasio (*q.v.*); o es interpolación, como sospechan varios editores modernos.

cia. Pues bien, los que son jactanciosos por mor de la gloria simulan tener las cosas en las que hay elogios y felicitaciones; en cambio, los que lo son por ganancia lo son en aquellas en que hay provecho para el prójimo y es posible pasar inadvertidamente, sin serlo, por cosas como adivino, artista o médico. Por ello es esto lo que la mayoría simula tener y de lo que se jacta: en ello se dan las condiciones señaladas. De otro lado, los modestos parece que son más elegantes de carácter por hablar peyorativamente, pues no parece que hablen con vistas a la ganancia, sino por huir de la ostentación. Éstos reniegan precisamente de las cualidades tenidas en mayor estima, como hacía Sócrates; a quienes lo hacen con pequeñeces y cosas obvias se los llama majaderos y son más despreciables. Incluso algunas veces tiene la apariencia de jactancia, como el vestido de los lacedemonios[14]: tanto el exceso como el demasiado defecto es propio de la jactancia. Los que se sirven de la modestia con moderación en aquello que no es demasiado conspicuo ni evidente parecen más elegantes. El jactancioso parece que se opone al veraz –pues es peor[15]–.

VIII. Y, dado que en la vida hay también descanso y en éste hay entretenimiento acompañado de diversión, parece que también aquí se produce una cierta elegancia de trato en lo que se debe decir y cómo decirlo, e igualmente en oír. Y será importante hablar entre personas de tal clase y oír a personas así. Evidentemente también en esto hay

1128a

---

14. Seguramente se refiere a quienes en Atenas llevaban como signo de filolaconismo jactancioso el vestido austero de los lacedemonios.
15. Se entiende, «que el modesto». Si no, la frase carecería de sentido.

un exceso y un defecto del término medio. Pues bien, los que se exceden en lo risible parecen bufones y toscos porque están siempre pendientes de lo ridículo y tienden más a provocar la risa que a hablar con decoro y no dañar a quienes son objeto de sus burlas. Pero los que nunca dicen nada gracioso y se molestan con quienes lo dicen parece que son palurdos y toscos. A los que bromean con elegancia se los llama ingeniosos –como si dijéramos, «con buenos recursos», pues tales movimientos parecen serlo del carácter, y lo mismo que se juzga a los cuerpos por sus movimientos, así también a los caracteres–. Pero como lo ridículo está a mano, y a la mayoría de la gente le gusta la broma y la burla más de lo debido, incluso a los payasos se los llama «ingeniosos» como si fueran hombres elegantes. Pero por lo dicho es evidente que difieren y no poco.

También el tacto es propio de la disposición intermedia: es propio del hombre dotado de tacto el decir y oír la clase de palabras que corresponden al hombre virtuoso y al generoso: hay ciertas cosas adecuadas para que un hombre así las diga y oiga en broma. Pero la broma de un hombre generoso difiere de la de uno servil, y la del educado difiere de la de uno sin educación. Podría ello verse en las comedias antiguas y en las nuevas: en aquéllas la risa consistía en el lenguaje obsceno, mientras que en éstas es la insinuación: y no es baladí la diferencia entre ellas con vistas al decoro[16]. ¿Habría, pues, que definir

---

16. Aristóteles está oponiendo claramente la comedia política o antigua (la de Aristófanes es la más representativa) a la nueva (la de Menandro, entre otros), que es la de su época. Ésta, claro está, le parece mejor y más decorosa.

al que bromea debidamente por decir lo que no es indigno de un hombre generoso, o por no ofender al que escucha, o incluso por complacerlo? ¿O acaso una cosa así es ciertamente indefinible? Pues a cada uno le resulta odiosa o placentera una cosa. Y también dejará que le digan cosas así –pues lo que permita que le digan, esto parece que podría hacer–. Ahora bien, no hará cualquier cosa, pues la burla es una ofensa y los legisladores impiden que se infieran algunas injurias. Y quizá deberían prohibir también la burla. Ahora bien, el hombre elegante y generoso se conducirá como si fuera ley para sí mismo. Tal es, pues, el que está en el centro; en cambio, el bufón se deja dominar por lo risible y no se perdona ni a sí mismo ni a los demás si va a provocar la risa –y diciendo cosas que no diría el hombre elegante; y algunas que ni él mismo permitiría que le dijeran–. El patán, por su parte, es inepto para esta clase de reuniones, pues no colabora en nada y se molesta por todo; pero parece que el descanso y la diversión son necesarios en la vida.

En fin, tres son los términos medios señalados y todos ellos tienen que ver con la comunicación de palabra y obra. Se diferencian en que uno se refiere a la verdad y los otros a lo placentero. Y entre los que se refieren al placer, el uno no reside en la diversión y el otro en el trato general de la vida.

IX. Hablar de la vergüenza, como si fuera una virtud, no es apropiado, pues más parece una afección que un hábito. Se define, desde luego, como un cierto miedo a la falta de reputación, pero acaba siendo cercana al miedo al peligro: en efecto, se ruborizan los vergonzosos y empalidecen quienes temen la muerte. Es evidente, por tanto, que ambos estados son somáticos —cosa que más parece afección que hábito—. Y esta afección no es apropiada a todas las edades, sino a la juventud: pensamos que los de esa edad deben ser vergonzosos porque, al vivir en medio del sentimiento, yerran mucho, y gracias a la vergüenza se ven constreñidos. También elogiamos a los jóvenes vergonzosos, pero nadie alaba a un viejo porque sea tímido —pues no pensamos que deba él realizar ninguna acción en la que haya vergüenza—. Tampoco la vergüenza es propia del hombre virtuoso, ya que se da en los viciosos —pues no hay que realizar semejantes actos (y nada importa si unos son vergonzosos en verdad y otros en virtud de opinión, pues no hay que realizar ninguno de los dos), de manera que tampoco hay que avergonzarse—. Ello es propio del hombre vicioso incluso por ser de tal calaña como para realizar alguna obra vergonzosa. Pero es absurdo el tener una disposición tal como para sentir vergüenza, si se realiza alguna obra de esa clase, y creer que por ello se es virtuoso. Pues la vergüenza pertenece a los actos voluntarios y el hombre virtuoso no realizará jamás acciones viciosas. La vergüenza sería cosa virtuosa sólo condicionalmente —«si lo realizara, se avergonzaría»— pero esto no se da con las virtudes. Y si la desvergüenza y el no avergonzarse de realizar actos vergonzosos es cosa viciosa, no por ello es virtuoso el avergonzarse por realizarlo. Tampoco la continencia es virtud, sino una condición mixta: se explicará más tarde acerca de ésta, pero ahora hablemos sobre la justicia.

Libro V

I. Hay que considerar, acerca de la justicia y la injusticia, con qué clase de acciones están relacionadas y qué clase de mediedad es la justicia, así como de qué términos es medio lo justo. Y nuestra consideración ha de seguir el mismo procedimiento que las anteriores disquisiciones.

Bien. Vemos que todos suelen referirse a la justicia como la disposición por la cual los hombres son capaces de realizar acciones justas y por la que suelen obrar rectamente y lo desean. De la misma manera también con la injusticia: es la disposición por la que realizan obras injustas y lo desean. Por tanto, quede esto para nosotros, antes que nada, asentado como en un bosquejo.

Y es que en las ciencias y capacidades no sucede lo mismo que en las disposiciones: parece que capacidad y ciencia son una y la misma *para* cosas opuestas, mientras que la disposición no lo es *de* cosas opuestas. Por ejemplo, como consecuencia de la salud no se consiguen re-

1129a

sultados opuestos, sino sólo los saludables: nos referimos a que alguien camina saludablemente cuando lo hace como el que tiene salud.

Ahora bien, muchas veces la disposición opuesta se reconoce por su opuesto, y otras muchas se conocen las disposiciones por sus sujetos: si la buena forma física es perceptible, también lo será la mala; y la buena forma es perceptible por los cuerpos en buena forma, y por la buena forma lo son los cuerpos en buena forma. Porque si la buena forma consiste en la firmeza de la carne, la mala consistirá en su flaccidez; y lo que favorece la buena forma es lo que produce firmeza en la carne. A esto sigue el que, por lo general, cuando un grupo de cosas tiene varios sentidos, también los tiene el contrario. Por ejemplo: si las cosas son de una cierta manera con lo justo, también lo serán con lo injusto y con la injusticia.

Parece que la justicia tiene varios sentidos, pero por encontrarse cercanos pasa desapercibida su equivocidad –no como en las más alejadas, en las que es más evidente– por ejemplo (pues es en la forma externa donde la diferencia es grande) el que reciban un nombre mismo la «llave» que está bajo el cuello de los animales y aquella con que se cierran las puertas. Quede entendido, pues, que «injusto» se dice tal en muchos sentidos. Parece, desde luego, que es injusto tanto el que quebranta la ley como el ambicioso y no igualitario, de manera que será justo tanto el que cumple la ley como el igualitario. Luego lo justo es lo legal y lo igualitario, y lo injusto lo ilegal y lo no igualitario.

1129b

Claro que, si el injusto es codicioso, lo será de cosas buenas –aunque no de todas, sino de aquellas relacionadas con la buena y la mala fortuna, las que siempre son buenas en sentido absoluto, aunque no lo sean siempre para alguien concreto–. Los hombres las piden y las buscan; mas no deberían hacerlo, sino pedir las que son buenas en términos absolutos y las que lo son para ellos, y tomar las que son buenas para ellos. Pero el injusto no siempre toma lo que es más, sino también lo que es menos en el caso de las cosas absolutamente malas. Ahora bien, como parece que también es bueno en cierto sentido lo que es menos malo –y la ambición lo es de lo bueno– por ello parece que el injusto es ambicioso. Admitamos que es «no igualitario», pues este término los abarca y es común.

Mas, como el que quebranta la ley es, según decíamos, injusto, y el que la cumple justo, es evidente que todos los actos legales son de alguna manera justos, pues son legales todas las disposiciones determinadas por la actividad legislativa; y afirmamos que cada una de ellas es justa. Pero las leyes se pronuncian en todos los casos tendiendo a lo conveniente ya sea para todos o para los que dominan por la virtud o de alguna otra manera; de manera que, en un sentido, llamamos «justas» a las acciones que proporcionan o salvaguardan la felicidad y sus partes para la comunidad política. Y la ley ordena realizar las obras del hombre valiente –como no abandonar el puesto, ni huir ni arrojar las armas; y las del templado, como no cometer adulterio ni ultraje; y las del manso, como no golpear ni ser maledicente– e igualmente en las demás virtudes y vicios, ordenando las unas y prohibiendo los otros. Y lo hace correctamente la ley correctamente aprobaba y peor la aprobada improvisadamente. En conclusión, esta justicia es una virtud perfecta, mas no en términos absolutos, sino en-relación-con-otro. También por esto muchas veces se piensa que la justicia es la más sobresaliente de las virtudes y que

ni el lucero vespertino ni el matutino son más admirables[1].

Igualmente decimos en un proverbio: «En la justicia se encuentra resumida toda virtud»[2]. Y es una virtud perfecta precisamente porque es un ejercicio de la virtud perfecta. Es perfecta, porque quien la posee puede conducirse virtuosamente con otros y no sólo consigo mismo. En efecto, muchos pueden conducirse virtuosamente en sus asuntos particulares, pero son incapaces de hacerlo con otro. Por eso se considera que está bien aquel dicho de Biante —«el gobierno revela al hombre»[3]— pues el gobernante lo es para con otro y ya en comunidad. Por esta misma razón parece también que la justicia es la única de las virtudes que es un «bien ajeno»[4], porque «es-para-otro»: realiza lo que conviene ya sea a un gobernante o a uno de la comunidad.

1130a

Por consiguiente, aquel que se conduce viciosamente consigo mismo y con los amigos será el peor, pero no será el mejor quien lo hace virtuosamente para con él mismo,

---

1. Cf. Eurípides, *Melanipa,* fr, 490 Dind.
2. Se encuentra en Teognis, 147.
3. Sabemos que Biante de Priene, uno de los Siete Sabios, escribió un poema de dos mil hexámetros «sobre cómo podría ser próspero un Estado» (cf. Diógenes Laercio, *Vitae Philos., 1.* 85). Probablemente a este poema pertenece la frase que aduce aquí Aristóteles.
4. Cf. Platón, *República* 343c 3 ss., por boca de Trasímaco.

sino quien lo hace para con otro: pues ello es tarea difícil. Por tanto, esta justicia no es una parte de la virtud, sino la virtud en su totalidad –y su opuesto, la injusticia, no es sólo una parte del vicio, sino el vicio en su totalidad–.

Por lo dicho, queda claro en qué difieren la virtud y «esta justicia»: son la misma, pero su esencia no es la misma: en tanto que para-con-otro, es justicia; en tanto que es tal hábito en términos absolutos, es la virtud.

II. Pero estamos investigando, en verdad, la justicia que forma parte de la virtud, pues hay una de esta índole, como afirmamos; e igualmente, sobre la injusticia parcial. Y hay una prueba de que existe: en los demás vicios el agente delinque, pero no se apropia de más de lo debido, como, por ejemplo, el que arroja el escudo por cobardía o el que denigra por acritud o no presta ayuda con su dinero por falta de generosidad. Y cuando se apropia de más de lo debido, a menudo no es por ninguno de tales vicios –y mucho menos por todos– sino por una cierta maldad (pues le dirigimos reproches) e injusticia. Por consiguiente, existe otra clase de injusticia como parte de la total, y una cosa injusta como parte de lo injusto en su totalidad opuesto a la ley.

Más todavía: si un hombre comete adulterio por buscar ganancia, recibiendo algo por añadidura, mientras que otro lo hace poniendo dinero y recibiendo castigo por su lascivia, este último parecería que es más intemperante que ambicioso; el otro, en cambio, injusto sí, pero no intemperante. Luego, evidentemente, lo es por buscar ganancia.

Más todavía: con referencia a todos los otros delitos, éstos siempre se pueden atribuir a un vicio. Por ejemplo, si se comete adulterio, a la intemperancia; si se abandona al compañero de fila, a la cobardía; si se da un puñetazo, a la ira. Pero si se ha obtenido ganancia, no se atribuye a ningún vicio, sino a la injusticia. De manera que es evidente que hay otra clase de injusticia parcial aparte de la total, con su mismo nombre porque la definición los sitúa en el mismo género (ambos tienen su virtualidad en el con-relación-a-otro), pero la una tiene que ver con el honor, el dinero o la salvación –o, si tuviéramos un solo nombre, cualquiera que sea, que los abarque a todos– y por el placer derivado de la ganancia, mientras que la otra tiene que ver con todas las acciones con las que tiene relación el hombre virtuoso.

1130b

Por tanto, es evidente que hay más de una justicia, y que hay una y distinta al margen de la virtud total. Pero hay que entender cuál es y de qué clase. Pues bien, se ha distinguido lo injusto como lo ilegal y lo no igualitario; y lo justo como lo legal y lo igualitario; por consiguiente, la injusticia antes señalada es la que se ajusta a lo ilegal. Mas como lo no igualitario y lo ilegal no son lo mismo, sino diferentes como la parte con relación al todo (pues todo lo no igualitario es ilegal, pero no todo lo ilegal es no igualitario), así tampoco lo injusto y la injusticia son idénticos, sino diferentes de aquellos –los unos como partes, y los otros como todos–. Y es que «esta injusticia» es parte de la injusticia total, e, igualmente, la «justicia» lo es de la justicia total. De manera que habrá que hablar sobre la justicia parcial y sobre la injusticia parcial –e igualmente sobre lo justo y lo injusto–.

Pues bien, queden a un lado la justicia coextensa con la virtud total –y también la injusticia: la una, porque es la práctica de la virtud total para con otro, y la otra de la maldad total–. También es evidente que hay que distinguir lo justo y lo injusto referentes a ellas, pues prácticamente la mayoría de los actos que se realizan conforme a la ley son los derivados de la virtud total: en efecto, la ley ordena vivir conforme a cada virtud e impide hacerlo conforme a cada vicio. Y, entre las normas legales, cuantas se han establecido sobre la educación para la vida en común son capaces de producir la virtud total. Ahora que, acerca de la educación en lo particular en gracia a la cual un hombre es sencillamente bueno, habrá que distinguir más tarde si ello es propio de la política o de otra ciencia, pues no es lo mismo en toda circunstancia ser un hombre bueno y ser un buen ciudadano.

De la justicia parcial y de lo justo conforme a ésta, una es la especie que se da en las distribuciones de honores, dinero o cuantas cosas son divisibles entre los que participan de una comunidad política (pues en éstas es posible que uno tenga una parte desigual o una igual que otro), y otra es la especie que pone orden en las transacciones. También de ésta hay dos partes, pues entre las transacciones unas son voluntarias y otras involuntarias: voluntarias son, por ejemplo, venta, compra, préstamo, fianza, toma de préstamo sin interés, depósito, alquiler (se dicen voluntarias porque el punto de partida de estas transacciones es voluntario). Y entre las involuntarias unas son furtivas, como el hurto, el adulterio, el envenenamiento, la prostitución, la corrupción de esclavos, el asesinato, el perjurio –y otras violentas como la agresión, la detención, la muerte, el secuestro, la mutilación, la calumnia, la maledicencia–.

III. Y puesto que el injusto es no igualitario y lo injusto es desigual, evidentemente hay también un término medio de lo desigual, y éste es lo igual. En efecto, en aquella actividad en la que se dan lo más y lo menos, también se da lo igual. Por consiguiente, si lo injusto es desigual, lo justo es igual –cosa que le parece así a todo el mundo sin necesidad de argumentar–.

Y puesto que lo igual es término medio, lo justo sería un cierto término medio. Lo igual se da al menos entre dos términos. De donde necesariamente, (a) lo justo tiene que ser medio e igual; ahora, (b) en tanto que medio, lo es *de* ciertos términos (es decir, lo más y lo menos), (c) en tanto que igual, se da *entre* dos términos, y, (d) en tanto que justo, lo es *para* algunos. Luego necesariamente lo justo se da al menos en cuatro términos: aquellos *para quienes* resulta ser justo son dos, y aquellos *en los que* se da, son dos. Y la igualdad de aquellos-para-quienes será la misma que la de aquellos-en-los-que, pues tal como son aquéllos así serán éstos: si no son iguales, no tendrán partes iguales. Ahora bien, de aquí se originan disputas y litigios cuando los iguales no tienen, ni se reparten, partes iguales, o los no iguales tienen, o se reparten, partes iguales. Esto es evidente también por el «principio de mérito»: todo el mundo está de acuerdo en que, en los repartos, tiene que haber justicia conforme a un cierto mérito. Ahora bien, no todos se refieren a la misma clase de mérito: los demócratas se refieren a la libertad de nacimiento, los oligarcas a la riqueza –y otros a la alcurnia–, los aristócratas a la excelencia. Por consiguiente lo justo es una cierta proporción, pues la proporción no es una propiedad sólo del número abstracto, sino en general del número: la proporción es una igualdad de «ratios» y se da al menos en cuatro términos. (Es obvio, desde luego, que una proporción discreta se da en cuatro términos, pero también una continua; pues se sirve de un término como si fueran dos y lo repite. Por ejemplo: lo mismo que la línea A es a la B, así es la B a la C. La B se dice dos veces, de manera que si la B se pone dos veces, habrá cuatro términos proporcionales.) Por tanto, lo justo se da al menos en cuatro términos y la proporción entre ellos es la misma, pues se han dividido por igual las personas-para-quienes y las partes-que. Luego, tal como es el primer término en relación con el segundo, así es el tercero en relación con el cuarto, y por tanto –alternativamente– tal como es el primero con el tercero, así es el segundo con el cuarto. De manera que también la totalidad con la totalidad: aquello que la distribución combina, lo combina con justicia. Luego es justa la combinación que se da en la distribución del primer término con el tercero y del segundo con el cuarto. Y lo justo es un medio entre lo que es desproporcionado. Pues lo proporcionado es un medio y lo justo es proporcionado.

1131b

(Los matemáticos llaman «geométrica» a esta clase de analogía, pues en una proporción geométrica ocurre que la relación de un todo con el otro es la misma que la de un término con el otro.) Y esta proporción no es continua[5], porque el término para-quien y el término la-cosa-que no son uno solo.

Pues bien, esta clase de lo justo es lo proporcional, mientras que lo injusto es lo contrario a proporción.

---

5. Se entiende, «la justicia distributiva».

Puede, entonces, ser lo más o lo menos, que es lo que sucede de hecho: el que comete injusticia tiene más, y el que la recibe tiene menos, de lo bueno. Y con lo malo, igual: el mal menor, comparado con el mal mayor, está en la cuenta de lo bueno: el mal menor es preferible al mayor y lo preferible es bueno. Y cuanto más, mejor.

Pues bien, ésta es una especie de la justicia.

IV. La otra que resta es la correctiva, que se da en las transacciones tanto voluntarias como involuntarias. Esta justicia es de una especie diferente, pues la justicia distributiva de los bienes comunes siempre se ajusta a la proporción que ha quedado expuesta (en efecto, si el reparto se hace de dinero común, será conforme a la proporción que guardan entre sí las aportaciones realizadas), y la injusticia que se opone a esta clase de justicia se hace contra proporción.

En cambio, la justicia de las transacciones es en cierto modo igualdad (y la injusticia, desigualdad), pero no según aquella proporción, sino según la aritmética. En efecto, nada importa si un virtuoso ha defraudado a un vicioso o un vicioso a un virtuoso; ni si ha cometido adulterio un virtuoso o un vicioso: la ley sólo contempla la diferencia del perjuicio y los trata como iguales; y también si uno comete injusticia y el otro la recibe y si uno hace daño y el otro lo recibe. De manera que, como aquí el injusto es desigual, los jueces tratan de igualar. Cuando uno recibe un golpe y otro da un puñetazo –o bien cuando uno mata y otro muere– el obrar y el recibir están repartidos en partes desiguales; pero el juez intenta igualarlos con la pena eliminando la ganancia («ganancia» se aplica, por simplificar, a tales situaciones, por más que no sea un nombre adecuado para algunas, como, por ejemplo, para quien da un puñetazo; o el de «pérdida» al que lo recibe). De manera que lo igual es el medio entre lo más y lo menos, y la «ganancia» y la «pérdida» son más y menos en sentido contrario: ganancia es más de lo bueno y menos de lo malo; y, lo contrario, pérdida. De éstos, lo igual es el término medio, lo cual decimos que es justo. De manera que la justicia rectificativa sería el término medio entre pérdida y ganancia. Por ello, también, cuando disputan los hombres recurren al juez: y dirigirse al juez es dirigirse a lo justo, pues el juez pretende ser como la justicia dotada de vida[6]. Y buscan que el juez sea medio y algunos los llaman «mediadores»[7], como si alcanzaran el medio cuando obtienen justicia. Luego la justicia es un cierto medio si también lo es el juez. Y el juez iguala, y, como si se tratara de una línea que está dividida en partes desiguales, él quita aquello en lo que el segmento mayor excede a la mitad y se lo añade al segmento menor. Cuando un todo se divide en dos, las gentes dicen que tienen lo suyo precisamente cuando toman la parte igual. (Y lo igual es medio entre lo más y lo menos conforme a la proporción aritmética)[8]. Por eso se

---

6. Aristóteles parece estar, una vez más, jugando con las formas de las palabras. Aquí parece oponer *díkaion* ('lo justo', 'justicia', 'inanimado') frente a *dikastés* ('animado').
7. Se trata de una extraña afirmación por parte del estagirita, ya que no existe constancia en ningún autor conservado directa o indirectamente de que se aplicara el término *mesidíos* a un juez o árbitro. Tampoco aparece ni en inscripciones ni en papiros (sólo en *PSI* 549 y *PEnteux.* 52 aplicado a documentos escritos, con un sentido diferente).
8. Esta frase está situada aquí con tan poca oportunidad, como detrás de la frase siguiente, que es donde la ponen los manuscritos. Parece una interpolación poco inteligente.

llama «justo» *(díkaios)*, porque está en «dos» *(dícha)*, como si dijéramos *«díchaion»;* y al juez *(dikastés)*, un «dichastés»[9].

Pues cuando entre dos cosas iguales, a una se le sustrae algo y se añade a la otra, ésta excederá a la primera en dos partes –pues si se le quita, pero no se añade, la excedería sólo en una–. Luego excederá al medio en una parte y el medio excederá en una parte al objeto al que se le ha sustraído algo.

Por tanto, con esto distinguiremos qué hay que quitarle a aquello que tiene más y qué añadirle a lo que tiene menos: a lo que tiene menos hay que añadirle aquello en lo que el medio le excede y quitarle a lo más grande aquello en lo que el medio es excedido. Pongamos que las líneas AA', BB' y CC' son iguales: quítese a AA la parte AE y añádase a CC' la parte DC; luego DCC'excederá a BB' en CD[10].

Estos nombres, el de «pérdida» y «ganancia» proceden del cambio voluntario, pues a tener más que lo propio se le llama «ganar», y a tener menos que lo inicial, «perder», por ejemplo, al comprar y vender, y en todas las otras operaciones en las que la ley concede inmunidad. Y cuando en esta operación no se produce ni más ni

---

9. De nuevo estamos ante una «etimología» falsa, producto de la fantasía: *díkaios* contiene la raíz IE **deik-/dik-,* mientras que *dícha* (pronunc. *dija*) tiene que ver con el numeral «dos».
10. En un gráfico:

```
     A     E     A'

     B           B'

D    C     F     C'
```

menos, sino lo mismo, las gentes dicen tener «lo suyo propio» y que no pierden ni ganan. De manera que la justicia de las transacciones voluntarias es un medio entre una cierta ganancia y pérdida, a saber, tener igual antes y después.

V. Paréceles a algunos que también la reciprocidad es justa en sentido absoluto, como mantenían los pitagóricos, pues definían en general la justicia como «lo que se restituye a otro»[11]. Pero la reciprocidad no se ajusta ni a la justicia distributiva ni a la correctiva (pese a que algunos pretenden que es a ésta a la que se refiere la justicia de Radamante: «Si uno recibe lo que ha obrado, recta justicia sería»)[12]. Pero entre ellas hay diferencias en muchos casos: por ejemplo, si alguien que ocupa una magistratura propina un puñetazo, no tiene que recibir un golpe a cambio; pero si alguien propina un puñetazo a un magistrado, no sólo debe recibir un golpe, sino también un castigo.

También hay mucha diferencia entre lo voluntario y lo involuntario, si bien en las asociaciones de intercambio es esta clase de justicia la que las mantiene –la reciprocidad según proporción y no por igualdad–. El Estado mantiene su cohesión gracias a la reciprocidad proporcional: las gentes buscan o bien la reciprocidad en lo malo –en caso contrario les parecería servidumbre– o la reciprocidad en lo bueno –o, en caso contrario, no ha-

1133a

---

11. Es el único testimonio que tenemos de esta definición pitagórica, pero no hay por qué dudar de ella.
12. Este verso, según un comentarista anónimo, pertenece a Hesíodo (Cf. Fr. 286.2).

bría intercambio; y se mantienen unidos gracias al intercambio–. Por eso construyen bien a la vista un templo de las Gracias, para que haya intercambio recíproco, pues ello es propio de la «gracia»[13]: es necesario devolver un servicio a quien nos ha hecho un favor, y, otras veces, iniciar uno mismo la prestación de un favor.

Es la conjunción en diagonal la que efectúa la reciprocidad proporcional. Por ejemplo: supongamos que A es un constructor, B un zapatero, C una casa y D un zapato. Pues bien, el constructor tiene que recibir del zapatero una parte de su trabajo y entregarle, a su vez, parte del suyo. Entonces, si se establece primero la igualdad proporcional, y luego se realiza la retribución, se dará lo que estamos diciendo; en caso contrario, no hay igualdad y el trato no se mantiene. Y es que nada impide que el trabajo de uno sea más valioso que el del otro, y hay, por tanto, que hacerlos equivalentes. Esto se da también en los demás oficios, pues, en caso contrario, habrían desaparecido si el que fabrica no fabricara una cierta cantidad y calidad, y el que recibe no lo recibiera en esa cantidad y calidad. Pues la asociación no se da entre dos médicos, sino entre un médico y un agricultor y, en general, entre personas diferentes y no iguales: pero es necesario que se los haga equivalentes. Por ello tienen que ser comparables de alguna manera todos los objetos de los que hay intercambio. Con este fin se introdujo el dinero, y, en cierto sentido, es un término medio porque lo mide

---

13. Parece un poco forzada esta explicación sobre los templos a las Gracias *(chárites)*, a las que Aristóteles da aquí, en gracia a su argumentación, el sentido de «agradecimiento».

todo, de manera que también mide su exceso y defecto —digamos, cuántos zapatos son el equivalente de una casa o de los alimentos—. Por tanto, la misma relación que hay entre un constructor y un zapatero debe haber entre tantos zapatos y una casa. Si no se da esto, no habrá cambio ni asociación —es decir, si no son iguales de alguna manera, no lo habrá—.

Por consiguiente, todo debe medirse con una sola cosa de cierta clase, como antes se dijo. Y esto es, en verdad, la demanda[14], la cual mantiene todo unido. Pues si las gentes no demandaran nada y de la misma manera, o no habría cambio o no será de la misma clase. El dinero se ha convertido por convención en una especie de sustituto de la demanda. Por eso precisamente tiene el nombre de «nómisma», porque existe no por naturaleza, sino por costumbre[15]. Y está en nuestras manos cambiar su valor e inutilizarlo.

Habrá, pues, reciprocidad cuando haya equivalencia, de manera que, lo mismo que es el agricultor para el zapatero, eso es la obra del zapatero para con la del agricultor: hay que reducirlos a una fórmula de proporción cuando realizan un intercambio; en caso contrario, uno de los extremos tendrá ambos excesos[16]. Mas, cuando tienen lo suyo propio, en este sentido son iguales y están asociados, porque puede haber entre ellos esta clase de igualdad (sea A el agricultor, C el alimento, B el zapatero y D su obra, una vez que se ha hecho equivalente). Si no

1133b

---

14. Lit. la «necesidad» *(chreía)*.
15. Gr. *nómos*. Aquí el acercamiento etimológico es correcto.
16. Es decir, «lo que uno se lleva, más lo que al otro le falta».

hubiera reciprocidad en este sentido, no habría asociación. Que la demanda los mantiene unidos, siendo como es un solo factor, lo pone de manifiesto el hecho de que cuando no hay demanda mutua –ya sea por parte de los dos o de uno de ellos– no se produce intercambio [como cuando uno demanda lo que tiene él mismo, por ejemplo, los que conceden una exportación de trigo a cambio de vino][17]. Es necesario por tanto, que se haga una equivalencia y, suponiendo que ahora no hay demanda alguna, el dinero es para nosotros como garante de un intercambio futuro, de que habrá intercambio si hay demanda –pues el que lo aporte debe tener la posibilidad de comprar–.

Ahora bien, al dinero le pasa lo mismo[18], pues no siempre tiene igual valor. Sin embargo tiende, más bien, a ser estable. Por eso todos los productos deben tener un precio, pues de esta manera siempre habrá cambio y, si hay éste, habrá asociación. El dinero es, entonces, como una medida que al hacer conmensurables las cosas las iguala, pues si no hubiera cambio, no habría asociación, ni habría cambio si no hubiera igualdad, ni igualdad si no hubiera conmensurabilidad. Cierto que, en verdad, es imposible que sean conmensurables cosas tan dispares, pero para la demanda se da suficientemente. Claro que tiene que haber una cosa para ello y ésta por consenso (por ello se llama «nómisma»[19]): hace todo conmensura-

---

17. Todos los comentaristas parecen estar de acuerdo en que la frase entre corchetes es una interpolación: no tiene lógica gramatical ni contextual, al introducir una dimensión, como la del Estado, ajena al contexto.
18. Se entiende, «que a los bienes».
19. Cf. *supra,* nota 6, pág. 161.

ble, pues todo se mide con dinero. Sea A una casa, B diez minas y C una cama; entonces, A será la mitad de B (B/2) si es que la casa vale o es equivalente a cinco minas y la cama C será la décima parte de B (B/10). Por consiguiente, resulta claro cuántas camas equivalen a una casa: cinco. Es obvio que antes de que existiera el dinero, el cambio se hacía de esta manera –pues no hay diferencia entre que sean cinco camas a cambio de una casa o la cantidad que valen cinco camas.

En fin, ha quedado dicho qué son lo injusto y lo justo. Y una vez que han sido definidos, resulta manifiesto que realizar una acción justa es intermedio entre realizar una acción injusta y sufrirla: lo uno es tener más y lo otro tener menos. Pero la justicia es una mediedad, aunque no de la misma manera que las demás virtudes, sino porque ella pertenece al medio y la injusticia a los extremos. Conque la justicia es aquella virtud por la cual se dice que el justo es capaz de realizar lo justo por elección; igualmente, que es capaz de distribuir tanto para uno mismo en comparación con otro, como para otro en comparación con otro, y no de manera que haya más de lo preferible para uno mismo y menos para el vecino –y de lo perjudicial, al revés-, sino de lo mismo según proporción; e igualmente para otro en comparación con otro.

1134a

La injusticia, por el contrario, lo es de lo injusto[20], es decir, un exceso y defecto de lo beneficioso y de lo perjudicial contra proporción. La injusticia es un exceso y

---

20. Es decir, se relaciona con lo injusto en la misma relación que la justicia con el justo.

un defecto porque pertenece al exceso y al defecto: para con uno mismo, un exceso de lo absolutamente beneficioso y un defecto de lo perjudicial; en el caso de los demás, globalmente se da en forma semejante, pero el quebranto de la proporción se da en uno de los dos sentidos según el caso. Y de un acto de injusticia el *menos* es recibirlo y el *más,* el causarlo.

Pues bien, acerca de la justicia y la injusticia, cuál sea la naturaleza de cada una, baste con lo dicho de esta manera. E, igualmente, sobre lo justo y lo injusto en general.

VI. Y dado que es posible que quien comete injusticia no sea, después de todo, injusto, ¿cuántos actos injustos comete un hombre para ser ya injusto en cada clase de injusticia –por ejemplo, ladrón, adúltero o salteador–? ¿O no habrá ninguna diferencia en ese sentido? Y es que un hombre puede tener relaciones sexuales con una mujer sabiendo «con quién» lo hace, mas en principio no por deliberación, sino por pasión: pues bien, es culpable pero no es injusto. Igual que no es ladrón, aunque haya robado, ni adúltero aunque haya cometido adulterio. E igualmente en lo demás.

Pues bien, ya se ha señalado antes qué relación tiene la reciprocidad con la justicia. Pero no hay que olvidar que lo que estamos indagando es la justicia en términos absolutos y la justicia política. Y ésta es la de quienes participan de una vida en común con vistas a tener autosuficiencia, siendo libres e iguales ya sea proporcional o numéricamente. De manera que cuantos no tienen eso no pueden tener entre sí la justicia política, sino un simulacro de justicia. Pues justicia hay para quienes tienen también ley entre sí; y hay ley donde puede haber injusticia, pues el ejercicio de la ley consiste en distinguir lo justo de lo injusto. Y, claro, entre quienes se da la injusticia, también se da el cometerla (aunque en los que se da el cometerla, no en todos se da la injusticia), y ello significa dispensarse a uno mismo una cantidad mayor de lo bueno en general y una menor de lo malo en general. Por eso no dejamos que el dominio lo tenga un hombre, sino la ley, porque aquél lo ejerce para sí mismo y se convierte en un tirano, pero un gobernante es guardián de lo justo, y si lo es de lo justo, también lo será de lo igual. Puesto que –si de verdad es justo– no parece razonable que haya para él una cantidad mayor (en efecto, no se dispensa a sí mismo una cantidad mayor de lo bueno en general a menos que sea proporcional con relación a él; por ello trabaja para otro y también por eso dicen que la justicia consiste en el bien ajeno, tal como se indicó antes[21]). Por consiguiente, hay que darle un salario, y éste es el honor y la dignidad. Pero para quienes no es ello suficiente, éstos se convierten en tiranos.

La justicia del dueño y la del padre no son idénticas a las anteriores, sino semejantes: no hay injusticia para con lo propio en general, y la posesión y el hijo, hasta que alcanza una cierta edad y se independiza, es como una parte, y nadie elige dañarse a sí mismo. Por ello no se da la injusticia para con éstos; luego tampoco la injusticia ni la justicia política: éstas se daban en virtud de la ley y entre quienes había ley por naturaleza. Y éstos eran aquellos en quienes se da la igualdad en el gobernar y ser gobernados. Por esta razón la justicia se da más para con la es-

---

21. Cf. Cap. I (1130a5).

posa que para con los hijos y posesiones: ésta es la justicia doméstica y es, también ella, diferente de la política.

VII. Dentro de la justicia política hay una natural y otra legal: la natural tiene la misma validez en todas partes, y ello no porque parezca bien o no, mientras que es legal la que, en principio, no importa si es así o de otra manera; pero cuando la establecen, ya sí importa: por ejemplo, que el rescate se haga por una mina, o sacrificar una cabra y no dos ovejas. E, incluso, todas las leyes que establecen para los casos particulares, como, por ejemplo, sacrificar en honor de Brásidas[22]; y las que tienen forma de decreto. Algunos opinan que todas las leyes son de esta índole, porque lo natural e inmutable tiene en todas partes la misma virtualidad –lo mismo que el fuego quema tanto aquí como en Persia– pero, en cambio, ven que las leyes cambian. Mas no es posible que ello sea de esta manera, sino que lo es en cierto sentido. Cierto que, al menos entre los dioses, quizá no lo sea de ninguna manera, pero entre nosotros los hombres hay, en verdad, algo que es por naturaleza, por más que sea todo mudable. Con todo, existe una justicia que es por naturaleza y otra que no lo es. Y entre las que pueden ser de otra manera es evidente cuál es natural y cuál no lo es, sino que es legal y por convención, pese a que ambas son igualmente mudables. Y en lo demás se aplicará la misma distinción: en efecto, la mano derecha es mejor por

---

22. Rey de Esparta que el 424 a. C. tomó Anfípolis, ciudad perteneciente al imperio ateniense, en la guerra del Peloponeso. Murió combatiendo frente al ateniense Cleón y se le dio estatuto de héroe (Cf. Tucídides, 5. 11).

naturaleza, y sin embargo todos pueden hacerse ambidextros.

Las normas de justicia por convención y conveniencia se asemejan a las medidas: las medidas para el vino y el trigo no son iguales en todas partes, sino que son más grandes donde venden al por mayor y más pequeñas donde al por menor. Igualmente, las normas de justicia no naturales, sino humanas, no son idénticas en todas partes. Y es que tampoco lo son las constituciones políticas, sino que sólo una de ellas es la mejor en todas partes por naturaleza.

Y cada una de las normas justas y legales son como los universales con relación a los particulares: los actos que se realizan son muchos, pero sólo no hay una de aquéllas, pues es universal.

También hay diferencias entre el «acto injusto» y «lo injusto» y entre el «acto justo» y «lo justo»: una cosa es injusta por naturaleza o por ordenamiento, pero esto mismo, cuando se ha realizado, es un acto delictivo, mientras que antes de realizado, todavía no, sino (sólo) injusto. Igualmente con el acto justo (si bien recibe, más bien, el nombre común de «acción justa»[23]), mientras que «acto de justicia»[24] es la rectificación de un acto injusto. Más tarde habrá que considerar, en cada uno de ellos en particular, cuáles y cuántas son las especies y las cosas con las que tienen relación.

VIII. Siendo de esta manera las cosas justas y las injustas, alguien delinque y obra justamente cuando lo hace

---

23. Gr. *dikaioprágēma*.
24. Gr. *díkaion*.

voluntariamente; cuando es involuntariamente, ni delinque ni obra justamente, como no sea por concurrencia: realiza actos que son concurrentemente justos o injustos. Por tanto, el acto injusto y el justo se definen por su carácter voluntario e involuntario. Cuando es voluntario, recibe reproches y, junto con ello, es en ese momento un delito. De manera que un acto podrá ser injusto, pero no será un delito, si no se le añade la voluntariedad. Y llamo voluntaria, tal como antes quedó dicho, a la acción que alguien realiza, entre las que dependen de él mismo, conscientemente y no desconociendo ni *el a quién*, ni *el con-qué* ni *el para-qué* (por ejemplo, golpea a alguien con algo y para algo) –y cuando cada uno de estos factores no es por concurrencia ni con violencia–. De manera que si uno toma la mano de alguien[25] y golpea a otro, no es voluntariamente, pues no depende de aquél. Y es posible que el golpeado sea el padre y que uno sepa que es un hombre o alguien de los presentes, pero no que es su padre. Distíngase igualmente tal cosa en el *para-qué* y en la totalidad de una acción. Por consiguiente, es involuntario lo que se ignora –o no se ignora, pero no depende de uno– o es a la fuerza: muchas de las cosas que son por naturaleza, como envejecer o morir, las realizamos y sufrimos conscientemente, mas ninguna de ellas es voluntaria ni involuntaria.

Igualmente se da en los actos injustos y en los justos *lo por concurrencia:* alguien podría devolver un depósito involuntariamente y por miedo, y no hay que decir que

---

25. He introducido una mínima corrección, sencilla y paleográficamente aceptable, en el texto *(tou* por *autoû)* para hacerlo inteligible.

realiza un acto justo o que obra justamente, si no es por concurrencia. Igualmente hay que decir que delinque y que obra injustamente por concurrencia el que no devuelve un depósito por verse obligado, e involuntariamente.

Por otra parte, de los actos voluntarios unos los realizamos por elección y otros no: por elección, cuantos hemos previamente deliberado, pero no son por elección cuantos no son premeditados.

En fin, siendo tres los perjuicios que se producen en el trato con los demás, los acompañados de ignorancia son errores, cuando alguien no obra ni contra el *quién,* ni el *aquello-que,* ni el *con-lo-que* ni el *para-lo-que* había supuesto: por ejemplo, o bien no creía golpear o no con este instrumento o no a esta persona o no con este fin, sino que sucedió no con el fin que él creía (por ejemplo, no con el fin de herir, sino de pinchar), o no a quien o con lo que él que creía. Pues bien, cuando el perjuicio sucede contra lo esperado, es un infortunio; cuando no sucede contra lo esperado, pero sí sin maldad, es un error culpable (pues uno yerra culpablemente cuando la causa de la ignorancia está en él mismo, pero sufre un infortunio cuando se encuentra fuera de él). Y cuando obra a sabiendas, pero no con premeditación, es un delito: por ejemplo, todos los que se deben a la ira y las demás pasiones que se dan necesaria y naturalmente en los hombres. En efecto, éstos delinquen cuando causan estos perjuicios o cometen esos errores, y son delitos, pero, con todo, no son en absoluto injustos por causa de ellos ni tampoco malvados, pues el perjuicio no se debe a la maldad;

mas cuando uno obra por elección, entonces es injusto y malvado. Por eso está bien juzgar como no premeditados los actos provocados por la ira, pues no toma la iniciativa el que obra con ira, sino el que provoca la ira. Pero, además, no se discute sobre si ello ha sucedido o no, sino sobre lo justo o injusto del acto (ya que la ira se debe a una injusticia aparente). En efecto no se discute sobre si ha sucedido (como sucede en los tratos, donde una de las dos partes tiene que ser necesariamente mala, a menos que lo hagan por falta de memoria) sino que, pese a estar de acuerdo sobre el hecho, disputan de qué parte está la razón. De manera que uno cree que ha sido objeto de injusticia y el otro que no.

Por otra parte, el que obra con premeditación no lo hace en ignorancia; de manera que, si causa un perjuicio con premeditación, delinque; y el que delinque es injusto en esa clase de delitos en los que el acto es contra proporción y contra igualdad. De la misma manera, también es justo uno cuando obra justamente por elección. Y obra justamente sólo si obra voluntariamente.

Entre los actos involuntarios unos son perdonables y otros imperdonables: son perdonables cuantos se cometen no sólo *en* ignorancia, sino también *por causa de* la ignorancia; pero son imperdonables cuantos se cometen en ignorancia, pero no por causa de la ignorancia, sino de una pasión que no es ni natural ni humana.

IX. Suponiendo que hayamos distinguido suficientemente acerca de sufrir o causar injusticia, podría uno preguntarse, en primer lugar, si sucede como dejó dicho Eurípides en esta extraña frase:

Libro V, 9

A.– He matado a mi madre –breve anuncio–.

B.– ¿Queriendo a la que lo quería, o no queriendo a la que no lo quería?[26].

¿Es acaso posible, en verdad, sufrir injusticia voluntariamente? ¿O no, sino que ello siempre es involuntario lo mismo que todo acto de injusticia es voluntario? Además, ¿es acaso siempre de una manera o de la otra?, ¿o unas veces voluntario y otras involuntario? Y lo mismo sobre recibir trato justo (pues obrar justamente es siempre voluntario). De manera que es razonable pensar que recibir trato injusto y trato justo se oponen de forma similar a lo que sucede en cada uno de los otros[27] –que o son voluntarios o son involuntarios–. Pero parecería extraño que también en el recibir trato justo siempre sea ello voluntario, pues hay quienes reciben un buen trato sin quererlo.

También podría uno preguntarse si el que ha sufrido un acto injusto es siempre objeto de injusticia, o bien, lo mismo que en el obrar, así sucede en el recibir: es posible participar en ambos sentidos de actos justos. E igualmente es ello evidente en el caso de los actos injustos: *realizar actos injustos* no es lo mismo que *ser injusto,* ni recibir un trato injusto es igual que ser objeto de injusticia. Y lo mismo también con el obrar justamente y el recibir trato justo, pues es imposible ser objeto de injusticia si no hay alguien que la comete, ni recibir trato justo si no hay quien obre justamente.

---

26. Es un diálogo, se piensa, del *Alcmeón* de Eurípides *(Fr.* 68.1), Cf. III. 1 (11 10ª25ss.).
27. Se entiende, «obrar justa e injustamente».

Si en términos generales «obrar injustamente» es dañar a alguien voluntariamente, y «voluntariamente» equivale a «sabiendo a quién, con qué y cómo» –y el hombre incontinente se daña voluntariamente a sí mismo– entonces uno podría sufrir injusticia voluntariamente y sería posible dañarse a sí mismo. Y uno de los problemas que se debaten es precisamente éste: si es posible ser injusto consigo mismo.

Más todavía: por causa de la incontinencia podría alguien ser voluntariamente dañado por otro, que lo hace voluntariamente, de manera que sería posible sufrir injusticia voluntariamente. ¿O acaso la definición no es correcta y a «dañar sabiendo a quién, con qué y cómo» hay que añadir «contra la voluntad de aquél»? En este caso, uno recibe daño y trato injusto voluntariamente, pero nadie es objeto de injusticia voluntariamente, pues nadie –ni siquiera el incontinente– lo desea, sino que obra contra su voluntad: nadie desea lo que no considera bueno y el incontinente realiza lo que cree que no debe realizar. Y no sufre injusticia el que entrega lo suyo en las mismas condiciones en que dice Homero que Glauco entregó a Diomedes «armadura de oro a cambio de una de bronce, del valor de cien bueyes por una del valor de nueve»[28]. Porque estaba en sus manos el dar, pero el sufrir injusticia no está en sus manos, sino que tiene que haber uno que la cometa. Por consiguiente, queda claro, sobre el sufrir injusticia, que no es cosa voluntaria.

Más todavía: de los dos asuntos que nos propusimos, resta señalar (a) si obra injustamente el que reparte contra

---

28. *Ilíada* 6.236.

merecimiento una parte mayor o el que se queda con ella; y (b) si es posible obrar injustamente con uno mismo.

(a) Si es posible lo primero y obra injustamente el que reparte, y no el que se queda con una parte mayor, en el caso de que uno asigne a sabiendas y voluntariamente más a otro que a sí mismo, éste obra injustamente consigo mismo. Y esto es lo que parecen hacer los hombres moderados, pues el hombre recto tiende a «lo menos». ¿O acaso tampoco esto es asunto simple? Pues el hombre en cuestión ambicionaría, si se da el caso, otra clase de bien, como la gloria o lo que es sencillamente bueno. También se resuelve esto siguiendo la definición de «cometer injusticia»: no sufre nada contra su voluntad[29], de manera que, al menos por ello, no sufre injusticia, sino, si acaso, sólo perjuicio. Y es manifiesto que también el que reparte obra injustamente, y en cambio el que se queda con la parte mayor no lo hace en todos los casos. Pues no obra injustamente aquel en quien se da el acto injusto, sino aquel en quien se da el realizarlo voluntariamente —esto es, donde está el inicio de la acción, el cual se da en el que reparte y no en el que toma—.

Más todavía: dado que «realizar» se dice así en muchos sentidos —a veces matan los animales y la mano y un esclavo si se lo mandan— aunque realizan actos injustos éstos[30] no cometen injusticia. Más todavía: si un juez ha dictado sentencia en ignorancia, no obra injustamente conforme a la justicia legal, ni la decisión es injusta (aunque en cierto sentido es injusta, ya que una cosa es la jus-

---

29. Se entiende, «el que reparte».
30. Se entiende, «ni el que reparte ni el que recibe».

1137a ticia legal y otra la primaria). Pero si ha dictado sentencia injustamente con conocimiento, incluso él mismo se lleva una parte mayor, ya sea de gracia o de venganza. Por consiguiente, el que dicta sentencia injustamente, por estos motivos, se queda con una parte mayor como si se dividiera el producto de un delito.

Los hombres piensan que obrar injustamente está en sus manos, por lo que también es más fácil ser justo. Pero ello no es así: en efecto es fácil y está en sus manos tener relaciones sexuales con la mujer del vecino, propinar un puñetazo al de al lado y sobornar, pero hacer esas cosas con una disposición determinada ni es fácil ni está en sus manos. Igualmente piensan que conocer lo justo y lo injusto no implica nada de sabiduría, ya que no es difícil comprender los actos sobre los que tratan las leyes. Pero estos actos no son justos si no es por concurrencia: *cómo* hay que obrar y *cómo* repartir, para que sean justos los actos y los repartos, eso ya supone un mayor esfuerzo que reconocer las cosas referentes a la salud. También, en este terreno, es fácil conocer la miel, el vino y el eléboro, y la cauterización y el corte; pero cómo hay que aplicarlos con vistas a la salud, así como a quién y de qué manera, es una empresa tan grande como ser médico. Por esto mismo piensan las gentes que no es menos propio del hombre justo el obrar injustamente, porque el justo sería no menos capaz, sino incluso más, de realizar cada uno de estos actos –tener trato con una mujer, propinar un puñetazo–; y el valiente, de arrojar el escudo y volver la espalda para correr hacia cualquier parte. Pero el ser cobarde y ser injusto no consiste en realizar esos actos (excepto por concurrencia), sino en realizarlos estando en una determinada condición. Lo mismo que el ser médico y el curar no consisten en cortar o no cortar, o en administrar una droga o no administrarla, sino en hacerlo de una determinada manera.

Los actos de justicia se dan en aquellos que participan de lo bueno en términos generales y tienen en ello un exceso o un defecto. Porque para algunos no hay exceso de bienes (como, quizá, para los dioses) y para otros no es beneficiosa ni una mínima parte, para los incurablemente malos, sino que todo los daña. Pero para otros lo es hasta cierto punto y esto es lo propio del hombre.

X. A continuación corresponde tratar acerca de la equidad y lo equitativo[31]: qué relación tiene la equidad con la justicia y lo equitativo con lo justo. Porque, si lo examinamos, no parece que sean lo mismo sin más, pero tampoco distintos genéricamente. Cierto que muchas veces elogiamos lo equitativo y al hombre que es tal, hasta el punto de que lo aplicamos también a las demás cosas en lugar de «bueno» queriendo significar con «más equitativo» que algo es «mejor». Pero otras veces, cuando seguimos el razonamiento, nos parece extraño que lo equitativo sea elogiable si es algo al margen de la justicia. Pues o bien lo justo no es bueno, o no lo es lo equitativo, si es otra cosa; o bien, si ambos son buenos, entonces son lo mismo.

1137b

Pues bien, los problemas con lo equitativo ocurren prácticamente por estas razones, y, en cierto sentido, todas ellas son correctas y no hay en ellas inconsistencia al-

---

31. Son términos con una *larga* historia semántica, cf. José L. Calvo, «La *epieíkeia* desde Platón a Plutarco», anteriormente citado.

guna: en efecto, lo equitativo, siendo mejor que una cierta justicia, es justo; y no es el caso que sea mejor que lo justo por tener un género diferente. Luego justo y equitativo son lo mismo y, siendo buenos los dos, resulta superior lo equitativo. La dificultad la produce el que lo equitativo es justo, pero no es la justicia legal, sino una rectificación de la justicia legal. La razón es que la ley es toda general, y en algunos casos no es posible hablar correctamente en general. Pues bien, en aquellos casos en que hay que hablar necesariamente, pero no es posible hacerlo correctamente, la ley abarca lo máximo posible, aunque no ignora que ello es erróneo. Mas no por eso es menos recta, pues el error no reside en la ley, ni en el legislador, sino en la naturaleza de la cosa: tal es la materia de la conducta.

Por consiguiente, cuando la ley habla en términos generales, y ocurre en relación con ella algo contrario a la generalidad, entonces es correcto –allí donde el legislador resulta incompleto o yerra por hablar en general– rectificar lo que falta y lo que el propio legislador diría de esta manera, si estuviera presente, y habría legislado de saberlo. Por lo cual, lo equitativo es justo –y es preferible a una cierta justicia, mas no a la justicia absoluta, sino al error originado por su generalidad–. Conque ésta es la naturaleza de lo equitativo: una rectificación de la ley allí donde resulta defectuosa en razón de su generalidad. Esto es causa también de que no todo se regule por ley –ya que en algunos casos es imposible establecer una ley– de manera que se necesita un decreto. Porque de lo indefinido la regla es también indefinida: lo mismo que en Lesbos la regla de plomo se readapta en la construcción de acuerdo con la forma de la piedra, sin que sea inmutable, así el decreto se adapta a las circunstancias.

Es claro, pues, qué cosa es lo equitativo; también que es justo y preferible a una cierta justicia. Y de ello resulta manifiesto quién es el hombre equitativo: en efecto, es equitativo el que se inclina a preferir esta conducta y a practicarla, y el que no es estrictamente justo para lo peor, sino que se contenta con menos, aunque tenga a la ley como aliada. Y esta disposición es la equidad, que es una cierta clase de justicia y no una disposición diferente.

1138a

XI. Por lo que ha quedado establecido, resulta evidente si es posible obrar injustamente con uno mismo. (1) En efecto, entre los actos justos, unos son los prescritos por la ley de acuerdo con cada virtud. Por ejemplo, la ley no ordena matarse a sí mismo (y lo que no ordena lo prohíbe). Más aún: cuando uno causa daño contra la ley voluntariamente (no por responder a otro daño), obra injustamente –y voluntariamente lo hace el que sabe a quién y con qué–. Pero el que se degüella a sí mismo voluntariamente por ira realiza contra la recta razón aquello que no permite la ley; luego comete un delito. Ahora bien, ¿contra quién? ¿Acaso contra el Estado y no contra sí mismo? Porque él sufre voluntariamente y nadie sufre la injusticia voluntariamente; por ello el Estado impone un castigo y al que se ha quitado la vida se le aplica un cierto deshonor[32] en la idea de que ha obrado injustamente con el Estado.

---

32. En Atenas (cf. Esquines, *Contra Ctesifonte* 244) se enterraba aparte la mano del suicida.

(2) Más todavía: no es posible obrar injustamente con uno mismo en el mismo sentido en que es solamente injusto, y no por completo vicioso, el que comete injusticia. (Esto es distinto de aquello: pues, en cierto sentido, el injusto es malo de la misma manera que el cobarde –y no como el que tiene la maldad completa– de manera que tampoco obra injustamente conforme a ésta.) Pues, en ese caso, sería posible (a) que se quitara y se añadiera lo mismo a la misma cosa simultáneamente. Y esto es imposible: lo justo y lo injusto se dan siempre necesariamente entre más de uno. Pero además (b) el acto justo es voluntario y premeditado y anterior –pues no parece que obre injustamente el que, por recibir un daño, causa a su vez el mismo daño–. Y si uno se daña a sí mismo, recibe y obra a la vez lo mismo. (c) Además sería posible recibir injusticia voluntariamente. (d) Añádase a esto que nadie obra injustamente al margen de los delitos particulares, y nadie comete adulterio con su propia mujer ni roba sus propiedades. (3) En general, lo de obrar injustamente con uno mismo se resuelve conforme a la definición de recibir injusticia voluntariamente. (Es evidente que ambos –tanto el sufrir injusticia como el obrar injustamente– son malos, pues lo uno es tener menos y lo otro más del término medio; igual que lo saludable en la Medicina y lo que causa buena forma en la Gimnástica. Pero, con todo, es peor obrar injustamente, pues el obrar injustamente va acompañado de vicio y es reprochable –y un vicio completo y absoluto; o casi, porque no a todo lo voluntario le acompaña el vicio– mientras que el sufrir injusticia está libre de vicio y de injusticia. Por sí mismo, pues, el recibir injusticia es menos malo, aunque por

concurrencia nada impide que sea un mal mayor. Mas la 1138b
ciencia no se ocupa de esto, sino que dice que la pleuresía es una enfermedad más grave que la torcedura de tobillo, aunque a veces podría ser al revés por concurrencia, si al que se ha torcido un tobillo por caerse le ocurre que es capturado por el enemigo y muere.)

Metafóricamente, y por similitud, hay una justicia no de uno hacia sí mismo, sino entre algunas de sus partes. Aunque no una justicia plena, sino como la del dueño o la de quien gobierna una casa, pues en discursos[33] como éste se distingue la parte del alma dotada de razón de la irracional. Y, claro, a quienes consideran esto les parece que hay una injusticia para con uno mismo, ya que a estas partes les es posible recibir algo contra sus propias tendencias. Por consiguiente, lo mismo que hay una justicia entre gobernante y gobernado, también la hay para éstas entre sí.

En fin, sobre la justicia y las demás virtudes morales quede ello definido de esta forma.

---

33. Gr. *lógois:* hay quienes piensan que se hace referencia a tratados como la *República* de Platón; por su parte Ross entiende la palabra como *ratio* y traduce la frase: «These are the ratios in which the part of the soul that has a rational principle stands to the irrational part». Personalmente prefiero la primera interpretación.

Libro VI

I. Y puesto que ya hemos dejado antes sentado que hay que elegir el término medio –y no el exceso ni el defecto– tal como lo señala la recta razón, analicemos esto último.

En todas las disposiciones aludidas, lo mismo que en las demás, hay un objetivo al que mira el que está dotado de razón aumentando o aflojando la tensión[1]; y hay una cierta definición de las mediedades, las cuales decimos que están entre el exceso y el defecto, ya que se ajustan a la recta razón. Pues bien, esto que decimos es verdadero, desde luego, pero no resulta nada claro. También en las demás ocupaciones que son objeto de ciencia es acertado decir que no hay que esforzarse ni holgar más ni menos, sino un término medio y como dicta la recta razón. Pero con tener sólo esto, nadie tendría mayor conoci-

---

1. Se trata obviamente de un metafórico arquero que apunta a su blanco.

miento, por ejemplo, en lo tocante a las medicinas que hay que proporcionar al cuerpo, si uno dijera que todas aquellas que prescribe la Medicina y aquel que la domina. Por ello, también en lo que se refiere a las disposiciones del alma, no sólo es necesario que esto se diga con verdad, sino que también hay que definir qué es la recta razón y cuál su definición.

Bien: cuando dividimos las virtudes del alma dijimos que unas pertenecen al carácter y otras al intelecto. Ahora bien, sobre las morales ya hemos tratado, conque continuaremos hablando de esta manera sobre las demás –tratando en primer término acerca del alma–. Anteriormente[2] se dijo, desde luego, que hay dos partes del alma, la dotada de razón y la irracional. Distingamos ahora, sobre la dotada de razón, de la misma manera: quede supuesto que son dos las partes dotadas de razón: una con la que consideramos, entre las-cosas-que-son, aquellas cuyos principios no pueden ser de otra manera; y la otra, con la que consideramos aquellas que pueden serlo. Y es que para los objetos de género diferente, también es diferente por naturaleza, entre las partes del alma, la que se aplica a cada uno –si es que el conocimiento se da conforme a una cierta semejanza y afinidad entre ellos–. Dígase que una es «científica» y la otra «calculadora»: lo mismo es deliberar y calcular, y nadie delibera sobre las cosas que no pueden ser de otra manera, por lo que la facultad calculadora es una parte de la dotada de razón. Entonces, hay que entender cuál es la mejor disposición de cada una de ellas, pues ésta será la virtud de cada una.

1139a

---

2. Cf. I. 13 (=1102a28 ss.).

II. Mas la virtud de algo es aquello que resulta adecuado a su función, y son tres en el alma los elementos que rigen la acción y la verdad: sensación, intelecto y deseo. De éstas, la sensación no constituye el inicio de acción alguna: ello es manifiesto porque los animales poseen sensación, pero no participan de la acción[3]. Y lo que en el Intelecto son afirmación y negación, eso mismo es, en el Deseo, persecución y evitación. Así que –como la virtud moral es una disposición electiva, y la elección es una inclinación deliberativa– es menester que, debido a ello, el razonamiento sea verdadero y la tendencia, recta –si es que la elección es virtuosa– y que la una afirme y la otra persiga las mismas cosas. Ahora bien, esta clase de Intelecto y de verdad son relativas a la acción, mientras que en el intelecto teorético, y no relativo a la acción o a la fabricación, su actividad buena o mala es lo verdadero y lo falso. Porque esto es función de toda actividad intelectual, pero de la actividad intelectual referida a la acción lo es la verdad correspondiente a la tendencia recta.

Ahora bien, el punto de partida de la acción es la elección (el «aquello-de-donde» se origina el movimiento, no el «aquello-para-lo-cual»), mientras que el de la elección es la inclinación y la razón para algo. Por eso la elección no se da al margen ni del intelecto ni del razonamiento ni de la disposición moral. [En efecto, el éxito y lo contrario en la acción no se dan sin el razonamiento y el carácter][4].

---

3. El término griego que utiliza Aristóteles, *prâxis,* toma aquí, debido al contexto, el sentido restrictivo de 'acción racional'.
4. El texto que va entre corchetes es claramente una interpolación, torpe e inmotivada. O bien se trata de una utilización forzada del tér-

El razonamiento por sí mismo no mueve nada, pero sí el razonamiento-para-algo y relativo a la acción. Que éste rige incluso al productivo: todo el que produce lo hace para algo. Claro que la producción no es un fin sin más, sino con-vistas-a-algo; pero sí lo es la acción: el bien-estar es un fin, y la tendencia es hacia éste. Por eso la elección es o bien entendimiento unido a la tendencia, o tendencia unida al razonamiento; y un principio de esta clase es el hombre.

1139b

No es objeto de elección nada que ha sucedido: nadie elige el que Ilión haya sido devastada, pues tampoco se delibera sobre lo sucedido, sino sobre aquello que va a ser y puede ser; y lo sucedido no puede no ser. Por eso dice Agatón razonablemente:

> sólo de esto hasta Dios se ve privado:
> hacer que no sea cuanto ya ha sucedido[5].

Ahora bien, alcanzar la verdad es la función de las dos partes intelectuales, por lo que son virtudes de ambas aquellas disposiciones en las que cada una alcanzará mejor la verdad.

III. Pues bien, volvamos a tratar sobre ellas comenzando por el principio. Sean, pues, cinco cualidades en total aquellas con las que el alma alcanza la verdad con la afirmación y la negación, esto es, Técnica, Ciencia, Prudencia, Sabiduría y Entendimiento. Pues con suposición y opinión se puede alcanzar el error.

---

mino *eupraxía* como 'buena acción', como entiende Ross, que trata de salvar la frase. Su verdadero sentido aparece un poco más abajo.
5. Agatón, *Fr. 5 (Incert. Fab)*.

Bien. Qué cosa sea la Ciencia –siempre que debamos precisar y no dejarnos guiar por similitudes– queda claro por lo siguiente. Todos sostenemos que aquello que conocemos científicamente no puede ser de otra manera; en cambio el que exista, o no, lo que puede ser de otra manera escapa a nuestro conocimiento cuando está fuera de nuestra observación. Luego el objeto de conocimiento científico es por necesidad; y, por tanto, es eterno, pues las cosas que son por necesidad son todas eternas sin más. Y las cosas eternas no se pueden originar ni destruir. Más aún: toda ciencia pensamos que es enseñable, y lo que se puede enseñar se puede aprender. Toda enseñanza parte de cosas conocidas de antemano, como decimos en *Los analíticos*[6], pues una se da a través de la inducción y otra mediante de deducción. Y, claro, la inducción es hacia el principio o lo universal, mientras que la deducción lo es desde los universales. Por ende, existen unos principios de los cuales parte la deducción y para los cuales no hay deducción[7]; luego para ellos hay inducción. Por consiguiente la ciencia es un hábito ligado a la demostración y con todos los demás rasgos que añadimos a su definición en *Los analíticos*[8]. En efecto, uno tiene conocimiento científico cuando tiene una cierta convicción y le resultan conocidos los principios. Pues si no tiene de ellos mayor convicción que de la conclusión, tendrá conoci-

---

6. Cf. *Analíticos posteriores* I (71a1 ss.).
7. Pasaje muy lacónico, probablemente porque repite la doctrina de *Los analíticos*. Literalmente: «Entonces hay principios de los que la deducción y de los que no deducción; luego inducción».
8. *Ibid.* 71 b9 ss.

miento científico por concurrencia. Pues bien, quede así definido acerca de la ciencia.

IV. A lo que puede ser de otra manera pertenece tanto lo que se puede fabricar como lo que se puede realizar –una cosa es «fabricar» y otra «realizar» (de esto ya tenemos pruebas incluso en los discursos «hechos públicos»)–[9]. De manera que son también diferentes la disposición racional relativa a la fabricación y la relativa a la realización. Y no se incluyen una a la otra, pues ni la realización es fabricación ni la fabricación realización. Y puesto que la construcción es una Técnica –lo cual es precisamente una disposición racional relativa a la fabricación–; y puesto que no hay ninguna Técnica que no sea una disposición racional relativa a la fabricación ni una disposición de esta clase que no sea una Técnica, «Técnica» sería lo mismo que «disposición acompañada de razón verdadera relativa a la fabricación». Toda Técnica se ocupa de la generación y trabajar técnicamente es considerar la manera de que se origine alguna de las cosas que pueden ser y no ser –cuyo principio reside en el fabricante y no en lo fabricado–. Pues la Técnica no es de las cosas que son y se originan por necesidad, ni tampoco de aquellas que lo hacen por naturaleza. Y es que éstas tienen el principio en sí mismas. Y, dado que fabricar y realizar son diferentes, necesariamente la Técnica pertenece al fabricar y no al realizar. Incluso, de alguna manera, azar y Técnica se relacionan con las mismas cosas tal como afirma Agatón:

1140a

---

9. Los ocasionalmente aludidos *lógoi exoterikoí*. Son libros dados al público y más elaborados literariamente.

La Técnica ama al azar y el azar a la Técnica.

Por tanto, tal como se ha dicho, la Técnica es una disposición acompañada de razón verdadera relativa a la fabricación, y la carencia de Técnica, por el contrario, es una disposición acompañada de razón errónea relativa a la fabricación –en lo tocante a aquello que puede ser de otra manera–.

V. Acerca de la Prudencia podríamos alcanzar una idea de esta manera: considerando a quiénes solemos llamar prudentes. Y parece, claro está, que es propio de un hombre prudente el ser capaz de deliberar sobre lo bueno para sí y lo que le conviene –no parcialmente, como, por ejemplo, qué cosas lo son con vistas a la salud o al vigor, sino qué cosas lo son en general con vistas a vivir bien–. La prueba es que también llamamos prudentes a quienes lo son *para algo* (de lo que no hay Técnica) cuando razonan bien con vistas a un fin bueno. De manera que en general sería prudente el que es capaz de deliberar.

Mas nadie delibera sobre las cosas que no pueden ser de otra manera ni acerca de lo que no está en su mano realizar. De modo que si a la Ciencia le acompaña la demostración, mientras que de las cosas cuyos principios pueden ser de otra manera no hay demostración (pues todas ellas pueden ser también de otra manera), y si no es posible deliberar acerca de las cosas que son por necesidad, la Prudencia no sería Ciencia ni tampoco Técnica: Ciencia, porque aquello que se puede realizar es susceptible de ser de otra manera; Técnica, porque realización y fabricación son de género diferente: el fin de la fabricación es distinto de ella, mientras que no lo sería el de la realización, pues la propia «buena-realización» («bienestar») es fin. Luego queda que sea una disposición verdadera, acompañada de razón, relativa a la práctica en cosas que son buenas y malas para el hombre.

Por ello creemos que Pericles y los hombres así son prudentes, porque son capaces de considerar lo que es bueno para sí mismos y para la gente; creemos que son de esta clase los administradores y los políticos. Por ello también aplicamos este nombre a la templanza *(sophrosyne)* en la idea de que «salvaguarda» *(sózousa)* la «prudencia» *(phrónesis)*[10]. Y salvaguarda nuestras concepciones de esta índole: pues lo placentero y lo doloroso no destruyen ni subvierten todos nuestros conceptos –por ejemplo, que el triángulo tiene o no tiene sus ángulos iguales a dos ángulos rectos–, sino las que se refieren a la acción. Porque los principios de la acción son el aquello-para-lo-cual es acción, pero para quien está corrompido por el placer o el dolor no parece que haya sencillamente un principio –ni que haya que elegir y realizar todo con vistas a éste ni por éste: pues que el vicio es destructor del principio–. Así que necesariamente la Prudencia es una disposición verdadera, acompañada de razón, relativa a la acción en las cosas buenas para el hombre.

Pero incluso hay una virtud de la Técnica, pero no la hay en la Prudencia. También es preferible el que yerra

---

10. Aunque en esta ocasión Aristóteles acerca correctamente los términos a sus raíces, el sentido último del compuesto es diferente a la suma de ambos.

voluntariamente en la Técnica, pero con la Prudencia, lo mismo que con las virtudes, lo es menos.

Es, pues, manifiesto que la Prudencia es una cierta virtud, mas no una Técnica. Y como son dos las partes del alma dotadas de razón, sería virtud de una de ellas, de la que forma opiniones. Tanto la opinión como la Prudencia atañen a lo que puede ser de otra manera. Pero, con todo, tampoco es solamente un hábito acompañado de razonamiento: la prueba es que se produce el olvido de un hábito de esta clase, mas no de la Prudencia.

VI. Y puesto que la Ciencia es una concepción que versa sobre las cosas universales y las que son por necesidad; y dado que hay principios de lo que es demostrable y de toda clase de conocimiento científico (pues a la Ciencia le acompaña el razonamiento), no puede haber ni Ciencia ni Técnica ni Prudencia del principio primero de lo cognoscible; pues lo científicamente cognoscible es susceptible de demostración y éstas se ocupan de las cosas que pueden ser de otra manera. Tampoco, claro está, la Sabiduría lo es de estos primeros principios, pues es propio del sabio obtener demostración sólo de algunas cosas. Luego si aquello con lo que alcanzamos verdad, y nunca erramos, acerca de las cosas que no pueden ser de otra manera y las que pueden, son la Ciencia, la Prudencia, la Sabiduría y el Entendimiento, y no es posible que los primeros principios sean objeto de tres de ellas, a saber, Prudencia, Ciencia y Sabiduría, sólo queda que lo sean del Entendimiento.

VII. La Sabiduría se la concedemos, en las técnicas, a los más perfectos, por ejemplo, a Fidias como a un sabio escultor y a Polícleto como imaginero. Aquí, pues, no queremos decir con «sabiduría» sino «excelencia técnica». Pero creemos que hay otros que son sabios en general, no sabios parcialmente ni en alguna otra cosa, como dice Homero en el *Margites*:

> A este no lo hicieron los dioses cavador ni arador,
> ni sabio en ningún otro aspecto[11].

Hasta el punto de que manifiestamente la Sabiduría sería el más perfecto de los conocimientos científicos. El sabio, por tanto, no sólo debe saber lo que se sigue de los primeros principios, sino alcanzar la verdad sobre los principios. De manera que la Sabiduría sería entendimiento y conocimiento científico, un conocimiento que encierra como la cúspide de las cosas más valiosas. Y es que sería absurdo que alguien pensara que la Política o la Prudencia son las cualidades más importantes, si el hombre no es lo mejor de las cosas del mundo. Y si lo «saludable» y lo «bueno» son cosa distinta para hombres y peces, lo «blanco», en cambio, y lo «recto» son siempre lo mismo. También dirían todos que lo «sabio» es lo mismo, y que lo «prudente», en cambio, es diferente. Pues cada grupo tiene por prudente a quien considera certeramente aquello que le atañe, y a éste se encomienda: por eso incluso entre los animales decimos que algunos son prudentes –aquellos que parecen tener una capacidad previsora en lo que concierne a su propia existencia–.

Es también manifiesto que no podrían ser lo mismo «Sabiduría» y «Política». Pues si van a llamar «Sabidu-

---

11. Cf. Ps.-Hom. *Margites,* Fr. 2.

ría» a la que se ocupa de lo beneficioso para ellos, habrá muchas clases de Sabiduría: no existe una sola para el bien de absolutamente todos los animales, sino una para cada clase –a menos que se admita una sola Medicina para todos los seres–. Y nada importa que el hombre sea superior a los demás animales, pues hay otras cosas que son por naturaleza mucho más divinas que el hombre, como –por lo que se refiere, al menos, a lo más evidente– aquellas de las que está compuesto el mundo.

De lo dicho, pues, queda claro que Sabiduría, Ciencia y Entendimiento pertenecen a las más estimables por naturaleza. Por eso las gentes afirman que Anaxágoras y Tales y los de esa clase son sabios, pero no prudentes, cuando ven que ignoran lo que les conviene. Y creen que éstos conocen cosas extraordinarias y maravillosas y difíciles y divinas, pero inútiles, porque no buscan las cosas buenas para el hombre. La Prudencia, en cambio, atañe a las cosas humanas y a aquellas sobre las que es posible deliberar. Porque la actividad del prudente decimos que es, sobre todo, ésta: deliberar bien. Pero nadie delibera sobre las cosas que no pueden ser de otra manera; ni sobre cuanto carece de una finalidad –y ésta como un bien que se consigue mediante la acción–. Y el buen deliberador, en general, es el que alcanza, siguiendo razonamiento, la mejor de las cosas alcanzables por el hombre mediante la acción.

Tampoco atañe la Prudencia solamente a los universales, sino que debe conocer también los objetos particulares: porque está ligada a la acción y la acción atañe a los particulares. Por eso algunos, que no saben, son más aptos para la acción que otros que saben. En efecto, si uno supiera que las carnes ligeras son fáciles de cocer y saludables, pero no sabe cuáles son las ligeras, no procurará la salud; en cambio, lo hará, más bien, el que sabe que la carne de ave es saludable; y en lo demás, los que tienen experiencia. Y la Prudencia está ligada a la acción, de manera que hay que tener ambos conocimientos[12] o, más bien, este último. Conque también en esto sería una cierta facultad directiva.

VIII. La Política y la Prudencia son una misma disposición, aunque su esencia no es la misma. De hecho, dentro de aquella «que se ocupa de la ciudad», una, en tanto que directiva, es «Legisladora», mientras que la otra tiene el nombre común de «Política» por cuanto se ocupa de lo particular. Ésta se halla ligada a la acción y a la deliberación (un decreto es algo a realizar como la última instancia), por lo que la gente dice que sólo éstos «hacen política» –porque sólo ellos actúan como los trabajadores manuales–.

Parece también que la Prudencia es la disposición que atañe particularmente al individuo. Ésta es la que tiene el nombre genérico de «Prudencia», mientras que, entre las otras, una es la Economía, otra la Legislación, otra la Política, y, dentro de ésta, una es deliberativa y la otra judicial. Pues bien, una especie consistiría en conocer lo propio de uno mismo –aunque difiere mucho de las demás– y parece que quien conoce y se ocupa de lo suyo es hombre prudente, mientras que los «políticos» son entrometidos. Por eso dice Eurípides:

1142a

---

12. O sea, teórico y práctico.

¿Cómo podría ser prudente, si en mis manos estaba,
sin ocupaciones, siendo un número entre la mayoría del ejército,
tener la misma parte?
Pues a los muy activos y que actúan más...[13].

Las gentes buscan lo que es bueno para ellos y creen que deben hacerlo. Por tanto, de esta opinión procede el que sean «prudentes» tales hombres. Sin embargo, puede que no sea posible ocuparse bien de lo propio al margen de la Economía y de la Política. Además, no resulta claro cómo hay que buscar lo propio y es menester examinarlo.

Una prueba de lo que se ha dicho es que los jóvenes llegan a ser geómetras, matemáticos y sabios en cosas así, pero no parece que sean prudentes. La causa es que la Prudencia atañe a las cosas particulares, las cuales se conocen por experiencia, y el joven no tiene experiencia, ya que es la cantidad de tiempo lo que la crea. (También podría considerarse por qué un niño podría ser, desde luego, matemático, pero no sabio ni filósofo de la naturaleza. ¿Acaso porque los objetos de la una se alcanzan por abstracción, mientras que los principios de las otras proceden de la experiencia? ¿Y que los jóvenes no tienen convicción, sino que recitan, mientras que el qué-cosa-es de las Matemáticas no es incierto?) Además, el error en la deliberación se refiere ya sea a lo general, ya a lo particular: por ejemplo, a que o bien todas las aguas pesadas son malas o bien que esta agua de aquí es pesada.

---

13. Son los Frs. 787 y 788 del *Filoctetes* de Eurípides, del que se conserva muy poco.

Es manifiesto que la Prudencia no es conocimiento científico, pues, tal como ha quedado dicho, afecta al objeto último y tal es el objeto de la acción. Se opone, entonces, al Entendimiento: pues el Entendimiento se orienta a las definiciones, de las que no hay razonamiento, mientras que la Prudencia se orienta al objeto último del que no hay conocimiento científico, sino percepción –mas no la de los sentidos propios, sino aquella con la que percibimos que el objeto último de las Matemáticas es un triángulo; pues también aquí habrá que detenerse–. Y esto es más percepción que Prudencia, pero es otra clase de aquélla.

IX. Hay que comprender también, sobre la «buena deliberación», qué cosa es: si es un cierto conocimiento científico, o bien opinión o conjetura –o algo de otro género–. Conocimiento científico, desde luego, no es: no se investiga aquello que se ignora, mientras que la buena deliberación es una clase de deliberación, y el que delibera investiga y razona. Pero investigar y deliberar son diferentes: deliberar es investigar *algo particular*.

1142b

Pero incluso tampoco es conjetura: la conjetura se da sin razonamiento y es cosa rápida, mientras que se delibera por largo tiempo. Incluso se afirma que hay que ejecutar rápidamente aquello que se ha deliberado, pero deliberar despacio.

Más aún: la agudeza es cosa diferente de la buena deliberación. La agudeza, en efecto, es una clase de conjetura. Tampoco, claro está, la buena deliberación es ninguna clase de opinión. Y, puesto que yerra quien delibera mal y obra bien el que delibera correctamente, resulta evidente que la buena deliberación es una clase de rectitud, mas no del conocimiento científico ni de la opinión: del conocimiento científico no hay rectitud (ni tampoco error). Y la rectitud de la opinión es la verdad. Al mismo tiempo ya ha sido definido todo lo que es objeto de opinión. [Pero incluso la buena deliberación no se da sin razonamiento; luego queda que sea del pensamiento discursivo, pues éste no supone afirmación][14]. Porque la opinión no es ya investigación, sino una suerte de afirmación; y el que delibera, delibere bien o mal, investiga algo y razona. Conque la «buena deliberación» es una clase de rectitud en la deliberación [por ello antes que nada hay que investigar qué cosa sea, y sobre qué, la deliberación][15], aunque, dado que la rectitud se dice en más de un sentido, es evidente que no es cualquier clase de rectitud: en efecto, el incontinente y vicioso podrá conseguir por razonamiento aquello que se propone que debe obtener, de manera que habrá deliberado rectamente, pero habrá alcanzado un gran mal. Y parece que el haber deliberado bien es algo bueno. Por consiguiente, «buena deliberación» es esta clase de rectitud en la deliberación: la que busca alcanzar el bien.

Por otra parte, también es posible alcanzar éste mediante un razonamiento falso –es decir, conseguir aquello que se debe hacer, pero a través de lo que no se debe, sino que el término medio es falso–. De manera que tampoco es buena deliberación aquella por la que se alcanza lo que se debe, mas no por medio de lo que se debía.

---

14. Esta frase interrumpe el hilo argumentativo y, por tanto, parece una interpolación.
15. Además de interrumpir la argumentación, como la frase anteriormente señalada, promete un estudio sobre la deliberación que no se produce y que tampoco es necesario.

Otra cosa: es posible que uno tenga éxito deliberando durante largo tiempo, y otro, rápidamente. Luego tampoco es ésta la buena deliberación, sino la rectitud referente a lo provechoso y alcanzando lo que se debe y como y cuando se debe.

Otra cosa: es posible haber deliberado bien en general o con un fin determinado; y por tanto, la buena deliberación general es la que tiene éxito con vistas al fin general, mientras que es particular la que lo hace con vistas a un fin particular.

En fin, el haber deliberado bien es propio de los hombres prudentes y la «buena deliberación» sería «la rectitud relativa a lo que conviene con vistas a un fin, cuya verdadera concepción es la Prudencia».

X. Por otra parte, la «inteligencia» y el «buen entendimiento», en virtud de los cuales damos los nombres de «inteligente» y «buen entendedor», no son en general lo mismo que el conocimiento científico (ni que la opinión, pues todo el mundo sería inteligente), ni tampoco es una de las ciencias particulares, como la Medicina sobre los elementos saludables, o la Geometría sobre las magnitudes. Tampoco tiene que ver la inteligencia con las cosas que existen siempre y son inmóviles, ni con cualquiera de las que nacen, sino con aquellas que se plantearían como problema y sobre las que se delibera. Por ello tiene que ver con las mismas cosas que la Prudencia, pero no son lo mismo Inteligencia y Prudencia: la Prudencia se orienta a dar órdenes y su fin último es lo que se debe hacer o no, mientras que la Inteligencia sólo se orienta a juzgar (pues lo mismo es inteligencia y buena inteligencia

1143a

que inteligente y buen entendedor). Ahora que la Inteligencia no equivale a tener prudencia ni a comprender. Pero lo mismo que al «aprender» se le llama «comprender» cuando se emplea la ciencia, así sucede cuando se emplea la opinión para juzgar asuntos que atañen a la Prudencia, cuando es otro el que habla, y juzgar correctamente (pues «bien» –*eû*– y «correctamente» –*kalôs*– es lo mismo). De aquí ha venido el nombre de «Inteligencia» *(sýnesis)* –y, por éste, el de «inteligentes»– a partir de la que se manifiesta en aprender: en efecto, al «aprender» lo llamamos a menudo «entender»[16].

XI. La llamada «Comprensión», por la que hablamos de «comprensivo» o de «tener comprensión», es el recto juicio del hombre virtuoso[17]. Ésta es la prueba: decimos que el equitativo es sobre todo comprensivo, y ser equitativo es tener comprensión sobre algunas cosas; y la Comprensión es una recta consideración del hombre equitativo relativa al juicio; y es recta la del hombre verdaderamente equitativo.

Todas estas disposiciones tienden razonablemente a lo mismo. En efecto, aplicamos a las mismas personas la Comprensión, la Inteligencia, la Prudencia y el Entendimiento cuando decimos que ya «tienen juicio y enten-

---

16. Es decir, el término griego *sýnesis* significa 'ciencia' cuando lo usamos como sinónimo de acción de aprender; y se acerca al de 'prudencia' cuando lo usamos como sinónimo de juzgar (bien) a otro.

17. Aquí Aristóteles falsea la realidad semántica de un término como *gnôme* ('juicio', 'razón') forzando un acercamiento semántico con otros como *eugnómon* ('comprensivo') y *syngnóme* ('comprensión', 'perdón').

dimiento» y que «son prudentes e inteligentes». Porque todas estas facultades se orientan a los objetos últimos y a los particulares, y un hombre tiene entendimiento, buen juicio y comprensión, cuando juzga sobre los asuntos que atañen al prudente. Y es que las acciones virtuosas son comunes a todos los hombres buenos en las relaciones con los demás, pero toda acción pertenece a lo particular y lo último (y, claro, el hombre prudente debe conocerlo). Y el Entendimiento y la Comprensión se refieren a la acción y ésta es lo último.

También el Entendimiento pertenece a lo último por ambos extremos: tanto del límite primero, como del último, hay intelección intuitiva y no razonamiento: por un lado, la hay de las definiciones inmutables y primeras en las demostraciones; por otro, en las (proposiciones) relativas a la acción hay intelección de lo último y contingente y de la segunda premisa, porque éstos son los principios del término-para-el-cual: en efecto, los universales se deducen de los particulares. Por tanto, hay que tener percepción de éstos y ésta es la intelección.

1143b

Por esta razón también parece que éstos son dones de la naturaleza, y que nadie es sabio por naturaleza aunque sí tenga Comprensión, Inteligencia y Entendimiento. La prueba es que también pensamos que acompañan a la edad y que a tal edad le corresponde el juicio y el entendimiento, en la idea de que la causante es la naturaleza [por lo cual la intelección es principio y fin, pues a partir de éstos y acerca de éstos se dan las demostraciones][18],

---

18. La frase entre corchetes es ajena al contexto cercano, por lo que, o bien es interpolada, o está desplazada desde el final del párrafo an-

de manera que hay que prestar atención a las aseveraciones no probadas y a las opiniones de los experimentados y los ancianos, en tanto que prudentes, no menos que a las demostraciones: y es que ellos ven correctamente por tener el ojo que proporciona la experiencia.

Pues bien, ha quedado sentado qué son la Prudencia y la Sabiduría, así como con qué tienen relación cada una; y que cada una es la virtud de una parte del alma.

XII. Podría uno plantearse como problema, acerca de ellas, para qué son útiles. Y es que la Sabiduría no toma en consideración nada por lo que el hombre vaya a ser feliz (pues ello no es objeto de ninguna clase de generación), mientras que la Prudencia, por su parte, sí lo toma. Pero ¿para qué la necesitamos, si, en verdad, la Prudencia se ocupa de las cosas justas, honestas y buenas para el hombre, pero son éstas las que en propiedad realiza el hombre bueno? Y no somos más aptos para realizarlas por el hecho de conocerlas, si de verdad las virtudes son condiciones, lo mismo que el conocer las cosas saludables o vigorosas –las que se llaman así no por producir salud y vigor, sino por serlo como consecuencia de una disposición–. En efecto, no somos más aptos para obrar por el hecho de conocer la Medicina o la Gimnástica.

Y, claro, si hay que decir que la Prudencia es útil no por estas razones[19], sino por serlo, en nada sería útil para quienes son virtuosos, y, lo que es más, tampoco para quie-

---

terior, donde tiene sentido. Por otra parte, la frase siguiente es sospechosa: con la lectura de los manuscritos, la traducción sería «de los ancianos y prudentes». Por ello he preferido cambiar ἢ por ᾗ.
19. Es decir, con vistas a la acción.

nes no lo son, pues no habrá diferencia alguna entre el que la tengan ellos y el que sigan los consejos de otros que la tienen. Y para nosotros bastaría que sucediera como con la salud: aunque queremos sanar, no por ello aprendemos Medicina. Añádase a ello que parecería absurdo que, siendo inferior a la Sabiduría, resultara más decisiva que ella, pues la facultad que crea también gobierna y da órdenes en cada caso. Habrá que seguir hablando, entonces, sobre éstos, pues por el momento sólo nos hemos planteado la cuestión.

Pues bien, digamos (1) en primer lugar que necesariamente son objeto de elección ya que cada una, desde luego, es virtud de cada una de las partes del alma, aunque ninguna de ellas produzca efecto alguno. (2) En segundo lugar lo producen, aunque no como la Medicina produce la salud, sino que, como la salud[20], de esta misma manera la Sabiduría produce felicidad. Porque, como es parte de la virtud total, hace feliz por el hecho de poseerla y por ejercitarla. (3) Pero, además, la actividad humana se realiza plenamente mediante la Prudencia y la virtud moral. En efecto, la virtud hace que sea recto el objetivo y la Prudencia los medios que a él conducen. (En cambio, de la cuarta parte del alma, la nutritiva, no hay una virtud de esta clase, pues no está a su alcance en absoluto el obrar o no obrar.)

(4) Sobre el que no seamos más capaces de realizar acciones honestas y justas con ayuda de la Prudencia, habrá que comenzar desde un poco más arriba tomando este punto de partida: lo mismo que decimos que algu-

1144a

---

20. Se entiende, «produce saludabilidad».

nos no son justos en absoluto porque realicen acciones justas (por ejemplo, los que cumplen aquello que ordenan las leyes ya sea involuntariamente o por ignorancia o por cualquier otra razón y no por ello mismo, pese a que realizan lo que debe hacerse y cuanto un hombre tiene que hacer), de esta manera, según parece, es posible que alguien realice cada acción teniendo una actitud tal como para que sea bueno –quiero decir, por ejemplo, por elección y por las propias acciones realizadas–. Ahora bien, la virtud hace que la elección sea recta, pero el realizar cuanto es natural que se realice por ella no es propio de la virtud, sino de otra facultad.

Mas hay que continuar hablando con detenimiento más claramente sobre esto. Bien: hay una facultad que llaman «Habilidad», y es tal como para que uno pueda realizar las acciones que tienden al objetivo propuesto –y conseguirlo–. Pues bien, si el objetivo es bueno, será elogiable, pero si es malo, será habilidad para el mal. Por eso llamamos hábiles tanto a los prudentes como a los malhechores. La Prudencia no es esta facultad, pero no se da sin ella. Y aquel «ojo del alma»[21] no tiene este hábito sin la virtud, tal como ha quedado dicho y es manifiesto. En efecto, los silogismos en materia de conducta tienen un principio del tipo «puesto que tal cosa es el fin y lo mejor» (cualquier cosa que ello sea: admitamos una cualquiera en gracia al razonamiento); mas esto no es evidente más que para el hombre bueno, pues la maldad pervierte y hace que nos engañemos sobre los principios de la conducta; luego, evidentemente, es imposible ser prudente sin ser bueno.

---

21. Quizá se refiere a la frase de más arriba, cf. 1143b14.

XIII. Consideremos, pues, de nuevo la virtud. La virtud 1144b
está en una relación similar a como estaba la Prudencia
con la Habilidad: no son lo mismo, pero sí semejantes; y en
esta misma relación está la virtud natural con la virtud
en sentido propio. En efecto, es creencia de todos que cada
una de las cualidades morales se dan de alguna manera por
naturaleza: somos justos e inclinados a la moderación y valerosos y lo demás desde el nacimiento. Y, sin embargo,
pensamos que el bien en sentido propio es algo diferente,
y que las cosas así se dan de otra manera. Pues también en
los niños y los animales se dan los hábitos naturales, pero
sin la razón son manifiestamente dañinos. Sólo que es razonable que se acepte lo siguiente: que lo mismo que a un
cuerpo fuerte que se mueve privado de vista le acaece tener
fuertes caídas (por no tener vista), así ocurre también en
este terreno; pero cuando adquiere el entendimiento, se
distinguirá en el obrar y su hábito, que antes era semejante
a la virtud, será virtud en sentido propio.

De modo que, lo mismo que en la facultad de opinar
hay dos especies –la Habilidad y la Prudencia–, así también hay dos en la moral: de un lado, la virtud natural, y,
de otro, la virtud en sentido propio; y, de éstas, la propia
no se da sin la Prudencia. Por eso sostienen algunos que
todas las virtudes son manifestaciones de la Prudencia
–Sócrates, de un lado, lo investigaba correctamente pero,
por otra parte, estaba equivocado: erraba al creer que todas las virtudes son manifestaciones de la Prudencia,
pero decía bien que no se dan sin la Prudencia–. Una
prueba de ello: incluso ahora cuando tratan de definir la
virtud, todos añaden «conforme a la recta razón» después de decir que es una condición y con qué se relaciona.

Y es recta la que se ajusta a la prudencia. Aunque debemos dar un pequeño paso adelante: la virtud no sólo es la condición *que se ajusta* a la recta razón, sino la *que acompaña* a la recta razón. Y la recta razón en relación a esto es la Prudencia. Por tanto, Sócrates pensaba que las virtudes *son* razones (puesto que todas son formas de conocimiento científico) y nosotros que *acompañan* a la razón.

En fin, de lo dicho resulta manifiesto que no es posible ser bueno en sentido propio sin Prudencia, ni tampoco prudente sin la virtud moral. (Incluso de esta manera se resolvería el argumento dialéctico por el que se podía mantener que las virtudes están separadas unas de otras: en efecto, un mismo hombre no está perfectamente dotado para todas juntas, de manera que habrá adquirido ya una, pero otra todavía no. Esto es posible con las virtudes naturales, pero no con aquellas por las cuales se llama simplemente «bueno» a alguien. Pues justo con la presencia de la sola Prudencia, ya están todas presentes.) Es, por tanto, manifiesto que, aunque no estuviera orientada a la acción, tendríamos menester de ella por el hecho de ser virtud de una parte del alma; y porque no habrá recta elección sin el concurso de la Prudencia y de la virtud: la una nos proporciona el fin, la otra realizar los actos conducentes al fin.

Pero, con todo, no tiene autoridad sobre la Sabiduría ni sobre la parte mejor del alma, lo mismo que la Medicina no la tiene sobre la salud: porque no se sirve de ella, sino que procura el medio de que se produzca; por tanto, da órdenes *con vistas a* aquella, pero no *a* aquella. Y, además, sería igual que decir que la política gobierna a los dioses porque da órdenes sobre todo lo que hay en el Estado.

Libro VII

I. Después de esto hay que señalar, tomando un punto de partida diferente, que existen tres clases de disposiciones en lo tocante al carácter moral: vicio, incontinencia y brutalidad. Las que se oponen a dos de ellas son evidentes: a la una la llamamos «virtud», a la otra «continencia». En cambio, frente a la brutalidad lo más apropiado sería referirse a la virtud que está por encima de nosotros, una virtud heroica y divina, tal como hace Homero decir a Príamo, sobre Héctor, que era extraordinariamente valeroso

> y no parecía
> que fuera hijo de un hombre mortal, sino de un dios[1].

De manera que, si, tal como dicen, los dioses han llegado a serlo a partir de hombres por un exceso de virtud,

---

1. *Ilíada* 24.258.

ésta sería evidentemente la disposición opuesta a la de índole brutal. Y como no hay vicio ni virtud propia del animal, tampoco la hay del dios: ésta es una realidad más valiosa que la virtud, y aquélla, de un género diferente al vicio. Y, puesto que es cosa rara que exista un «hombre divino», en el sentido en que acostumbran los lacedemonios a calificarlo cuando admiran a alguien en demasía («*seîos anêr*» dicen ellos)[2], así de rara es entre los hombres la condición brutal. Se da sobre todo entre los bárbaros y surge a veces por causa de enfermedades y taras físicas; y también se la aplicamos peyorativamente a los hombres que sobresalen por su maldad.

Mas de esta disposición habrá que hacer mención más adelante y sobre el vicio ya se ha tratado antes. Hay que hablar, en cambio, sobre la incontinencia, la flaqueza y la molicie, así como acerca de la continencia y la fortaleza. No hay que concebir cada una de ellas como si fueran condiciones idénticas a la virtud y el vicio, pero tampoco como si fueran de otro género. Debemos, lo mismo que en los demás casos, presentar los pareceres, plantear el problema en primer término y así exponer en lo posible todas las opiniones aceptadas sobre estas afecciones, o, si acaso, el mayor número y las más autorizadas. Porque si se resuelven las contradictorias y permanecen las aceptadas, ello quedaría suficientemente demostrado.

Es opinión general, desde luego, (a) que tanto la continencia como la fortaleza pertenecen a las disposiciones buenas y elogiables, mientras que la incontinencia y la

---

2. Hay quien considera espuria esta frase ya que es copia casi literal de Platón, *Menón* 99d, donde gramaticalmente se explica mejor.

flaqueza pertenecen a las malas y censurables; (b) también, que aquel que se domina es el mismo que el que mantiene su razonamiento, y el que no se domina que el que renuncia a su razonamiento; (c) también, que el incontinente sabe que obra mal debido a la pasión, mientras que el que se domina sabe que sus deseos son malos y no los sigue debido a la razón; (d) también, que el hombre templado tiene autodominio y fortaleza, pero unos afirman y otros niegan que todo hombre con tales cualidades sea templado; igualmente, unos dicen que el intemperante es incontinente y el incontinente es intemperante indistintamente, pero otros afirman que son diferentes; (e) también se afirma, unas veces, que el hombre prudente no puede ser incontinente, y otras, que algunos, aun siendo prudentes y hábiles, son incontinentes; (f) también se habla de incontinentes con respecto a la ira, la honra y la ganancia. Pues bien, éstas son las opiniones que se suelen aducir.

II. Podría uno preguntarse (c) cómo es que alguien es incontinente si tiene una concepción recta. Algunos, desde luego, dicen que no puede serlo si tiene conocimiento: extraño sería que, si está presente el conocimiento, lo dominara otra cosa y lo «arrastrara como a un esclavo»[3]. En efecto, Sócrates combatía por completo este argumento en la idea de que no existe la incontinencia: nadie obra contra lo mejor suponiéndolo tal, sino por ignorancia. Ahora bien, este argumento está en abierta pugna con la evidencia, y es preciso seguir indagando, acerca de esta afección, si es que sucede por igno-

---

3. Cf. Platón, *Protágoras* 352b.

rancia, de qué modalidad de ignorancia se trata; porque es obvio que quien obra con incontinencia no piensa que debería, antes de encontrarse en medio de la pasión. Aunque hay quienes lo aceptan en parte, y en parte, no: reconocen que nada hay más fuerte que el conocimiento, pero no aceptan que nadie obre contra lo que parece ser mejor –y afirman que el incontinente se deja dominar por los placeres, porque no tiene conocimiento, sino opinión–. Y, sin embargo, si de verdad es opinión y no conocimiento –y no es una concepción firme, que se resiste, sino débil como en los que dudan– sería perdonable que no perseveraran en ella frente a deseos poderosos. Mas no hay perdón para la maldad ni para ninguna de las demás cosas censurables.

1146a

(e) ¿Será, entonces, cuando es la Prudencia la que se opone?[4] Porque ésta es lo más fuerte. Mas sería cosa extraña: el mismo hombre sería a la vez prudente e incontinente y nadie podría sostener que es propio del prudente realizar las peores acciones. Además, ha quedado demostrado antes que el prudente lo es en la acción (pues concierne a los últimos particulares) incluyendo además las otras virtudes.

(d) Además: si el continente lo es teniendo fuertes y malos deseos, el continente no será templado ni el templado continente, porque no es propio del templado el tenerlos en exceso ni tenerlos malos. Y, sin embargo, es necesario que los tenga: si los deseos son buenos, la disposición que impide seguirlos sería mala, de manera que no toda continencia sería virtuosa; y si son débiles, y no

---

4. Se entiende, «que censuramos por ceder».

malos, no hay nada admirable[5]; ni tampoco es una hazaña, si son malos y débiles.

(a, b) Más todavía: si la continencia hace que el hombre se mantenga firme en *toda* opinión, será mala si se trata, por ejemplo, de una falsa; y si, por el contrario, la incontinencia elimina *toda* opinión, habrá una incontinencia buena, como es el caso con el Neoptólemo del *Filoctetes* de Sófocles: resulta elogiable por no permanecer en aquello en lo que había sido persuadido por Odiseo, al repugnarle mentir[6].

(a, c) También es un problema el argumento de los sofistas. En efecto, por querer llevar al adversario a una paradoja, para resultar hábiles cuando lo consiguen, el silogismo resultante se convierte en un problema: el pensamiento queda trabado, al no querer detenerse porque no le complace la conclusión, pero no puede avanzar porque es incapaz de deshacer el razonamiento. Y, claro, de uno de sus argumentos se concluye que «la insensatez acompañada de incontinencia es una virtud», pues por la incontinencia uno hace lo contrario de lo que piensa, pero piensa que lo bueno es malo y que no hay que hacerlo, luego hace lo bueno y no lo malo.

Es más: el que obra y persigue lo placentero por estar convencido, y porque lo elige, sería mejor que quien lo hace no por razonamiento sino por incontinencia –pues es más fácil de curar, ya que se le podría convencer de que cambiara–; en cambio, al incontinente se le aplica el proverbio que dice: «Cuando te atragantas con agua,

---

5. Se entiende, «en resistirlos».
6. Véanse especialmente los versos 895-916 de esta tragedia.

¿qué tienes que beber?»[7]. Pues si hubiera sido persuadido a realizar las acciones que realiza, habría cesado con un cambio de persuasión; pero, en su caso, aunque está persuadido de una cosa, no deja de realizar otra.

(f) Finalmente, si tanto la incontinencia como la continencia se refieren a todo, ¿quién es el incontinente en sentido absoluto? Pues nadie tiene todas las clases de incontinencia y, sin embargo, decimos que algunos lo son absolutamente.

En fin, tales son los problemas que surgen. De ellos, unos hay que eliminarlos y otros dejarlos. Resolver un problema es un hallazgo.

III. Por tanto, hay que considerar, (a) en primer lugar, si ello[8] es con conocimiento o no, y con qué clase de conocimiento; (b) en segundo lugar, en relación con qué cosas hay que situar al incontinente o al continente –me refiero a si es con relación a toda suerte de placer y dolor, o a algunos determinados–; (c) además, con referencia al que tiene autodominio y al que tiene fortaleza, si son el mismo o son distintos; (d) e, igualmente, en las demás cuestiones emparentadas con este tema de investigación.

Punto de partida de nuestra consideración será si el continente y el incontinente tienen su diferencia específica[9] en el *acerca de* las-cosas-que (objeto) o en el *cómo* (disposición): quiero decir, si el incontinente es inconti-

---

7. Este proverbio aparece en Galeno (*De Differentia pulsuum* 8. 577) con una ligera variante (utiliza *ti epirrophésomen,* «qué sorberemos sobre ella»).
8. Es decir, «si los incontinentes saben que obran mal».
9. No entre ellos, sino de ambos conjuntamente frente a las demás cualidades.

nente sólo *por referencia a esto* concreto, o no, sino por el *cómo* lo está; o tampoco esto, sino por ambas cosas a la vez. En segundo lugar, hay que considerar si la incontinencia y la continencia tienen, o no, relación con todo; porque el sencillamente incontinente no lo es en todo, sino precisamente en aquello en que lo es el intemperante; pero tampoco por serlo simplemente *en esto* (pues la incontinencia sería idéntica a la intemperancia), sino por serlo *de esta manera* concreta. Y es que el uno se deja llevar deliberadamente, pensando que hay que perseguir siempre el placer del momento; el otro, en cambio, no lo cree, pero sí lo persigue.

(a) Ahora bien, el que sea opinión verdadera y no conocimiento aquello que contraviene el incontinente no es en absoluto relevante para nuestro argumento. Porque algunos de los que opinan no albergan duda alguna, sino que creen tener un conocimiento preciso. Por tanto, si va a ser el caso que es debido a la debilidad de su convicción por lo que actúan contra sus ideas, en nada será diferente el conocimiento de la opinión. Pues algunos tienen una convicción en aquello que opinan nada inferior a la que tienen otros en aquello que saben. Heráclito lo pone de manifiesto[10].

(1) Mas, puesto que decimos «saber» en dos sentidos (en efecto, se dice que «sabe» tanto el que tiene conocimiento, pero no lo está utilizando, como el que lo está utilizando), será diferente el realizar lo que no se debe teniendo conocimiento, pero no ejercitándolo,

---

10. El «dogmatismo» de Heráclito, que se manifiesta en su estilo hierático y enfático, era proverbial.

que hacerlo teniéndolo y ejercitándolo: esto último parece terrible, pero no en el caso de que no lo esté ejercitando.

(2) Más todavía: puesto que hay dos modalidades de premisas[11], nada impide que uno, conociendo ambas, obre contra el conocimiento porque, con todo, utiliza la universal pero no la particular; pues la conducta concierne a lo particular. Pero además hay una diferencia en el universal: un término universal se aplica a uno mismo y el otro al objeto. Por ejemplo: «A todo *hombre* le convienen los alimentos secos y éste es hombre»; o bien «tal alimento es seco»; pero o bien no sabe o no ejercita el conocimiento de que este alimento es de tal clase. Y, claro, al menos en estas dos modalidades habrá una enorme diferencia, hasta el punto de que no es nada extraño que el incontinente conozca de una manera, pero sería maravilla que conociera de la otra.

(3) Además, les es posible a los hombres «tener conocimiento» en un sentido diferente a los recién señalados, ya que en el propio tenerlo y no utilizarlo vemos que la disposición es diferente, de manera que un hombre puede, en cierto sentido, tenerlo y no tenerlo: así el que duerme, el que está loco y el borracho. Pero es más, en esta disposición están los que se encuentran sumidos en las pasiones: los accesos de ira y deseo sexual –y algunas otras cosas de este género– alteran manifiestamente incluso el cuerpo, y a algunos les causan ataques de locura. Evidentemente, pues, hay que

---

11. Se entiende, naturalmente, «en el silogismo práctico o referente a la acción».

decir que los incontinentes se encuentran en un estado similar al de éstos. Y nada significa el que pronuncien palabras del campo del saber: quienes se encuentran en tales estados de pasión *recitan* exhibiciones verbales y hexámetros de Empédocles –también los que acaban de aprender algo enhebran las palabras, pero no saben todavía, pues el conocimiento tiene que ser asimilado y ello requiere tiempo–. De manera que hay que suponer que los que obran incontinentemente recitan como los actores.

(4) Podría también considerarse la causa, desde una perspectiva natural, de esta manera[12]. La premisa universal[13] es una opinión, mientras que la segunda se refiere a los particulares sobre los que tiene dominio la percepción. Y cuando de ellas resulta una sola, por un lado el alma tiene que afirmar la conclusión, pero en los silogismos prácticos tiene que obrar inmediatamente. Por ejemplo: «Si se debe probar todo lo dulce, y esto es dulce (un ejemplo particular), necesariamente tiene que hacerlo aquel que puede y, al mismo tiempo, no se ve impedido». Pues bien, cuando coinciden una premisa universal que impide probar y otra que afirma que «todo lo dulce es placentero y esto es dulce» (ésta es la premisa activa) –y se encuentra presente el deseo– entonces, por más que una te diga que lo evites, el deseo te arrastra (pues es

---

12. Gr. *physikôs,* es decir, «desde la propia naturaleza de la cosa», «filosóficamente»: en esta obra es corriente que Aristóteles oponga un punto de vista, digamos, «psicológico» («desde el hombre») a uno «natural». Véase también VIII I (1147a24), IX 7 (1155b2) y 9 (1170a13).
13. Se entiende, «del silogismo práctico».

capaz de mover a cada una de las partes). Con lo que sucede que uno obra incontinentemente, en cierto sentido, por causa de una razón o de una opinión –pero concurrentemente, pues es el deseo, y no la opinión, lo que se opone a la recta razón–. Por lo que, debido también a esto, los animales no son incontinentes, porque no tienen concepción de los universales, sino representación y recuerdo de los particulares.

Sobre cómo se disipa la ignorancia y el incontinente se torna de nuevo dueño del conocimiento, la explicación es la misma que para aquel que está borracho o dormido, y no es exclusiva de esta afección –hay que oírsela a los fisiólogos–.

Y puesto que la última premisa es una opinión sobre un objeto de los sentidos y es determinante de la acción, el incontinente o bien no la tiene mientras estaba sumido en la pasión, o la tiene en el sentido de que «tenerla» no equivalía a «conocer», sino a recitar, como un beodo, los hexámetros de Empédocles. Y debido a que el término último no parece que sea un universal, ni un objeto de conocimiento semejante al universal, es razonable lo que se planteaba Sócrates: no es el caso que esta afección[14] ocurra cuando parece que está presente el conocimiento en sentido propio; ni es éste el que se deja arrastrar por causa de la pasión, sino el propio de la percepción sensorial.

En fin, sobre si es posible obrar incontinentemente con conocimiento o no, y con qué forma de conocimiento, quede esto así sentado.

14. Se entiende, «la incontinencia».

IV. A continuación hay que referirse a si uno es incontinente en sentido absoluto o si todos los son en una parcela, y, si ello es así, en qué cosas.

Pues bien, es manifiesto que tanto los continentes y resistentes como los incontinentes y blandos lo son por referencia a placeres y dolores. Mas, como de las cosas que producen placer unas son necesarias y otras deseables por sí mismas, aunque susceptibles de exceso, las necesarias son las corporales: me refiero a cosas tales como las referentes a la comida y el sexo, y –dentro de las corporales– aquellas cuya esfera hemos situado en el terreno de la intemperancia y la templanza. Otras no son necesarias, pero sí deseables por sí mismas: me refiero, por ejemplo, a la victoria, el honor, la riqueza y cosas así entre las buenas y placenteras. Pues bien, a los que se exceden en éstas contra la recta razón no los llamamos «incontinentes» en sentido absoluto, los calificamos de «incontinentes» añadiendo «en dinero», «en ganancia», «en honor», «en ira», pero no en sentido absoluto, en la idea de que son diferentes y que se los llama así por analogía. Lo mismo que con «Hombre» *(Ánthropos),* el vencedor olímpico[15]: su definición general diferiría bien poco de la particular, mas con todo era muy otro. (Una prueba de esto[16]: la incontinencia se censura no sólo como un yerro, sino como un vicio –ya lo sea así en sentido absoluto o parcial– pero, en cambio, ninguno de éstos lo es.)

---

15. Este atleta, cuyo nombre le resulta tan útil a Aristóteles para su argumento, aparece en una inscripción como vencedor en boxeo el año 456 a. C.
16. Es decir, «de que se los llama así por analogía».

Y sin embargo, entre los que se exceden en los goces corporales con referencia a los cuales hablamos de «templado» e «intemperante», recibe el nombre de «incontinente» aquel que persigue los excesos de las cosas placenteras y rehúye los de las dolorosas –hambre, sed, calor, frío y todo lo referente al tacto y al gusto; mas no por propia elección, sino contra su elección y pensamiento–. Y no con un añadido, como «en tal cosa como la ira», sino solo y en sentido absoluto. (Una prueba: también hablamos de hombres «blandos» por referencia a ésta y no por ninguna de aquéllas.) Exactamente por esta razón –porque se relacionan de alguna manera con los mismos placeres y dolores– ponemos en el mismo plano al incontinente y al intemperante y también al continente y al templado, pero no a ninguno de aquéllos. Están en relación con lo mismo, pero no de la misma manera, sino que unos lo eligen y otros no lo eligen. Por eso diríamos que es más intemperante aquel que persigue el exceso de placer y rehúye dolores moderados, no por deseo o débilmente, que quien lo hace por un deseo vehemente. Pues ¿qué haría aquél si tuviera, además, un deseo juvenil y una fuerte pena por la carencia de lo necesario?

Y puesto que entre los deseos y placeres unos lo son de cosas genéricamente honestas y buenas (porque de las cosas placenteras algunas son deseables por naturaleza, otras lo contrario y otras intermedias, tal como antes distinguíamos)[17], como, por ejemplo, el dinero y la ganancia, la victoria y el honor; y puesto que en relación a

---

17. Se refiere a 1147b23 ss., pero aquí la clasificación es más completa.

todos los de esta clase y a los intermedios las gentes no reciben censura por recibirlos, desearlos o amarlos, sino por hacerlo de una cierta forma y excederse... (por ello cuantos contra razón se ven dominados o persiguen lo que es naturalmente honorable y bueno, como los que se afanan por el honor más de lo debido, o por sus hijos y padres, ya que también esto pertenece a las cosas buenas, incluso son elogiados los que se afanan por esto –y, sin embargo, hay un exceso también en ello si alguien, lo mismo que Níobe, rivaliza hasta con los dioses, o como Sátiro el llamado «Philopator» por su padre, ya que parecía entusiasmarse excesivamente–)[18]... pues bien, en éstas no hay maldad alguna por lo dicho, porque cada una pertenece a las cosas naturalmente deseables por sí mismas, mientras que son sus excesos lo que es malo y evitable. Y, de la misma forma, tampoco hay incontinencia en ellas, pues la incontinencia no sólo es evitable, sino que pertenece a las cosas censurables, aunque las gentes, debido a la semejanza entre las afecciones, se refieren a la incontinencia añadiendo «con relación a» cada cosa; lo mismo que llaman «mal médico», o «mal actor» a quien no llamarían «malo» en términos absolutos. Pues bien, lo mismo que en este caso no lo hacemos

1148b

---

18. Níobe, hija de Tántalo y madre de 6 (7 o 10, según las versiones) hijos y otras tantas hijas, se jactaba de ser superior a Letó, que sólo tenía dos. Pero éstos eran Apolo y Ártemis que, con sus flechas, acabaron con la jactancia de Níobe matando a su prole. En cuanto a Sátiro, los comentaristas de Aristóteles hablan de un personaje de este nombre que se suicidó al morir su padre. Como «Filopátor» es un epíteto de algunos reyes helenísticos, algunos han querido ver en él a un personaje real que «invocaba a su padre como dios», traducción que resulta de suprimir del texto la preposición *perí*.

porque la incapacidad de cada uno sea «un vicio», sino por ser semejante analógicamente, así evidentemente hay que suponer que en el caso anterior es sólo incontinencia y continencia la que tiene que ver con lo mismo que la templanza y la intemperancia; pero, en cambio, con relación a la ira hablamos por semejanza. Por eso decimos «incontinente» añadiendo «en la ira», lo mismo que «en el honor y la ganancia».

V. Y puesto que algunas cosas son placenteras por naturaleza y, entre ellas, unas lo son en términos absolutos y otras según las clases tanto de animales como de hombres –otras, en cambio, no lo son sino por causa de taras físicas en unos casos, en otros por costumbre y en otros debido a naturalezas perversas–, es posible observar disposiciones correspondientes a cada uno de estos casos. Me refiero a las que son brutales como, por ejemplo, en el caso de la mujer hombruna que abre en canal a las embarazadas y se come a los niños; o las cosas que dicen gustar a algunos de los salvajes por los alrededores del Ponto: a algunos carne cruda, a otros humana, y que otros se intercambian bebés para banquetearse; o lo que se dice sobre Fálaris[19]. Éstas son propias de animales, pero otras se originan por causa de enfermedades (incluso en algunos por causa de la locura, como el que sacrificó y comió a su madre y el que comió el hígado de su compañero de esclavi-

---

19. Fálaris, tirano de Acragas (Agrigento) a mediados del siglo VI a. C., era conocido por su extrema crueldad. Entre sus prácticas más conocidas estaba la de abrasar vivas a las personas en el interior de un toro de bronce. Pero la expresión que se utiliza aquí es bastante vaga.

tud); y otras, de naturaleza enfermiza, se originan por costumbre, como arrancarse pelos o comerse las uñas –o incluso carbones y tierra–. Añádase a éstas la relación sexual entre varones: a algunos les sobreviene por costumbre, como, por ejemplo, quienes son violados desde niños. Ahora bien, para quienes la causa es la naturaleza, a éstos nadie los llamaría incontinentes, lo mismo que a las mujeres por el hecho de que no penetran sexualmente, sino que son penetradas. E igualmente cuantos están en una condición enfermiza debido al hábito.

Por consiguiente, el poseer cada una de estas condiciones cae fuera de los límites del vicio, lo mismo que la brutalidad. Y es que el dominarlas o dejarse dominar, cuando uno las posee, nada tiene que ver con la incontinencia si no es por semejanza, lo mismo que al que tiene esa conducta en relación con la ira hay que llamarle «incontinente en esa afección», no «incontinente». (De hecho toda insensatez, cobardía, intemperancia y dureza excesivas son casos de brutalidad o enfermedad, pues quien es tal por naturaleza como para temerlo todo, incluso si hace ruido un ratón, es cobarde con la cobardía de un animal, y aquel que temía a una comadreja, lo hacía por enfermedad. También entre los que carecen de razón: unos, que son irracionales por naturaleza y viven sólo con ayuda de la sensación, son como los animales –como algunas razas lejanas de bárbaros– mientras que aquellos que lo son debido a enfermedades, como la epilepsia o la locura, son enfermizos.)

Y es posible tener éstas sólo ocasionalmente, pero no dejarse dominar, por ejemplo, si es cierto que Fálaris contenía sus deseos de comerse a un niño o su extraño placer por el sexo. Pero también es posible dejarse dominar, no sólo tenerlas. En efecto, lo mismo que la maldad referente a los hombres se llama simplemente «vicio», mientras que la otra se dice, con una adición, que es «propia de animales» o «enfermiza», pero no en sentido absoluto, de la misma manera es manifiesto que la incontinencia es, una, propia de animales, y otra, enfermiza; y que sólo la referente a la intemperancia humana se dice tal en sentido absoluto.

Es, pues, evidente que incontinencia y continencia se refieren a lo mismo que la intemperancia y la templanza; y que hay otra clase de intemperancia referente a otras cosas y recibe el nombre metafóricamente y no en sentido absoluto.

VI. Consideremos ahora que la incontinencia en la ira es menos vergonzosa que la de los deseos. Y es que parece que la ira atiende a la razón, aunque la oye mal, lo mismo que los servidores veloces salen corriendo antes de oír todo lo que se les dice, y, por lo tanto, equivocan las órdenes, o los perros ladran cuando alguien simplemente hace un ruido antes de observar si se trata de un amigo. De esta manera la ira, debido al acaloramiento y precipitación de la naturaleza, oye, desde luego, pero no atiende a la orden y se precipita a la venganza. Porque la razón, o la imaginación, han hecho evidente que hay ultraje o menosprecio, y el afectado se encoleriza al punto como si razonara que debe combatir semejante cosa. En cambio el deseo, con tal de que la sensación le indique simplemente que algo es placentero, se precipita a su disfrute. De manera que la ira acompaña a la razón de alguna manera, pero el deseo, no.

1149b

Luego es más vergonzoso: el incontinente en la ira de alguna manera resulta inferior a la razón, mientras que el otro es inferior a su deseo y no a la razón.

Además, es más perdonable seguir los impulsos naturales, puesto que también lo son cuantos deseos de esa clase son comunes a todos, y ello en la medida en que son comunes. Pero la ira y la crueldad son más naturales que los deseos excesivos y que los no necesarios, como es el caso de quien se excusaba por golpear a su padre: «También él –dijo– golpeó al suyo y éste al anterior». Y señalando a su hijito decía: «También éste me golpeará a mí cuando sea un hombre: es algo natural a nuestra familia». Lo mismo el que, mientras era arrastrado por su hijo, le pedía que se detuviera en la puerta, pues también él solía arrastrar a su padre sólo hasta allí.

Además es el caso que los hombres más insidiosos son más injustos. Ahora bien, el irascible no es insidioso –ni tampoco lo es la ira– sino transparente. En cambio sí lo es el deseo, como dicen de Afrodita,

de la urdidora de engaños nacida en Chipre[20].

Y Homero dice de su ceñidor:

La persuasión que arrebata el pensamiento incluso del muy prudente[21].

---

20. Es un verso eolio (pentemímeres más coriambo) que Wilamowitz atribuye a Safo porque la poetisa utiliza el mismo epíteto en su *Himno a Afrodita.* Pero es muy común.
21. *Ilíada* 14. 217.

De manera que, si esta clase de incontinencia es más injusta y vergonzosa que la de la ira, entonces es también la Incontinencia en sentido absoluto y, en cierto sentido, el Vicio.

Además, nadie sufre cuando ultraja –el que ultraja lo hace con placer– mientras que todo el que actúa con ira sufre cuando obra. Por tanto, si son más injustos los actos por los que es más justo indignarse, también lo es la incontinencia debida al deseo, porque no hay ultraje en la ira.

Es evidente, por tanto, que la incontinencia en el deseo es más vergonzosa que en la ira e, igualmente, que tanto la continencia como la incontinencia atañen a los deseos y placeres corporales. Pero habrá que comprender las diferencias entre éstos. Tal como se dijo al principio[22], unos son humanos y naturales tanto en género como en magnitud, mientras que otros son propios de animales –los debidos a taras físicas y enfermedades–. De todos ellos, la templanza y la intemperancia atañen solamente a los primeros, por lo que no llamamos «templados» ni «intemperantes» a los animales si no es metafóricamente y en el caso de que una especie animal supere totalmente a otra por su lascivia, agresividad o voracidad[23]: y es que carecen de elección y razonamiento; simplemente son excepciones de la naturaleza, como los locos entre los hombres. Pero la brutalidad es inferior al vicio, aunque más horrible; pues no se corrompe la parte

---

22. Cf. 1143b15 ss.
23. Probablemente el autor está pensando en asnos, jabalíes y cerdos, respectivamente.

mejor del alma, como en el hombre, sino que carece de ella. Por tanto, es igual que comparar a un inanimado con un ser vivo para ver cuál de ellos es más vicioso: la maldad del que no tiene principios es siempre menos dañina y la razón es un principio. (Es, pues, parecido a comparar la injusticia con un hombre injusto: cada uno es peor en un sentido.) Que un hombre malvado podría hacer mil veces más daño que un *animal* malo.

VII. Sobre los placeres originados en el tacto y el gusto, así como los dolores, deseos y evitaciones con respecto a los que antes se definió tanto a la intemperancia como a la templanza, es posible estar en una disposición como para dejarse dominar por aquellos que la mayoría domina, y es posible dominar aquellos que dominan a la mayoría. Dentro de estas disposiciones, en lo que atañe a los placeres uno es «incontinente» y otro «continente»; en lo que atañe a los dolores uno es «blando» y otro «resistente». Entre medias está la disposición de la mayoría, aunque ésta se inclina más hacia las peores.

Y puesto que algunos placeres son necesarios y otros no, o sólo hasta cierto punto, y tampoco lo son los excesos ni los defectos, igualmente sucede con los deseos y dolores: el que persigue los excesos del placer, o los placeres en exceso, con premeditación, por sí mismos y no por algo diferente que resulte de ellos, es el intemperante. Éste no será necesariamente proclive a arrepentirse, de modo que es incorregible, pues el que no se arrepiente es incorregible. El opuesto es el que se queda corto, y el intermedio, el prudente. Igualmente el que evita los dolores corporales no porque lo dominen, sino por elección. (Entre los que no obran por elección, uno se deja arrastrar por causa del placer y otro por evitar el dolor procedente del deseo. De manera que difieren uno del otro, pero a cualquiera le parecería peor uno que realizara una acción vergonzosa sin, o con escasos, deseos, que si lo hiciera con fuertes deseos; o si golpeara sin irritación que si lo hace irritado: ¿pues qué haría si estuviera apasionado? Por lo que el intemperante es peor que el incontinente.)

En fin, de las disposiciones señaladas una es, más bien, una especie de debilidad; el otro es el intemperante.

Al incontinente se opone el continente y al blando el resistente: y es que resistir consiste en oponerse, pero la continencia consiste en contener o dominar y oponerse y dominar son cosas diferentes. Lo mismo que no dejarse vencer lo es de vencer. Por eso es preferible la continencia a la resistencia. Y el que se queda corto frente a lo que la mayoría resiste con fuerza, éste es el débil y muelle (pues la molicie es una clase de debilidad) –el que arrastra el manto para no sufrir por el esfuerzo de levantarlo–; y el que imita al que está enfermo y no cree que es desdichado cuando se asemeja a un desdichado.

Lo mismo sucede con la continencia y la incontinencia: no es de admirar que uno sea dominado por placeres o dolores fuertes y excesivos –antes bien, es perdonable si lo hace resistiéndose, como el Filoctetes de Teodectes picado por la serpiente o el Cerción de Carcino en la Álope [24]–; o como los que intentan contener la risa y ex-

---

24. De la primera obra sólo conservamos una frase que dice: «¡Cortad mi mano!». De la de Carcino el Joven, sólo el nombre, y por este pasaje de Aristóteles.

plotan de golpe, como le ocurrió a Jenofanto[25]. Pero sí es de admirar que alguien sea dominado y no pueda resistir frente a lo que la mayoría puede, y ello no por la naturaleza de su raza o por enfermedad —como la blandura que tienen los reyes escitas debido a su raza o la diferencia que hay entre lo femenino y lo masculino—. También parece que es intemperante el inclinado a la diversión, pero es blando: en efecto, la diversión es un relajamiento —ya que, en verdad, hay un descanso— y el inclinado a la diversión pertenece a los que se exceden en ésta.

En cambio, propias de la incontinencia son, de un lado, la precipitación y, de otro, la debilidad: los unos, aunque deliberan, no perseveran en aquello que han decidido por causa de la pasión, mientras que los otros se dejan llevar por la pasión por el hecho de no deliberar. Porque es el caso que algunos no se dejan vencer por la pasión —ya sea placentera o dolorosa— porque la presienten o prevén y se despiertan antes a sí mismos o a su raciocinio —lo mismo que aquellos que no sienten cosquillas por haberlas recibido antes—. Son, sobre todo, los hombres resueltos y los nerviosos quienes tienen la incontinencia de la precipitación: los primeros por su prisa y los otros por su vehemencia no esperan a la razón por inclinarse a seguir a su imaginación.

---

25. De Jenofanto («el músico más ilustre de la época» de Demetrio, según Plutarco, *Vida de Demetrio* 53.5) conocemos por Séneca (*Dial.* 4.2.6) una anécdota que parece tener escasa relación con lo que aquí se dice (en ambos casos hay alguien que no puede contener sus impulsos). Según Séneca, Alejandro Magno echó mano a la espada cuando escuchó la música marcial de Jenofanto.

VIII. El intemperante, tal como se ha dicho[26], no es proclive al arrepentimiento (pues se mantiene firme en su elección); en cambio, todo incontinente siente arrepentimiento. Por eso el asunto no es como lo hemos planteado, sino, más bien, que el primero es incorregible y el último corregible. Y es que el vicio se parece a enfermedades como la hidropesía o la tisis, mientras que la incontinencia es semejante a la epilepsia: la una es un mal continuo, la otra no.

En general, incontinencia y vicio son de género diferente: el vicio no se advierte, la incontinencia, sí. Y entre éstos son mejores los que se ponen fuera de sí que los que están en posesión de la recta razón, pero no se atienen a ella: se dejan vencer por una pasión menos intensa y no sin deliberación como los otros. Porque el incontinente es semejante a los que se emborrachan rápidamente y con poco vino, o con menos que la mayoría.

Es, pues, manifiesto que la incontinencia no es vicio –aunque quizá sí en cierto sentido–, pues lo uno se da contra elección y lo otro con elección. Y, pese a todo, es semejante al menos en las acciones –como aquello de Demódoco sobre los de Mileto–:

Los milesios, insensatos
no son, pero obran precisamente como los insensatos[27].

---

26. Cf. 1150a16 ss.
27. Se trata de Demódoco de Leros, poeta epigramático, que manifestaba en sus poemas, de una forma irónica semejante a ésta, la escasa consideración que sentía hacia sus propios paisanos de Leros, los capadocios, los cilicios..., cf. Demódoco en M. L. West, *Iambi et elegi graeci,* vol. II, Oxford, 1972, pp. 56-58.

Tampoco los incontinentes son injustos, pero sí cometen injusticia. Y, dado que uno es de tal índole que persigue –no por estar convencido– placeres corporales excesivos y contra la recta razón, mientras que el otro está convencido precisamente por ser de tal índole como para perseguirlos, aquél es fácil de persuadir y éste no.

Porque la virtud y el vicio, uno destruye, y el otro conserva el principio. Y el principio en las acciones es el *aquello-para-lo-cual*, lo mismo que las hipótesis en Matemáticas: y, claro, ni aquí ni allí es el razonamiento lo que enseña los principios, sino la virtud –natural o adquirida por hábito– de opinar rectamente sobre el principio. Pues bien, templado es uno así, e intemperante el contrario. Pero hay uno que abandona el principio por pasión contra la recta razón, al cual domina la pasión hasta el punto de que no obra conforme a la recta razón, pero no lo domina hasta el punto de ser de tal índole como para estar convencido de que se debe perseguir libremente tales placeres. Éste es el incontinente, que es mejor que el intemperante, pero no es vicioso en términos absolutos, pues queda a salvo su parte mejor, el principio racional. Opuesto a él se encuentra el otro, el que persevera y no lo abandona, al menos por causa de la pasión. Y, claro, resulta evidente por estas razones que una disposición es virtuosa y la otra viciosa.

IX. Ahora bien, ¿acaso es continente aquel que permanece firme en cualquier clase de razón o de elección? ¿O el que lo hace en la recta? ¿Y el incontinente es el que no permanece firme en cualquier clase de elección o de razón? ¿O aquel que no lo hace en la razón verdadera y en la elección verdadera, tal como se planteó antes? ¿O es que el uno permanece firme, y el otro no, en cualquier clase de elección por concurrencia, y, en cambio, en la verdadera elección y en la recta razón lo hace por ellas mismas? Porque si uno elige o persigue esto por causa de esto otro, entonces persigue y elige esto último por ello mismo y lo primero por concurrencia. Y con «por ello mismo» queremos decir «absolutamente». De manera que es posible que uno persevere y otro renuncie a cualquier clase de opinión, pero en términos absolutos lo hacen con relación a la verdadera.

1151b

Hay también algunos que permanecen firmes en su opinión a los que llaman «obstinados» en el sentido de «difíciles de persuadir» y/o «que no cambian fácilmente de creencia». Éstos tienen con el continente la misma semejanza que el pródigo con el liberal y el temerario con el valiente, pero son diferentes en muchos aspectos. Pues el uno cambia por causa de la pasión y el deseo (puesto que será fácil de persuadir, si se tercia). En cambio los otros no lo son por la razón, ya que, desde luego, albergan deseos y muchos se dejan arrastrar por los placeres.

Por otra parte son obstinados tanto los testarudos como los ignorantes y los patanes. Los testarudos lo son en razón del placer y el dolor: en efecto, se alegran por quedar victoriosos en el caso de no dejarse persuadir al cambio, y se afligen si sus opiniones carecen de autoridad, como si fueran decretos. Por ende, se parecen más al incontinente que al continente.

Otros hay que no perseveran en sus decisiones, mas no por incontinencia, como Neoptólemo en el *Filoctetes* de Sófocles: cierto que fue por causa del placer por lo que no perseveró, pero por un placer bueno: para él fue placentero decir la verdad, aunque había sido persuadido a mentir por Odiseo. Y es que no todo el que obra por placer es intemperante, vicioso o incontinente, sino el que lo hace por uno vergonzoso.

Y puesto que también existe alguno que es de tal índole como para gozar de los placeres corporales menos de lo debido, y, en la medida en que es así, no permanece en la recta razón, el continente es intermedio entre este último y el incontinente. Pues el incontinente no permanece firme en la razón por «algo de más» y este otro por «algo de menos». En cambio, el continente permanece firme y no cambia por otra causa. Y, si la continencia es una virtud, las dos disposiciones contrarias tienen que ser viciosas, tal como lo parecen. Pero como la una se manifiesta en pocos y pocas veces, la continencia parece ser el contrario de la incontinencia, como la templanza lo es de la intemperancia.

Mas como muchas cosas se dicen por semejanza, también la continencia del temperante es de tal índole como para no hacer nada contra la razón por causa de los placeres corporales, lo mismo que el hombre templado; pero el uno tiene, y el otro no, deseos malos; y el uno es de tal índole como para no gozar contra la razón, y el otro como para gozar pero no dejarse arrastrar.

1152a

También son semejantes el incontinente y el intemperante porque, de un lado, son diferentes, pero, de otro, ambos persiguen los placeres corporales –aunque el uno creyendo que debe hacerlo y el otro creyendo que no–.

X. Tampoco es posible que un mismo individuo sea prudente e incontinente, pues se ha demostrado[28] que,

---

28. Cf. VI 13 (1144b30 ss.).

en lo que atañe al carácter moral, prudente y virtuoso, van juntos. Además, uno es prudente no sólo por conocer el bien, sino por ser capaz de practicarlo; pero el incontinente no es capaz. (En cuanto al hombre hábil, nada impide que sea incontinente –por eso a veces parece que hay algunos que son prudentes, aunque incontinentes– porque la habilidad difiere de la prudencia de la manera señalada en los primeros tratados[29]: son cercanos en la definición, pero difieren en virtud de la elección.) Y, claro, tampoco el incontinente es como el que conoce y ejercita el conocimiento, sino como el que duerme o está ebrio. Y lo es voluntariamente (pues en cierto sentido es conocedor de lo que hace y del *para-lo-cual),* pero no es malvado, ya que su elección es virtuosa; por lo cual es «semimalvado». Y no es injusto porque no es insidioso: en efecto, entre los incontinentes, el uno no es capaz de permanecer firme en sus resoluciones, mientras que el impulsivo ni siquiera es capaz de deliberar. Conque, claro, el incontinente se parece a un Estado que decreta todo lo que hay que hacer y tiene leyes buenas, pero no se atiene a ellas en absoluto. Como escribió burlón Anaxándrides:

Deliberaba la ciudad a la que nada importan las leyes[30].

El malvado, en cambio, se parece a uno que se atiene a sus leyes, pero leyes malas.

---

29. Cf. VI 12 (1144a23 ss.).
30. Se trata de un poeta de la comedia nueva. Es el *Fr.* 67 de un drama de título desconocido. Aquí me parece que se impone corregir la lectura de los manuscritos: *eboúleue* en vez de *eboúleth'*.

Tanto la incontinencia como la continencia atañen a lo que excede la condición de la mayoría, pues el uno permanece más, y el otro menos, firme que la capacidad de la mayoría.

Por otra parte, entre las clases de incontinencia, la de los impulsivos es más fácil de remediar que la de quienes deliberan pero no permanecen firmes. También son más fáciles de corregir los que son incontinentes por hábito que por naturaleza, pues aquéllos son más fáciles de cambiar que éstos. Incluso el hábito es duro porque se parece a la naturaleza, como dice Eveno:

> Te aseguro, amigo, que el ejercicio es duradero
> y, claro, acaba siendo naturaleza para el hombre[31].

Pues bien, ha quedado señalado qué cosa es la continencia y qué la incontinencia, así como la fortaleza y la debilidad; igualmente qué relación guardan estos hábitos entre sí.

XI. Es propio del estudioso de la Política el cavilar acerca del placer y el dolor: pues él es «constructor» del fin con vistas al cual decimos de cada cosa que es mala o buena en sentido absoluto. Además, dedicar su consideración a este asunto pertenece a lo necesario. En efecto, hemos establecido que tanto la virtud como el vicio morales hacen referencia a los dolores y placeres; y la mayoría afirma que la felicidad va acompañada de placer por lo que, incluso, se ha formado el nombre de «feliz» *(makárion)* a partir de «alegrarse» *(khaírein)*[32].

1152b

---

31. Poeta elegíaco, *Fr. 9,* (cf. M. L. West, *op. cit.,* vol. II, pp. 64-67).
32. Se trata, una vez más, de una falsa etimología.

Ahora bien, (1) a unos les parece que ningún placer es bueno ni por sí mismo ni por concurrencia, pues bien y placer no son lo mismo. (2) A otros les parece que algunos son buenos, pero la mayoría, malos. (3) Un tercer grupo entre éstos cree que, incluso si todos son buenos, no es posible, con todo, que el bien supremo sea el placer.

Pues bien, (1) el placer no es bueno en absoluto, (a) porque todo placer es un proceso sensible de generación hacia la naturaleza y ningún proceso de generación es del mismo género que su fin –por ejemplo, ningún proceso de construcción es del mismo género que una casa–; (b) porque el hombre templado evita los placeres; (c) porque el hombre prudente persigue lo no-doloroso, no lo placentero; (d) porque los placeres son un estorbo para pensar; y cuanto más se goza, mayor estorbo: por ejemplo, en el sexo, pues nadie puede pensar en nada cuando está en ello; (e) porque no hay técnica alguna del placer y, sin embargo, todo bien es obra de la técnica; (f) porque niños y animales persiguen los placeres.

(2) No todos los placeres son buenos, (a) porque los hay también vergonzosos y objeto de reproche; (b) porque los hay dañinos, ya que algunas de las cosas placenteras producen enfermedades.

(3) El placer no es el bien supremo porque no es un fin, sino un proceso de generación.

En fin, éstas son prácticamente las opiniones que se aducen.

XII. Pero de lo que sigue resultará manifiesto que por las razones anteriores no se concluye que no sea bueno o que no sea el bien supremo.

(1) En primer lugar, (a) puesto que lo bueno se dice en dos sentidos (por un lado «en sentido absoluto» y, por otro, «para-alguien») también las naturalezas y las disposiciones seguirán esto, y, por tanto, también los movimientos y los procesos de generación. Conque los que parecen malos, unos serán malos en sentido absoluto, pero no relativamente, sino que serán deseables para este individuo en particular; y algunos ni siquiera para este individuo en particular, sino en ciertas circunstancias y por poco tiempo, pero no realmente deseables. Y otros ni siquiera serán placeres, sino sólo aparentes –cuantos van acompañados de dolor y con vistas a la curación, como los de los enfermos–. (b) Además, puesto que del bien hay, de un lado, actividad, y, de otro, estado, los procesos que nos *reinstalan* en un estado natural son agradables por concurrencia, mientras que la actividad se da en los deseos del estado que ha permanecido natural. Porque también hay placeres ajenos al dolor y al deseo (como, por ejemplo, el de estudiar[33]) sin que la naturaleza tenga carencia alguna. Un indicio de ello es que la gente no goza con lo mismo mientras la naturaleza se está satisfaciendo y cuando ya está satisfecha: cuando ya está satisfecha, la gente goza con las cosas placenteras en

1153a

---

33. El verbo que utiliza Aristóteles es *theoreîn,* que ya he traducido antes por «ejercitar el pensamiento». Naturalmente sus acepciones son varias (así como las de otras palabras de su misma raíz, especialmente el sustantivo *theórema* y el adjetivo *theorikós*) y varias también son las posibilidades de traducción. Pero la de «contemplar, contemplación, contemplativo», que es la más común, parece viciada por sus connotaciones medievales y escolásticas. Por otra parte, «meditar», «meditación», etc., que son más precisos, presentan el mismo problema.

sentido absoluto, mientras que, cuando se está satisfaciendo, lo hace incluso con las opuestas. En efecto, gozan con las cosas agrias y amargas, ninguna de las cuales es placentera por naturaleza ni en sentido absoluto. Por ende, tampoco los placeres: lo mismo que las cosas placenteras difieren entre sí, así también los placeres que de ellas proceden.

Además, (c) no necesariamente tiene que haber algo mejor que el placer, por lo mismo que algunos afirman que el fin es mejor que el proceso. Y es que no todos los placeres son procesos ni acompañan a un proceso, sino que son actividades y fin; ni ocurren cuando estamos en proceso de *convertirnos* en algo, sino cuando *ejercemos* algo; ni hay un fin distinto de ellas en todos los casos, sino en aquellas que conducen a la perfección de nuestra naturaleza.

Por eso no está bien afirmar que «el placer es un proceso perceptible»; más bien hay que decir que es una actividad de nuestro estado natural –y, en vez de «perceptible», hay que decir «no estorbado»–. A algunos les parece que es un proceso porque es bueno en sentido propio, ya que identifican actividad con proceso, pero son cosas diferentes.

(2, b) Decir que los placeres son malos porque algunas cosas placenteras producen enfermedades es lo mismo que decir que algunas cosas saludables son malas para la economía. En un sentido[34], pues, unas y otras son malas, pero no lo son, desde luego, en el otro porque incluso el estudio es nocivo a veces para la salud.

---

34. Es decir, «relativamente».

(1, a) Pero el placer derivado de cada una no estorba ni a la prudencia ni a ninguna otra disposición, sino más bien los ajenos, puesto que aquellos que se derivan del estudio y el aprendizaje fomentan, todavía más, el estudiar y el aprender.

(1, e) Que ningún placer sea obra de la técnica es razonable que ocurra, pues tampoco hay técnica de ninguna otra *actividad,* sino de la *capacidad* para ella. Y ello por más que la perfumería y la culinaria parezca que sean «técnicas» de placer.

(1, b) El que el hombre templado lo evite; (1, c) que el prudente busque una vida carente de dolor; y (1, f) que los niños y animales lo persigan se resuelve todo con el mismo argumento. Puesto que ya se ha dicho[35] en qué sentido los placeres son absolutamente buenos y en qué sentido no todos son buenos, tanto los animales como los niños persiguen estos últimos; igualmente el hombre prudente busca la carencia de dolor con respecto a los siguientes: a los que van acompañados de deseo y dolor, es decir, los corporales (pues éstos son de tal índole) y sus excesos, en virtud de los cuales el intemperante es intemperante. Por eso el hombre templado evita éstos, porque también hay placeres propios del hombre templado.

XIII. Pero es más: se acepta comúnmente que el dolor es un mal y algo a evitar. Pero una clase de dolor es mala en sentido absoluto, mientras que otra lo es porque constituye un impedimento. Ahora bien, aquello que se opone a lo que hay que evitar –y en la medida en que es

1153b

---

35. Cf. *supra,* 1143a22 ss.

algo que hay que evitar y que es malo– es un bien. Luego necesariamente el placer será un bien. La refutación de esto no concluye en el sentido en que lo intentaba Espeusipo –a saber, que lo mismo que lo mayor se opone a lo menor y a lo igual (así el placer se opone al estado natural y al dolor), pues no diría que el placer es esencialmente malo[36]–.

(2) Y nada impide que algún placer sea el bien supremo porque algunos placeres sean malos –lo mismo que con la ciencia porque haya algunas malas–. Por el contrario, suponiendo que hay actividades no estorbadas de cada disposición, si la actividad de todas –o la de una de ellas, siempre que no se vea estorbada– es la felicidad, será necesariamente la más deseable. Pero esto es el placer, de manera que podría ser el caso que una clase de placer sea el bien supremo –aunque la mayoría de los placeres sean malos, si se da el caso, en sentido absoluto–. Precisamente por esta razón todos creen que la vida feliz es placentera y enlazan el placer con la felicidad; razonablemente, porque ninguna actividad estorbada es perfecta, mientras que la felicidad pertenece a las cosas perfectas. Por eso el hombre feliz necesita adicionalmente los bienes corporales, los externos y la fortuna, para no verse estorbado por su causa. (Claro que los que afirman que un hombre torturado en la rueda o caído en grandes infortunios es feliz si es bueno, hablan sin sentido lo quieran o no.) Pero por necesitar adicionalmente la fortuna, algunos opinan que la buena fortuna es idéntica

---

36. Gr. *hóper kakón* es un tecnicismo (lit. 'lo que precisamente es malo').

a la felicidad, aunque no lo es, pues ella misma constituye un estorbo si viene en exceso –e, incluso, puede que ya no sea justo llamarla «buena fortuna»: en efecto, su límite linda con la felicidad–.

También el hecho de que todos, animales y hombres, persigan el placer es un indicio de que, en cierto sentido, él es el bien supremo:

> Ningún rumor perece del todo si muchas gentes...[37].

Pero como ni la naturaleza ni la mejor condición son –ni nos parece a todos que sean– la misma, tampoco persiguen todos el mismo placer –aunque todos, desde luego, lo persiguen–. Sin embargo, posiblemente incluso persiguen no el placer que creen –ni el que dirían– perseguir, sino el mismo, ya que todo alberga por naturaleza algo divino. Con todo, son los placeres corporales los que se han llevado el nombre como herencia, puesto que se han encontrado con ellos más veces y todos participan de ellos. Por tanto creen que éstos son los únicos por ser los únicos que conocen.

También es manifiesto que, si el placer no es bueno y la actividad no es un placer, no será posible que viva placenteramente el hombre feliz, pues ¿para qué iba a necesitarlo si no es bueno? Pero es que, incluso, puede vivir dolorosamente: el dolor no es ni malo ni bueno, si es que no lo es tampoco el placer, y, por tanto, ¿por qué iba a evitarlo? Y, claro, tampoco será más placentera la

---

37. Cf. Hesiodo, *Trabajos* 763, el verso siguiente completa la frase así: «Lo extienden; incluso él es un dios».

vida del hombre virtuoso si tampoco lo son sus actividades.

XIV. Bien. Sobre los placeres corporales hay que examinar en qué sentido dicen que algunos, al menos, son fuertemente deseables —como los buenos, por ejemplo, aunque no aquellos corporales en los que anda metido el intemperante—. ¿Por qué, entonces, van a ser malos los dolores que se les oponen si lo bueno se opone a lo malo? ¿Será que los placeres necesarios son buenos porque lo no-malo es bueno? ¿O son buenos hasta un cierto punto? Pues no hay exceso de placer en aquellos estados y movimientos en los que no hay exceso de lo mejor, y sí en aquellos en que lo hay. Ahora bien, existe un exceso de bienes corporales y el vicioso lo es por perseguir el exceso, no los placeres necesarios: que todo el mundo se complace con la comida, el vino y el sexo, pero en la medida de lo conveniente. En el caso del dolor, sucede lo contrario: el hombre evita no su exceso, sino el dolor en general. Porque el dolor no se opone al exceso de placer, si no es para quien persigue este exceso.

Y, puesto que no sólo hay que decir la verdad, sino también la causa de la falsedad (esto coopera al convencimiento: cuando se hace patente con buenas razones el porqué se muestra como verdadero lo que no es verdadero nos hace confiar más en la verdad), de manera que hay que decir por qué parece que los placeres corporales son más deseables. (1) Pues bien, en primer lugar, claro está, porque expulsan al dolor: los hombres persiguen el placer excesivo y —en general— el somático debido a excesos de dolor como si fueran su remedio. Y remedios fuertes son, por lo cual se los persigue al verlos frente a su contrario. (Aunque, claro, también existe la opinión de que el placer no es bueno por estas dos razones, como se ha dicho[38]: (a) porque algunos son acciones propias de una naturaleza viciosa –ya sea desde el nacimiento, como las de un animal, ya por hábito como las de los viciosos–; (b) porque otros son remedios de un estado de carencia y es mejor *estar* que *llegar a estar;* pero éstos surgen cuando los procesos *se están llevando a cabo,* luego son buenos por concurrencia.)

(2) También son perseguidos, debido a su intensidad, por quienes son incapaces de gozar con otros placeres (incluso hay quienes se crean para sí mismos un estado de sed); y ello, por tanto, no es reprochable cuando son inocuos, pero cuando son perjudiciales es malo. Y es que no tienen otras cosas con las que gozar, y para muchos un estado indiferente es doloroso debido a la naturaleza: el viviente está siempre laborando, como atestiguan los fisiólogos cuando afirman que ver y oír es doloroso –aunque ya estamos acostumbrados, según dicen–. Igualmente, en la juventud las personas están en una condición similar a la de los borrachos, y la juventud es placentera. Pero los de naturaleza impulsiva, en cambio, precisan continuamente de alivio, pues su cuerpo está permanentemente excitado por causa de su temperamento, y se encuentran siempre en estado de intenso apetito. Y su dolor lo expulsa ya sea el placer contrario o, incluso, uno cualquiera con tal de que sea fuerte, por eso son intemperantes y viciosos.

Por otra parte carecen de exceso los placeres a los que no acompañan dolores, y éstos son los placenteros por

---

38. Quizá se refiere a lo dicho en cap. 12 (1152b25 ss.), pero no es exactamente lo mismo.

naturaleza y no por concurrencia. Y llamo «placenteros por concurrencia» a los que actúan como remedio: y es que, como ocurre que se produce el remedio cuando realiza algo la parte que permanece sana, por ello *parece* que es placentero. Mas placenteras por naturaleza son aquellas cosas que determinan la acción de una naturaleza así[39].

Pero en modo alguno es placentero siempre lo mismo debido a que nuestra naturaleza no es simple, sino que siempre hay un segundo elemento (en virtud de lo cual somos perecederos). Y por tanto, cuando uno de ellos está obrando, lo hace contra la naturaleza del otro elemento natural; y cuando están en equilibrio, no parece que aquello que se realiza sea doloroso ni placentero. Porque si es simple la naturaleza de algo, siempre será placentera en grado sumo su propia actividad. Por eso dios goza de un placer único y simple, pues no sólo hay actividad en el movimiento, sino también en el reposo; y el placer reside más en el reposo que en el movimiento.

Pero *el cambio en todas las cosas es lo más dulce* según el poeta[40] debido a una cierta condición perversa. Pues lo mismo que es el malo quien necesita cambio, así la naturaleza que precisa cambio no es ni simple ni buena.

En fin, ya se ha hablado sobre la continencia y la incontinencia, así como acerca del placer y el dolor –qué cosa son cada uno y en qué sentido unos son buenos y otros malos–. Réstanos hablar sobre la amistad.

---

39. Quiere decir: «Las que estimulan la actividad de un hábito o facultad y no las que remedian un estado de carencia».
40. Eurípides, *Orestes* 234.

Libro VIII

I. A continuación correspondería hacer una exposición sobre la amistad[1] puesto que es una virtud o le acompaña la virtud, y, además, es cosa muy necesaria para la vida, pues sin amigos nadie desearía vivir aunque poseyera todos los demás bienes. (a) En efecto, incluso los ricos y los que ostentan magistraturas y posiciones de poder parece que necesitan especialmente amigos, pues ¿cuál es el provecho de tal bienandanza si se les quita el hacer favores, lo cual se ejercita especialmente –y es cosa muy elogiada– para con los amigos? ¿O cómo se vigilaría y guardaría sin amigos, si, cuanto más numerosos son, más segura está ella? (b) Además, en la pobreza y demás in-

1155a

---

1. La palabra griega *philía* tiene un espectro semántico que abarca toda relación que se extiende desde la simple inclinación hacia alguien hasta el amor erótico pasando por las relaciones familiares. No obstante lo traduzco por «amistad» porque no hay en español un término semejante. Véase Introducción.

fortunios se piensa que el único refugio son los amigos. También es una ayuda para los jóvenes con vistas a que no cometan errores, para los ancianos con vistas a su asistencia y a las carencias en su actividad debidas a la debilidad, y para los hombres maduros con vistas a las acciones honrosas –*cuando dos marchan juntos*[2]..., en efecto, dos son más capaces de pensar y actuar–. (c) También parece que se da por naturaleza en el que engendra hacia lo engendrado y en éste hacia aquél no sólo entre los hombres, sino también entre los pájaros y la mayoría de los animales; y entre los de la misma raza entre sí, sobre todo en los hombres, por lo que elogiamos a los que son «humanitarios». Incluso en los viajes puede verse que todo hombre es familiar y amigo del hombre. (d) Parece que la amistad mantiene unidos a los Estados y que los legisladores se afanan más por ésta que por la justicia: en efecto, parece que la concordia tiene una cierta semejanza con la amistad y que aquéllos aspiran más a ésta y tratan de expulsar la disensión por ser el peor enemigo. Además, cuando los hombres son amigos no necesitan de la justicia, mientras que, aun siendo justos, necesitan de la amistad: es más, parece que el carácter más amistoso es propio de los hombres justos.

Pero no sólo es cosa necesaria, sino también buena; elogiamos a los que gustan de tener amigos, y la abundancia de éstos parece que es una de las cosas buenas. Algunos incluso piensan que lo mismo es «hombres buenos» que «hombres amigos».

2. *Ilíada* 10.224.

Sin embargo, se discute no poco sobre la amistad. (a) Unos la suponen una cierta semejanza y dicen que los amigos son semejantes, de donde se afirma que lo semejante va hacia lo semejante —«cuervo con cuervo», y cosas así[3]. Otros, por el contrario, piensan que estos tales son todos «alfareros» unos para con otros[4]. (b) También los hay que se remontan en su investigación acerca del asunto más atrás y de forma más cercana a la naturaleza: Eurípides dice que «la tierra ama la lluvia», cuando está seca, «desea el venerando Cielo, cuando está henchido de agua, caer sobre la Tierra»[5]; Heráclito, que «lo contrario es conveniente y que la mejor armonía procede de las cosas diferentes y que todo se origina por la guerra»[6]. En sentido contrario a éstos, otros poetas, entre ellos Empédocles, opinan que «lo semejante busca lo semejante»[7].

Pues bien, dejemos de lado los planteamientos relativos a la naturaleza[8] (pues no son apropiados a esta investigación) y consideremos, en cambio, cuantos son relativos al hombre y alcanzan a su carácter y afecciones: por ejemplo, si la amistad se da en todos o no es posible que los malos sean amigos; y si hay una sola especie, o más de una, de amistad. Aquellos que creen que hay sólo una

---

3. Son refranes que equivalen en español a «cada oveja con su pareja», etc.
4. Es decir, rivales. Cf. Hesíodo, *Trabajos* 25.
5. *Fr.* 898 Dind.
6. *Fr.* 8.1, 2, 3.
7. No hay un pasaje en que aparezca literalmente esta frase, pero el *Fr.* 62.9 lo expresa con otras palabras.
8. Quiere decir que de la conducta no hay «ciencia», pero sí se pueden estudiar estas afecciones de forma aproximativa.

clase, porque admite más y menos, no asientan su convicción en una prueba suficiente, ya que también hay cosas específicamente diferentes que admiten más y menos. Pero sobre esto se ha tratado antes[9].

II. Quizá quedaría ello claro si se llega a conocer el objeto de la amistad: pues parece obvio que no todo es amado, sino sólo lo «amable», y que esto es o lo bueno o lo placentero o lo útil. Y parecería que es «útil» aquello por lo que se produce algún bien o algún placer, de manera que objeto de amistad son lo bueno y lo placentero como fines. Ahora bien, ¿acaso aman los hombres lo bueno, o lo que es bueno *para ellos* –pues a veces esto no coincide–? Y lo mismo acerca de lo placentero. Parece, desde luego, que cada uno ama lo bueno para él y que lo bueno en sentido absoluto es objeto de amistad, pero para cada uno es lo bueno para cada uno. Aunque cada uno ama no lo que es bueno para él, sino aquello que se lo *parece.* Pero no hay diferencia: admitamos que «amable» es aquello que lo parece. Y, claro, como son tres las cosas por las que los hombres aman, la palabra «amistad» no se aplica al afecto por los seres inanimados, pues no se da correspondencia en el afecto ni deseo por el bien de aquéllos (quizá sería ridículo desearle el bien al vino; si acaso, uno desea que se conserve para tenerlo uno mismo). En cambio, se afirma que al amigo hay que desearle el bien *por él mismo.* Aunque a los que desean el bien en este sentido se los llama «benévolos» cuando no existe nada igual por parte del otro –pues para quienes se corresponden la benevolencia es amistad–. ¿O ha-

---

9. En este tratado no se ha aludido a ello.

brá que añadir «sin que ello pase inadvertido»? Porque hay muchos que sienten benevolencia hacia quienes no han visto, pero dan por supuesto que son buenos o útiles. Y alguno de éstos podría experimentar el mismo sentimiento por aquél, por lo que sienten benevolencia recíproca, mas ¿cómo podría llamarse amigos a quienes ignoran en qué relación se encuentran? Por consiguiente, deben (a) sentir benevolencia y desearse el bien mutuamente, (b) sin que les pase inadvertido, y ello (c) por una de las causas aducidas.

1156a

III. Pero estos sentimientos difieren específicamente entre sí; luego también los afectos y las amistades. Y, claro, son tres las especies de amistad, iguales en número a los tres objetos de amistad; en efecto, en cada una hay una correspondencia de afecto no inadvertida, y los que se aman uno a otro se desean mutuamente el bien en relación con aquello por lo que se aman. De manera que los que se aman por utilidad no se aman por ellos mismos, sino en la medida en que se les origina mutuamente un bien. Igualmente los que se aman por placer. No se ama a los ingeniosos por ser de una índole determinada, sino porque a uno le resultan placenteros. Luego los que aman por utilidad o por placer lo hacen por su propio bien o su propio placer; y no por otra persona en tanto que objeto de amistad, sino en tanto que útil o placentero. Por consiguiente, estas amistades lo son por concurrencia –ya que uno no es amado por ser tal como es la persona amada, sino unos, porque proporcionan un bien, y otros, placer–. Y, claro, son fáciles de romperse cuando las propias partes no permanecen las mismas: dejan de amar cuando ya no son placenteros o útiles. Y lo útil no permanece igual, sino que cada vez es de una forma. Por ende, cuando se deshace aquello por lo que eran amigos, se deshace también la amistad, ya que existía con vistas a aquello. Parece que esta clase de amistad se da sobre todo en los ancianos (los de esa edad no persiguen el placer, sino el provecho), y, entre los hombres maduros y los jóvenes, en cuantos persiguen aquello que les conviene. Los que son así tampoco conviven en absoluto, pues, en ocasiones, ni siquiera se resultan agradables. Y entonces no necesitan tal clase de trato, a menos que les sirva de provecho: son agradables sólo en la medida en que tienen la esperanza de un bien. Entre estas amistades se sitúa la relación de hospitalidad con los extranjeros.

La amistad de los jóvenes parece que se debe al placer, pues viven en la pasión y persiguen sobre todo aquello que les resulta placentero y lo que tienen delante –aunque cuando cambia su edad, también les resultan placenteras otras cosas–. Por eso se hacen amigos, y dejan de serlo, rápidamente, pues su amistad cambia con lo placentero y el cambio de esta clase de placer es rápido. Los jóvenes son también inclinados al amor pasional, pues la mayor parte de la amistad erótica se da por pasión y placer, por lo que se enamoran y desenamoran con rapidez, cambiando varias veces en el mismo día. Éstos desean pasar el día juntos y convivir, pues el sentimiento de amistad se produce en ellos de esta manera.

Perfecta, sin embargo, es la amistad de los buenos y semejantes en virtud, pues éstos se desean mutuamente el bien por igual, en tanto que buenos; y son buenos por sí mismos. Son amigos sobre todo aquellos que desean el bien de sus amigos *por ellos,* pues tienen esa condición por sí mismos y no por concurrencia. Por consiguiente, su amistad perdura mientras son buenos, y la virtud es perdurable. Además, cada uno de ellos es bueno en sentido absoluto y para su amigo, pues los buenos son buenos absolutamente y son recíprocamente beneficiosos. Igualmente son agradables, pues los que son absolutamente buenos también son recíprocamente agradables: para cada cual son placenteras sus propias acciones y las similares; y las de los buenos son idénticas o semejantes. Con razón es perdurable una amistad de esta clase, pues reúne en sí misma todo lo que tiene que darse en los amigos. Porque toda amistad se da por causa del bien o del placer, ya sea absolutamente o para el que ama, y en virtud de una cierta similitud[10], y en ésta se dan por sí mismos todos los requisitos señalados, pues en ella son «semejantes», etcétera. También es el caso que lo absolutamente bueno es absolutamente placentero; y estas cosas son los principales objetos de amistad; luego, tanto el amar como la amistad se dan, sobre todo, en éstas y es la mejor.

Pero es lógico que tales amistades sean escasas, pues los hombres de esa índole son pocos. Además se necesita tiempo e intimidad pues, según el proverbio, «no es posible conocerse uno a otro antes de consumir juntos la cantidad señalada de sal»[11]; tampoco es posible aceptarse ni ser amigos antes de que cada uno le parezca objeto

---

10. No es seguro si hay que entender «similitud» como la que hay entre amigos o entre esta amistad utilitaria y de placer y la verdadera.
11. En la *EE* 1238a2 se habla concretamente de un medimno (52 litros-kilos y medio).

de afecto al otro y confíe en él. Los que se dan signos de amistad recíproca desean ser amigos, pero no lo son si no son objeto de afecto, y, además, lo saben. Pues el deseo de amistad es rápido, pero la amistad no.

IV. Por consiguiente ésta es perfecta tanto en lo que se refiere a la duración, como a los demás requisitos; además, en todos los sentidos cada uno de los dos recibe del otro lo mismo o parecido –como debe ser entre amigos–.

1157a La amistad por placer tiene similitud con ésta, pues también los buenos son agradables uno para otro; e igualmente la que se debe a la utilidad: los amigos son tales entre sí. En estos casos las amistades son más duraderas cuando de uno y otro se deriva lo mismo, como, por ejemplo, placer; y no sólo eso, sino también a partir de lo mismo, como entre los ingeniosos y no como entre un amante y un amado. Pues éstos no gozan con lo mismo, sino, el uno, mirando al otro, y el otro, atendido por el amante. Mas cuando la lozanía cesa, a veces también la amistad toca a su fin (pues para uno el aspecto ya no es placentero y el otro no recibe atenciones). Pero, a su vez, muchas perduran si llegan a amar sus caracteres como consecuencia del trato asiduo, si son de caracteres semejantes. Pero otros no ofrecen placer a cambio, sino utilidad en las relaciones eróticas; así que son menos amigos y duran menos.

Por otra parte los que son amigos por mor de la utilidad se separan al mismo tiempo que aquello que les interesa, pues no eran amigos uno del otro, sino del interés.

Como consecuencia, en razón del placer y de la utilidad pueden ser amigos entre sí los malos; también los buenos pueden serlo de los malos y el que no es lo uno ni lo otro puede serlo de uno de cualquier clase. Pero por sí mismos es evidente que sólo lo son los buenos. Y es que los malos no gozan por sí mismos si no se deriva algún provecho. También es el caso que sólo la amistad de los buenos es ajena a la calumnia, porque no es fácil dar crédito a nadie en relación con quien ha sido probado por uno mismo durante largo tiempo; y en ellos se da la confianza, el que nunca se causarían injuria y todos los otros rasgos que se exigen en la verdadera amistad. En cambio, en las otras clases nada impide que sucedan tales cosas.

Y puesto que la gente llama «amigos» tanto a quienes lo son por utilidad, como los Estados (pues es patente que las alianzas entre Estados se deben a la conveniencia), como a quienes se aman mutuamente por placer, como los niños, quizá también nosotros debemos llamar amigos a los de esa clase y admitir que hay más de un género de amistad: en sentido primario y propio la de los buenos en tanto que buenos, y las demás por semejanza. Porque en la medida en que hay algo bueno y semejante, en esa medida hay amigos: también lo placentero es bueno para los amantes del placer. Sin embargo, estas dos clases no se suelen combinar del todo, ni las mismas personas se hacen amigos por la utilidad y por el placer, pues lo que es concurrente no suele combinarse en absoluto.

Una vez dividida la amistad en estas especies, los malos serán amigos por placer o utilidad, puesto que son semejantes en este aspecto, mientras que los buenos lo son por ellos mismos, pues lo son en tanto que buenos.

1157b

Por consiguiente, éstos son amigos en sentido absoluto y aquéllos por concurrencia y por semejanza con éstos.

V. Lo mismo que, en el caso de las virtudes, unos reciben el nombre de «buenos» por la disposición y otros por el ejercicio, así también en la amistad: los que tienen trato se complacen mutuamente y se proporcionan cosas buenas, y los que están dormidos o separados geográficamente no están activos, pero poseen una condición como para actuar amistosamente. La distancia no destruye la amistad en general, sino su ejercicio; pero si la ausencia se hace larga, parece que también pone olvido a la amistad. Por eso se ha dicho

muchas amistades ha deshecho la falta de trato[12].

De otra parte, ni los ancianos ni los antipáticos son capaces de amistad, pues en ellos es escaso lo agradable y nadie puede vivir con una persona molesta o desagradable: es evidente que la naturaleza rehúye, sobre todo, lo molesto y aspira a lo placentero. Los que se aceptan mutuamente, pero no tienen trato, más parecen tenerse querencia que amistad. Porque nada es tan propio de amigos como el tener trato: los necesitados buscan beneficiarse, pero incluso los afortunados quieren compañía –es a éstos a quienes menos les cuadra la soledad–. Pero no es posible llevar bien la convivencia, si no son agradables y no disfrutan con las mismas cosas. Esto es lo que parece tener la camaradería. La amistad, pues, por exce-

---

12. Hexámetro de origen desconocido, aunque es probable que proceda de la lírica arcaica.

lencia es la de los hombres buenos como se ha dicho muchas veces: parece que objeto de amor y de elección es lo absolutamente bueno y agradable, y para cada uno lo que es tal para él: y el bueno es ambas cosas para el bueno.

El «gustar»[13] parece que es una afección y la amistad una disposición, pues el afecto se da en no menor grado hacia los inanimados, mientras que la amistad recíproca acompaña a la elección y la elección depende de una disposición. Igualmente, a quienes se ama se les desea el bien por ellos mismos, no siguiendo una afección, sino una disposición. Y cuando se ama al amigo, se ama lo bueno para uno mismo, pues si el hombre bueno se convierte en amigo, se convierte en un bien para aquel de quien es amigo. Por consiguiente, cada uno de los dos ama lo que es bueno para sí y devuelve una parte igual tanto por su voluntad como por placer. Se suele decir «amistad es igualdad», y ello se da, sobre todo, en la de los hombres buenos.

VI. En los antipáticos y los ancianos la amistad se da en menor medida, por cuanto son más difíciles para el trato y disfrutan menos con la compañía: y ésta parece que es, sobre todo, propia de la amistad y creadora de amistad. Por eso los jóvenes hacen amistad rápidamente y los ancianos, no, pues uno no se hace amigo de quien no le agrada. Lo mismo los antipáticos. Pero éstos pue-

1158a

---

13. Aristóteles crea el sustantivo *phílesis* para designar esta clase de «inclinación», pero en español no hay un sustantivo suficientemente adecuado; y ni siquiera distinguimos el «gustar» referido a una persona o a una cosa.

den sentir atracción mutua, pues se desean el bien y se asisten en las necesidades. Sin embargo, no son amigos en absoluto porque ni pasan juntos el tiempo ni se placen mutuamente, lo cual, claro está, parece más propio de la amistad.

Por otra parte, no es posible ser amigo de muchos con la amistad perfecta, lo mismo que no se puede estar enamorado de muchos (pues ello es, como si dijéramos, un exceso, y algo así se da naturalmente con uno sólo).

Tampoco es fácil que le complazcan muchos a la vez, e incluso puede que ni siquiera sean buenos para él. Es precio, además, adquirir un buen conocimiento del otro y mantener intimidad, lo cual es muy difícil. Pero, en cambio, es posible que a uno le agraden muchos por la utilidad y el placer, pues hay muchos de esta naturaleza y sus servicios se prestan en poco tiempo.

Dentro de estas clases, parece que es más amistad la debida al placer, cuando se producen las mismas prestaciones por ambas partes y se complacen mutuamente o con las mismas cosas. Tales son las amistades de los jóvenes, pues en ellas hay más generosidad, mientras que la de utilidad es propia de mercaderes. Los afortunados no precisan de la utilidad, pero sí del placer: desean tener trato con algunos, pero soportan lo desagradable por poco tiempo –nadie soportaría continuamente ni siquiera al propio bien, si le resultara fastidioso[14]–. Por eso buscan amigos agradables, pero quizá éstos debían ser también buenos, y, lo que es más, buenos *para ellos,* pues

---

14. Es una afirmación muy llamativa para quien, como Aristóteles, fue ferviente creyente en la teoría de las Ideas platónicas.

de este modo se darán en ellos todos los requisitos de los amigos. Pero los poderosos parece que se sirven de los amigos por separado: unos les son útiles y otros agradables, pero de ninguna manera son ambas cosas los mismos, porque no buscan a los que son agradables en unión de la virtud, ni a los útiles para lo bueno, sino a unos que sean ingeniosos porque buscan lo placentero, y a otros que sean capaces de hacer lo que se les ordene. Y ya se ha dicho que sólo el virtuoso es agradable y útil a la vez, pero un hombre así no se hace amigo de quien le supera, a menos que le supere también en virtud; en caso contrario, al ser superado, no es capaz de una igualdad proporcional. Pero no suele haber en absoluto hombres así.

En suma: las clases de amistad señaladas se dan en igualdad, pues de ambas partes se originan idénticas prestaciones y se las desean una a la otra –o bien hay intercambio de una cosa por otra, como placer por beneficio–. Ya ha quedado dicho que estas clases de amistad son inferiores y duran menos; aunque parece que son, y no son, amistades en virtud de su semejanza, y desemejanza, respecto de lo mismo: en efecto, por semejanza con aquella que se basa en la virtud parecen amistades, porque la una contiene placer y la otra utilidad, y éstas se dan en la amistad. Pero por el hecho de que la primera es ajena a la calumnia y duradera, mientras que éstas cambian rápidamente (y porque se diferencian en muchos otros rasgos), no parece que sean amistades por su desemejanza con aquélla.

VII. Diferente es la clase de amistad que se basa en la superioridad, como, por ejemplo, del padre para con el

1158b

hijo –y, en general, del mayor con el más joven–, así como del marido con la mujer y de todo el que gobierna con el gobernado. Pero también existen diferencias entre éstas: pues no es la misma la de los padres con los hijos que la de los gobernantes con los gobernados; pero tampoco es igual la del padre con el hijo que la del hijo con el padre, ni la del marido con la esposa que la de la esposa con el marido. Porque son distintas la virtud y función de cada uno de ellos, y diferentes también las cosas por las cuales aman: en efecto, tanto sus afectos como sus amistades son diferentes. Y, claro, no se producen (ni hay que buscar) las mismas prestaciones para uno de parte del otro. Pero cuando los hijos proporcionan a sus padres lo que deben, y los padres a sus hijos lo que se debe a la prole, la amistad entre éstos será duradera y buena. En todas estas amistades basadas en la superioridad, también el afecto debe ser proporcional. Por ejemplo, el mejor debe recibir más amor del que dispensa, e igualmente el que más beneficios presta. Y es que, cuando el afecto se da conforme al mérito, entonces se produce, de alguna manera, igualdad, lo cual parece, claro está, propio de la amistad.

Pero no parece que la igualdad sea la misma en la justicia que en la amistad. En la justicia, «igual» significa, primariamente, «acorde con el mérito», y secundariamente «de igual cantidad», mientras que en la amistad «de igual cantidad» es primario y «acorde con el mérito» secundario. Ello es evidente cuando hay una gran distancia en virtud y vicio, o en riqueza o alguna otra cosa: no es que ya no sean amigos, sino que ni siquiera lo consideran posible. Esto resulta especialmente patente en el caso de los dioses, pues ellos nos superan en toda clase de bienes. Pero también lo es en el caso de los reyes: quienes son mucho más menesterosos no pretenden ser amigos de éstos; ni tampoco de los más excelentes y sabios quienes no tienen merecimiento alguno. Ahora bien, en tales casos no existe un límite preciso –hasta qué punto son amigos– pues incluso cuando se pierde mucho, todavía suele permanecer la amistad; pero ya no, si la separación es muy grande como en el caso de dios. Por lo que uno duda que los amigos deseen para sus amigos los mayores bienes –como el que sean dioses–. Porque entonces ya no tendrán amigos, ni, claro está, bienes, porque los amigos son bienes. Pero si está bien dicho que el amigo desea el bien a su amigo *por él,* éste debería permanecer tal como es: entonces le deseará los mayores bienes mientras siga siendo hombre. Aunque quizá no todos; que cada cual desea los bienes, antes que nada, para sí mismo.

1159a

VIII. La mayoría parece que prefiere, por presunción, ser amado antes que amar. Por eso la mayoría gusta de los aduladores, pues el adulador es un amigo que está en inferioridad, o que finge ser tal y preferir amar a ser amado. Pero el hecho de ser amado parece cosa cercana al recibir honores, que es, precisamente, a lo que aspira la mayoría. Aunque no parece que estimen el honor por él mismo, sino por concurrencia: la mayoría gusta de recibir honores de manos de quienes ostentan el poder, debido a la esperanza: creen que van a obtener de ellos cualquier cosa que necesiten. Y, claro, les complace el honor como un signo de bienandanza. En cambio, aquellos que buscan ser honrados por los buenos y sabios aspiran a afianzar la propia opinión de sí mismos. Y, claro, les place, porque se reafirman en la creencia de que son buenos debido al juicio de quienes así lo dicen. En cambio, les place ser amados por el propio hecho de serlo: de ahí que parezca que es superior a recibir honores y que la amistad es preferible por sí misma.

Pero parece que ésta consiste más en amar que en ser amado: la prueba es que las madres se complacen en amar. Algunas entregan sus hijos a otra para su crianza y los aman conociéndolos bien, aunque no buscan ser amadas a su vez, si no son posibles ambas cosas, sino que parece bastarle el ver que van bien –y ellas los aman, aunque ellos, debido a que no las conocen, no les devuelven nada de lo que corresponde a una madre–. Dado que la amistad reside, más bien, en amar –y que elogiamos a los que aman a sus amigos– parece que el amar es la virtud de los amigos, de manera que en aquellos en los que se da conforme al mérito, éstos son amigos duraderos lo mismo que su amistad.

1159b Por otra parte, aquellos que son desiguales serían amigos precisamente de esta manera[15], porque alcanzarían la igualdad. Pero la «amigabilidad» consiste en igualdad y semejanza –y sobre todo en la igualdad de los virtuosos, pues, siendo perseverantes por sí mismos, también perseveran unos con otros y ni necesitan a los viciosos ni prestan servicios de esa índole, sino que, por así decirlo, los impiden–. Pues es propio de los hombres buenos el no errar ni permitírselo a los amigos. En cambio, los malos carecen de firmeza, pues ni siquiera perseveran en ser

---

15. Es decir, «devolviendo afecto en proporción a lo merecido».

iguales a sí mismos; pero son amigos por un corto tiempo complaciéndose recíprocamente en su maldad. Los hombres útiles y los agradables perseveran más tiempo –mientras se proporcionan placeres o beneficios mutuos–. La amistad debida a la utilidad parece que es la que surge mayormente a partir de los contrarios, como, por ejemplo, la de un pobre con un rico o de un ignorante con un sabio. Porque, si se da el caso que uno carece de algo, por deseo de ello entrega otra cosa a cambio. A esta clase podría traerse al amante y al amado, o al bello y al feo. Por esto parecen también, a veces, ridículos los amantes, porque exigen ser amados por el hecho de que ellos aman. Es posible, claro, que deban exigirlo si ellos tienen igualmente algo digno de amar, pero es ridículo si no tienen nada que sea tal.

Sin embargo, puede que no sea el caso que lo contrario tiende a lo contrario *por sí,* sino por concurrencia, y que la tendencia es al medio (pues éste es el bien): por ejemplo, la tendencia de lo seco no es a convertirse en húmedo, sino a alcanzar el término medio –e igualmente la de lo caliente y lo demás–. En fin, quede esto al margen, pues es un tanto ajeno al asunto.

IX. Tal como ha quedado señalado al comienzo[16], parece que amistad y justicia conciernen a las mismas cosas y se dan en los mismos sujetos. En toda asociación hay una parte de justicia y, también, amistad. En efecto, las gentes se dirigen como amigos a los «compañeros de navegación», a los «compañeros del ejército», e igual en las demás asociaciones. Pero hay amistad sólo en la medida

---

16. Véase *supra,* 1155a 22 ss.

en que están asociados; pues también en esa medida hay justicia. También el proverbio «son comunes los bienes de los amigos» es correcto, pues en la asociación se da la amistad. Y comunes son todos los bienes para hermanos y camaradas; igualmente, otros tienen en común determinados bienes –unos más y otros menos– pues también, dentro de las amistades, unas lo son más y otras menos. También son diferentes las relaciones de justicia: no son las mismas para padres e hijos que para hermanos entre sí –ni para camaradas y conciudadanos– e igual en las demás clases de amistad. Y, claro, también son diferentes las injusticias para con cada uno de estos grupos, y se acrecientan por el hecho de ser, más bien, para con amigos: por ejemplo, privar de dinero a un compañero es peor que hacérselo a un conciudadano, y no prestar ayuda a un hermano, peor que a un extraño, o propinar un puñetazo a un padre, peor que a cualquier otro. También con la amistad se acrecientan naturalmente las relaciones de justicia, puesto que se dan en los mismos y alcanzan un ámbito igual.

1160a

Las asociaciones parece que son, todas, como partes de la asociación política: los mercaderes se asocian en sus viajes por un interés común, a saber, procurarse alguno de los bienes para la existencia. También la asociación política parece que se formó desde el principio, y se mantiene, con vistas a lo conveniente: a esto apuntan los legisladores y se afirma que «justicia» es «lo que conviene a la comunidad». De manera que las otras asociaciones aspiran parcialmente a lo conveniente: por ejemplo, los navegantes a lo que hay de conveniente en la navegación con vistas a ganar dinero o algo así; los compañeros de milicia a lo de la guerra, ya sea porque busquen dinero o la victoria o una ciudad; e igualmente los compañeros de tribu y demos[17], tanto realizando sacrificios y festejos para éstos como rindiendo culto a los dioses y proporcionándose a sí mismos momentos de descanso acompañado de placer. Pues parece que los antiguos sacrificios y festejos se realizaban tras la cosecha de los frutos en concepto de primicias: era en estas ocasiones cuando más holgaban. Pero, en fin, parece evidente que todas las asociaciones son partes de la asociación política y que son tales clases de amistad las que corresponden a tales clases de asociación.

X. Hay tres clases de constitución y el mismo número de desviaciones –como si dijéramos corrupciones– de éstas. Las clases de constitución son, de un lado, la monarquía y la aristocracia, y, en tercer lugar, la que se basa en la valoración de la propiedad, a la cual parece apropiado llamar «timocrática», aunque la mayoría acostumbra a llamarla *politeía*[18]. De éstas, la mejor es la monarquía y la peor la timocracia. La perversión de la monarquía es la tiranía: ambas son gobiernos unipersonales, pero difieren muy mucho, ya que el tirano mira lo que le conviene a él, y el rey, en cambio, lo que conviene a los súbditos.

1160b

---

17. Los manuscritos presentan un largo período que constituye una intrusión intolerable en el texto porque interrumpe el hilo lógico y gramatical. Dice así: «Algunas de las asociaciones parece que surgen por causa del placer, como las de comparsas y peñas, pues éstas tienen por objeto el banquete sacrificial y la compañía; pero todas ellas parece que están por debajo de la asociación política, ya que ésta no tiende a la conveniencia inmediata, sino para toda la vida».

18. En realidad es el nombre genérico para «constitución» o «régimen».

Porque no es rey el que no es autosuficiente y superior en toda clase de bienes; y un hombre tal no necesita nada y, por tanto, no buscaría lo que es beneficioso para sí, sino para sus súbditos: el que no fuera de esta clase sería una especie de rey «por sorteo»[19]. Pero la tiranía se le opone radicalmente en esto, pues el tirano busca su propio bien. Y en el caso de ésta se ve muy claro que es la peor, pues lo contrario de lo mejor es lo peor. Hay un tránsito de la monarquía a la tiranía porque la tiranía es una forma mala de monarquía, y, claro, el rey envilecido se convierte en tirano. Por otra parte, desde la aristocracia se pasa a la oligarquía por la maldad de los gobernantes, los cuales asignan los bienes del Estado contra el mérito: para sí mismos, todos o la mayor parte de los bienes; y las magistraturas siempre a los mismos, poniendo por encima de todo el enriquecimiento. Con lo que gobiernan unos pocos y malos, en vez de los más capacitados. Y, en fin, de la timocracia se pasa a la democracia porque son contiguas: en efecto, también la timocracia pretende pertenecer a la multitud y todos los propietarios son iguales. Pero la democracia es la menos mala, pues pervierte en pequeña medida la especie *politeía*. Por consiguiente, las constituciones cambian sobre todo de la manera señalada, pues así el cambio es mínimo y muy fácil.

Manifestaciones similares, y como ejemplos de éstas, podrían encontrarse también en las familias. Porque la asociación de un padre con los hijos es una forma de monarquía –el padre se ocupa de los hijos–. Por eso ya Ho-

---

19. Se está refiriendo al arconte *basileús,* elegido por sorteo, que tenía funciones religiosas en el Estado ateniense y presidía el Areópago.

mero llama «padre» a Zeus[20], pues la monarquía pretende ser un gobierno patriarcal; aunque entre los persas el gobierno paterno es tiránico porque tratan a los hijos como esclavos. Tiránico es también el del dueño hacia los esclavos, pues en éste se consigue el interés del dueño. Éste, por tanto, parece recto, mientras que el persa es erróneo, pues los gobiernos sobre personas diferentes son diferentes. El de marido y mujer parece que sea aristocrático, pues el marido gobierna de acuerdo con el mérito y en aquello en que debe gobernar el marido; que cuanto se adecua a una esposa, a ésta se lo encomienda. Pero si el marido lo gobierna todo, tórnase en una oligarquía, pues lo hace contra el mérito y no en la medida en que uno es superior. Algunas veces gobiernan las esposas si son herederas, por tanto la gobernación no se hace según la virtud, sino según la riqueza y el poder, como en las oligarquías. El que hay entre hermanos se asemeja al timocrático, pues son iguales, excepto en la medida en que se diferencian por la edad: por eso, si se diferencian mucho en la edad, la amistad ya no es como de hermanos. La democracia se da, sobre todo, en las familias en que no hay dueño (pues ahí todos están en igual condición), y también se da en las que el gobernante es débil y cada uno tiene libertad completa.

1161a

XI. En cada una de las constituciones se manifiesta la amistad en la misma medida que la justicia: la del rey con sus súbditos se manifiesta en la superioridad para conceder bienes: pues hace bien a sus súbditos, si, siendo bue-

---

20. La fórmula, muy común, es *patèr andrôn te theôn te* 'padre de hombres y dioses', cf. *Ilíada* 1.554, etc.

no, se preocupa de ellos para que tengan bienestar. Por eso Homero llamó a Agamenón «pastor de su pueblo»[21]. También es de esta clase la del padre (aunque se diferencia en la magnitud de sus beneficios, pues es causante de la existencia que parece el mayor bien, así como de su crianza y educación: también a nuestros mayores les atribuimos esto mismo). Por naturaleza el padre tiene la capacidad de gobernar a sus hijos, los mayores a sus descendientes y el rey a los súbditos. Y estas amistades se basan en la superioridad, por lo que también se honra a los padres. Y, claro, también en estas relaciones la justicia no es la misma, sino conforme al mérito, pues así es igualmente la amistad. La amistad entre marido y esposa es la misma que en la aristocracia pues se da conforme a la virtud: se da más al mejor –y a cada uno lo que le corresponde–. Y la justicia de la misma manera. La de los hermanos se parece a la de los compañeros pues son iguales y de la misma edad, y los de esta clase tienen pasiones y caracteres semejantes por lo común. A ésta también se parece la que hay en la timocracia, pues los ciudadanos quieren ser iguales y capacitados para mandar, desde luego, por turno y en igualdad de condiciones. Así es, pues, también en la amistad.

Por otra parte en las constituciones corruptas, lo mismo que la justicia se ve aminorada, así también la amistad; pero no existe, en absoluto, en la peor: en la tiranía no hay ninguna amistad –o es escasa–. Porque en las condiciones en que no tienen nada en común el gober-

---

21. Gr. *poiména laôn,* cf. *Ilíada* 1.263 (y otras 27 veces entre *Ilíada* y *Odisea*).

nante y el gobernado, tampoco tienen amistad. Tampoco justicia, sino que sucede como entre un artesano y su herramienta, o el alma y el cuerpo (y el dueño con el esclavo): todos ellos se ven beneficiados por quienes los utilizan, pero no hay amistad ni justicia para con los inanimados. Ni para con un caballo o un buey, ni con un esclavo en tanto que esclavo, pues no tienen nada en común: el esclavo es una herramienta dotada de vida, y la herramienta un esclavo sin vida. Por ende, en tanto que esclavo no es posible la amistad con él, pero sí en tanto que hombre. Y es que parece que todo hombre tiene alguna relación de justicia con todo aquel que es capaz de participar de la ley y la convención; y, por tanto, de amistad en la medida en que es hombre. Ahora que en las tiranías la amistad y la justicia se aminoran, mientras que en las democracias se agrandan, pues es mucho lo que tienen en común los que son iguales.

1161b

XII. Toda amistad, pues, tal como se ha dicho, se da en asociación. Pero podrían dejarse aparte la de compañerismo y la de familia, mientras que las de conciudadanos, las de compañeros de tribu y de comercio marítimo –y todas las de esta clase– parece que son más asociativas, pues se ve claramente que residen en un cierto acuerdo. Entre ellas podría situarse también la de hospitalidad con extranjeros[22].

Además: la relación de amistad entre parientes parece que encierra varias clases y que se deriva toda ella de la

---

22. Es la antigua institución de la *xenía*. Pero no parece que éste sea un lugar apropiado para aludir a ella, por lo que esta última frase ha sido objeto de sospecha y algunos editores la eliminan.

paterna. Porque los padres aman a sus hijos como algo propio y los hijos a los padres como quien existe por ellos. Y los padres conocen a sus retoños mejor que quienes han sido engendrados saben que proceden de aquéllos. Aquello de lo que se origina algo está más unido a lo engendrado que lo que nace a su creador, pues lo originado pertenece a lo originante como un diente o el pelo, o cualquier cosa, a quien lo tiene; pero, en cambio, a esto no pertenece –o pertenece menos– lo originante. También en lo que se refiere a la duración, pues los unos aman inmediatamente a los que han nacido, mientras que los otros aman a sus padres según avanza el tiempo, cuando cobran uso de razón y percepción. De esto resulta claro, también, por qué razones aman más las madres.

En suma, los padres aman a sus hijos como a sí mismos (pues los nacidos son como un «yo» diferente por estar separados), los hijos a los padres como nacidos de ellos y los hermanos entre sí por haber nacido de los mismos, pues la identificación mutua con aquéllos los identifica a ellos. Por ello hablan de «idéntico en sangre y raíces» y cosas por el estilo; y, ciertamente, son lo mismo de alguna manera incluso en cuerpos separados.

Para la amistad son importantes la educación común y lo relativo a la edad: «el de una edad al de su edad» y «los que se frecuentan son compañeros», por lo que la amistad entre hermanos se asemeja a la de los compañeros. Los primos y demás parientes tienen familiaridad, según esto, por el hecho de que proceden del mismo origen; y unos son más próximos y otros más extraños según sea la cercanía o lejanía del primer ancestro.

Por otra parte los hijos tienen amor hacia sus padres y los hombres hacia los dioses como hacia lo que es bueno y superior, pues ellos han hecho lo más importante: son causantes de su ser y crianza, y, una vez nacidos, de que sean educados. Contiene más agrado y utilidad una amistad de esta clase que entre extraños, por cuanto llevan la vida más en común.

En la amistad fraterna hay los mismos rasgos que en la de compañerismo, especialmente entre los hombres buenos, y, en general, entre los semejantes, por cuanto son más afines y se aman desde el nacimiento; y también por cuanto son más semejantes de carácter los que tienen un mismo origen y han compartido crianza y han sido educados de una manera semejante. También es muy importante y firme la prueba del tiempo. En el resto de los parientes los lazos de amistad son proporcionales. Entre marido y mujer parece que haya amistad por naturaleza, pues el hombre es por naturaleza más inclinado a emparejarse que político, por cuanto la casa es anterior y más necesaria que la ciudad; y la procreación es una tendencia más común entre los animales. Ahora bien, para los demás animales la asociación sólo alcanza a esto, mientras que los hombres no sólo conviven con vistas a la procreación, sino para las demás circunstancias de la vida. Porque desde el principio están divididos los trabajos y son distintos los del hombre y la mujer: así pues, se asisten mutuamente poniendo en común sus aportaciones particulares. Por estas razones parece que en este género de amistad se da tanto la utilidad como el placer. Pero también se daría en razón de la virtud, si fueran virtuosos, pues cada uno tiene su virtud y se complacerían con algo de este género. Por otra parte, los hijos parece que son un vínculo, por lo que se disuelven más rápidamente los matrimonios sin hijos: éstos son un bien común a ambos y lo que es común mantiene la unidad. El dilucidar cómo debe convivir el marido con la mujer y, en general, un amigo con su amigo no parece que sea diferente a dilucidar cómo *es justo* que lo hagan. Porque obviamente no es idéntica la relación de justicia de un amigo con su amigo y la relación con un extraño, con un camarada y con un compañero de clase.

XIII. Y, puesto que son tres las clases de amistad, como se ha dicho al principio, y en cada una de ellas unos son amigos en términos de igualdad y otros de superioridad (pues tan amigos son los buenos, como un hombre mejor de otro peor; e igualmente quienes lo son por placer y por utilidad –e igualados o diferentes en cuanto a los beneficios–), los iguales deben igualarse en el amar y en lo demás igualitariamente, mientras que los desiguales, por su parte, deben hacerlo correspondiendo en proporción a las condiciones de superioridad. Es en la amistad basada en la utilidad donde se producen litigios exclusivamente o en mayor medida; y con razón, pues los que son amigos por virtud anhelan hacerse mutuamente el bien (pues ello es propio de la virtud y de la amistad); y, dado que compiten en esto, no hay lugar para reclamaciones y peleas: nadie se enfada con aquel a quien ama y hace el bien, sino, muy al contrario, si es agradable, le recompensa con buenas acciones. Y de otro lado, aquel que supera al otro, al conseguir aquello a lo que aspira, no podría inculpar a su amigo, pues cada uno de ellos aspira al bien. Tampoco se dan en absoluto en las amistades debidas al placer: ambos tienen aquello a lo que aspiran si es que se complacen en pasar el tiempo juntos; y parecería ridículo aquel que inculpara a quien no le complace cuando está en sus manos no vivir en su compañía. Pero la amistad debida a utilidad es susceptible de querellas, pues como se tratan mutuamente con vistas al provecho, exigen cada vez más y piensan que tienen menos de lo conveniente: lanzan reproches porque no consiguen todo lo que reclaman siendo merecedores de ello. A su vez, los que hacen el bien no pueden proporcionar todo lo que reclaman los que reciben. Y parece que, de la misma forma que la justicia es doble, una no escrita y otra legal, así, dentro de la amistad utilitaria, hay una ética y otra legal. Por consiguiente, las querellas surgen especialmente cuando los convenios y las rupturas no se producen sobre la base de la misma amistad. Y bien, la de carácter legal sobre condiciones estipuladas es, o bien completamente comercial de mano a mano, o bien más libre con vistas al tiempo, aunque con un acuerdo sobre el *quid pro quo*. En esta última la obligación es evidente y nada ambigua, pero tiene el aplazamiento como elemento de amistad. Por eso en algunos pueblos no hay procesos sobre estos convenios, sino que estiman que aquellos que han llegado a un acuerdo de confianza deben resignarse. En cambio, el de carácter moral no se basa en condiciones estipuladas, sino que se hace un regalo –o cualquier otra prestación– como a un amigo. Sin embargo, uno exige recibir algo igual o mayor en la idea de que no ha hecho un regalo, sino un préstamo. Y reclamará porque no realizó el acuerdo y llegó a la ruptura con las mismas expectativas.

Ello sucede porque todos, o la mayoría, desean lo bueno, pero eligen lo provechoso: bueno es hacer el bien sin la intención de recibirlo a cambio; y provechoso, recibir beneficios. Conque aquel que puede debe devolver, y de buen grado, una prestación equivalente a la que ha recibido; y el que no tiene esa voluntad no debe hacer amigos. Por consiguiente, en la idea de que se ha equivocado inicialmente, y ha recibido bien de quien no debía (no, desde luego, de un amigo, ni de quien lo hacía por ello mismo), uno debe disolver la relación, lo mismo que cuando se recibe un favor bajo condiciones estipuladas. También debería uno aceptar devolverlo si es capaz –pero si no lo es, el que lo hace no debería exigirlo–. De manera que, si es posible, hay que devolverlo, pero al comienzo hay que considerar de quién se reciben favores, y con qué objeto, a fin de atenerse, o no, a esos términos.

También cabe discutir si la valoración de una prestación hay que basarla en el beneficio del receptor y realizar la devolución según éste, o bien en la benefacción del dador. Porque los receptores dicen recibir de manos de sus benefactores lo que para éstos era insignificante y lo que podrían haber recibido de manos de otros tratando de rebajar su valor. Los otros, por el contrario, dicen que es lo más importante de sus propios bienes y que no podría proceder de otros –y, además, en circunstancias de riesgo y en situaciones similares de necesidad–. ¿Acaso, entonces, cuando la amistad es por utilidad la medida es el beneficio del receptor? Porque es éste el necesitado y el otro viene en su ayuda en la idea de que va a recibir una recompensa igual. Por consiguiente, la ayuda vale tanto como aquello en que éste se beneficia. Y, claro, hay que devolverle tanto como se ha obtenido; o incluso más, puesto que ello es más noble. En las amistades por virtud no hay reclamaciones y la medida parece que es la elección del benefactor.

XIV. También en las amistades por superioridad surgen diferencias, pues cada uno se cree con derecho a obtener más, y, cuando ello sucede, se disuelve la amistad. Porque aquel que es superior considera que le corresponde tener más ya que al bueno se le asigna más; e, igualmente, quien es más beneficioso, pues se dice que el inútil no debe tener una parte igual ya que, si los beneficios procedentes de la amistad no se dan en justa correspondencia con los hechos, habría una prestación forzosa y no amistad. Así que, lo mismo que en una sociedad económica reciben más los que más contribuyen, así se piensa que debe ser también en la amistad. Pero el necesitado e inferior piensa lo contrario: que es propio de un buen amigo subvenir a los necesitados, pues ¿qué provecho tiene, dicen, ser amigo de un hombre bueno o poderoso si no se va a ganar nada? En fin, parece que es justa la exigencia tanto de uno como de otro y que hay que asignar más a cada uno como consecuencia de la amistad; aunque no de lo mismo, sino de honor al que es superior y de beneficio al necesitado. Porque la recompensa de la virtud y la benefacción es el honor, mientras que el provecho es ayuda de una situación de necesidad. También en los regímenes políticos parece suceder de la misma forma: aquel que no proporciona a la comunidad ningún bien no recibe honores. Los bienes comunes se conceden a quien beneficia a la comunidad; y el honor es un bien común. Porque no es posible enriquecerse con los bienes comunes y, al mismo tiempo, recibir honores. Nadie soporta el perjuicio en toda circunstancia, por lo que a quien recibe un perjuicio económico se le conceden honores y a quien acepta regalos, dinero. Lo que se ajusta al mérito equilibra y salvaguarda la amistad, tal como se ha dicho. Conque es de esta manera como los desiguales deben tener relación: el que recibe beneficios en dinero o virtud debe recompensar devolviendo aquello que puede, a saber, honor; pues la amistad busca lo posible, no lo merecido: esto no es posible en todos los casos. Por ejemplo, en los honores rendidos a los dioses o a los padres: nadie podría nunca devolverles lo que merecen, pero quien les sirve en la medida de su capacidad parece que es virtuoso. Por esto parecería que no puede un hijo renegar de su padre, pero sí un padre de su hijo: porque al ser deudor tiene que devolver, pero nada que haga lo hace digno de los beneficios recibidos, por lo que siempre está en deuda. En cambio los acreedores tienen la capacidad de renunciar; luego también un padre. Pero al mismo tiempo no parece, quizá, que ningún padre pueda renegar de un hijo, a menos que éste se exceda en maldad, pues, al margen del afecto natural, no es propio de un hombre rechazar su asistencia. En cambio, para el hijo la asistencia es algo que puede evitar o no apresurarse a prestar si es vicioso. Pues la mayoría desea recibir el bien, pero rehúye prestarlo porque no es beneficioso. En fin, sobre estos asuntos sea suficiente lo dicho.

Libro IX

I. En todas las amistades heterogéneas, tal como ha quedado dicho, es la proporción lo que iguala y salvaguarda la amistad, lo mismo que, por ejemplo, en las relaciones entre ciudadanos hay un pago, conforme al valor, para el zapatero a cambio de sus zapatos –y para el sastre y los demás–. Aquí, pues, se ha encontrado la moneda como medida común, y todo, claro está, se reduce a ésta y con ésta se mide. En la amistad erótica hay ocasiones en que el amante se queja de que, pese a su exceso de amor, no lo recibe a cambio –porque no tiene nada que sea objeto de amor si éste fuera el caso–; y a menudo el amado se queja de que, aunque al principio se lo prometía todo, ahora el otro no cumple nada. Situaciones así se dan cuando el uno ama al amado por placer y éste al amante por interés, y a ninguno de los dos les quedan ya estas cosas. Y es que, cuando la amistad es por esos motivos, se produce una ruptura cuando ya no existe aquello por

1164a

lo que amaban: no amaban a las personas, sino los atributos, y éstos no son duraderos. Por ello también las amistades son de esta clase. En cambio, perdura la de los caracteres porque es por sí misma, como se ha dicho.

Pero surgen diferencias cuando obtienen cosas diferentes de aquello que desean. Porque no alcanzar lo que se anhela es igual que no tener nada: por ejemplo, aquel que prometió a un citaredo una recompensa tanto mayor cuanto mejor cantara. Cuando al amanecer éste reclamó lo que se le había prometido, aquél le contestó que ya había pagado placer a cambio de placer. Pues bien, si tanto uno como el otro deseaban esto, estaría ello bien; pero si uno quería disfrute y el otro ganancia, y uno lo tuvo y el otro no, los términos del acuerdo no estarían bien. Un hombre pone su interés en aquello que necesita obtener y por esto, desde luego, lo dará todo.

¿A cuál de los dos corresponde tasar el valor: al que primero da o al que primero recibe? Pues el que primero da parece dejarlo en manos del otro. Esto es, precisamente lo que dicen que hacía Protágoras: cuando se disponía a impartir clases de cualquier materia pedía al discípulo que estimara cuánto le parecía que valían sus saberes –y aceptaba esa cantidad–. Otros, en cambio, prefieren en tales asuntos el principio de «un sueldo para un hombre»[1]. Pero aquellos que reciben el dinero por adelantado, y luego no cumplen nada de lo que aseguraban con promesas exageradas, con razón se ven envueltos en reclamaciones, pues no cumplen lo que ha-

---

1. En *Retórica* 1371b15 este refrán se completa con la palabra «complace» *(térpei)*.

bían acordado. Aunque puede que los sofistas[2] se vean obligados a obrar así porque nadie pagaría dinero por los conocimientos que tienen.

Bien. Éstos se ven lógicamente envueltos en reclamaciones por no hacer aquello por lo que recibieron el sueldo. Pero cuando no hay un acuerdo sobre la prestación, ya se ha dicho que los que dan primero por ellos mismos están libres de reclamaciones (que tal es la amistad por virtud), y hay que realizar la contraprestación en virtud de elección (pues ésta es propia del amigo y de la virtud). De esta clase parece que es la de quienes participan de la enseñanza filosófica: el valor no se mide con dinero –y no podría haber un honor equivalente– sino que, lo mismo que con los dioses y los padres, quizá es suficiente aquello de lo que uno es capaz.

1164b

Por otra parte, cuando la dádiva no es de esta clase, sino con un propósito, quizá debe producirse la contraprestación que ambos estimen más ajustada al valor debido; mas, si ello no ocurriera, no sólo parecería obligado, sino incluso justo que la fije quien primero recibe. Pues obtendrá del otro el justo valor si recibe a cambio exactamente la medida del beneficio que ha recibido, o por el que ha recibido placer. Pues así se ve que sucede en los intercambios de compraventa; y en algunos lugares hay leyes que prohíben que haya procesos por los contratos voluntarios[3] en la idea de que se debe llegar a

---

2. Se refiere aquí el filósofo no a los antiguos sofistas, sino a sus contemporáneos, especialmente Isócrates.
3. Véase Platón, *República* 556a y *supra* 1162b25 ss. (Libro VIII, cap. XIII).

la disolución del acuerdo con la persona en la que uno confió de la misma manera que llegó a asociarse con él. Se piensa que es más justo que fije el precio aquel en quien se depositó la confianza que aquel que la depositó. Porque, por lo general, los que tienen algo y los que desean recibirlo no le conceden el mismo valor: a cada uno le parecen muy valiosas sus propiedades y lo que entrega. Pero, con todo, la contraprestación se realiza conforme a la cantidad que fijan los que reciben; aunque quizá uno no debía valorarlo en lo que le parece que vale cuando lo tiene, sino en lo que lo valoraba antes de tenerlo.

II. También pueden cuestionarse cosas como las que siguen: por ejemplo, si se debe poner todo en manos del padre y obedecerle, o hay que confiar en el médico cuando uno está enfermo y elegir como estratego a uno que está preparado para la guerra. Igualmente, si hay que prestar servicios a un amigo más que a un hombre bueno, y si hay que devolver un favor a un bienhechor antes que entregar dinero a un compañero cuando no es posible hacer ambas cosas. ¿No será que definir con precisión todos estos presupuestos no resulta nada fácil porque admiten toda clase de diferencias en magnitud y pequeñez, así como en lo relativo a honradez y obligación? Resulta claro que no hay que concedérselo todo a la misma persona. Conque, por lo general, hay que devolver favores antes que hacérselos a los compañeros –lo mismo que tiene que devolver un préstamo quien está en deuda, antes que hacer un regalo a un amigo–. Aunque quizá no siempre es así: por ejemplo, ¿acaso el que ha sido rescatado de manos de los piratas tiene que rescatar, a su vez, a su rescatador, quienquiera que sea, o devolverle el dinero si lo reclama aunque no haya sido él capturado, o tiene que rescatar a su padre? Porque parecería, más bien, que debía hacerlo a su propio padre.

Pues bien, tal como se ha dicho, *en general* hay que devolver la deuda; pero si el regalo se impone en razón de su nobleza o de la necesidad, hay que inclinarse por éste. Porque, incluso a veces, no es ni siquiera igualitario el corresponder a una prestación previa, cuando uno (A) hace un favor sabiendo que el otro (B) es honrado y la contraprestación es para el primero (A) de quien el otro (B) cree que es perverso. A veces tampoco hay que hacer un préstamo a quien lo ha hecho: por ejemplo, uno (A) ha hecho un préstamo a otro (B), que es honrado, pensando que iba a recobrarlo; pero, en cambio, éste no tiene esperanza de recobrarlo del otro, que es un granuja. Pues bien, si ello es así de verdad, la reclamación[4] no es igualitaria; y si no es así, pero la gente lo cree así, no parecería extraño el hacerlo[5]. En fin, como se ha dicho numerosas veces, los razonamientos sobre pasiones y acciones tienen el mismo grado de definición que los objetos a los que atañen.

Por consiguiente, no es nada oscuro que no hay que conceder lo mismo a todos, ni todo al padre, lo mismo que tampoco se realizan todos los sacrificios en honor de Zeus. Puesto que es distinto lo debido a los padres, hermanos, compañeros y bienhechores, hay que conceder a cada uno lo que le es propio y adecuado. Y es de esta manera como se ve que obran las gentes: invitan a las bo-

---

4. Se entiende «por parte de A».
5. Es decir, negar la contraprestación.

das a los parientes porque con éstos tienen en común la estirpe, y, claro, las acciones relativas a ésta. También a los funerales se piensa que deben acudir los parientes por esta misma razón. Por otra parte parece que se debería proporcionar alimento, sobre todo, a los padres porque estamos en deuda con ellos y porque es más noble proveerles de éste a los causantes de nuestro existir más que a nosotros mismos. También hay que conceder honor a los padres, como a los dioses, aunque no toda clase de honor, pues no es igual el de un padre que el de una madre –ni, de otro lado, el de un sabio y el de un estratego– sino el propio de un padre; e igualmente con el propio de la madre. También a todo anciano hay que cederle el honor debido a su edad con la puesta en pie, la cesión del asiento y cosas así. A su vez, con relación a los compañeros y hermanos, libertad de lenguaje y compartir todo con ellos. También a parientes, compañeros de tribu, conciudadanos y todos los demás hay que intentar concederles siempre lo que les es propio y sopesar lo que corresponde a cada uno según parentesco, virtud y utilidad. Desde luego, con los de la misma estirpe la estimación es más fácil y más trabajosa con los diferentes; ahora bien, no por ello hay que desistir, sino delimitarlo en la medida en que sea posible.

III. También cabe dudar sobre si romper las amistades, o no, con aquellos que no siguen siendo los mismos. ¿Acaso con los que son amigos por utilidad o placer no es extraño romper cuando ya no lo tienen más? Porque eran amigos de estas cualidades cuya pérdida hace razonable el no continuar la amistad. Sin embargo, podría quejarse uno si el otro fingía amar por el carácter cuando lo hacía por la utilidad o el placer. Como decíamos al principio, entre los amigos surgen multitud de diferencias, cuando son amigos sin pensar si lo son de la misma manera. En efecto, cuando uno se engaña y da por supuesto que es amado por su carácter sin que el otro realice nada de esta naturaleza, podría inculparse a sí mismo. Pero cuando es engañado por la simulación del otro, es justo echárselo en cara al que lo ha engañado; incluso más que a los que falsifican moneda, por cuanto el fraude afecta a algo más estimable.

Por otra parte, si uno acepta a otro como bueno, y se hace perverso o lo parece, ¿acaso habrá de seguir amándolo? ¿O ello no es posible, si es que en verdad no todo es objeto de amor, sino sólo lo bueno, y tampoco se debe? Pues no hay que ser amigo de lo malo ni igualarse a un hombre vil: que ya se ha dicho que lo igual es amigo de lo igual. ¿Acaso, entonces, hay que romper inmediatamente? ¿O no con todos, sino con los incurables en su perversidad? Porque a quienes admiten rectificación hay que auxiliarles más en lo que atañe al carácter que a la hacienda, por cuanto ello es mejor y más propio de la amistad. Sin embargo, el que rompe no hace nada extraño, pues no era amigo de un hombre así; por tanto, como no puede recuperar al que ha cambiado, desiste.

Ahora bien, si uno permanece el mismo y el otro se hiciera más virtuoso y le aventajara mucho en virtud, ¿acaso debe seguir teniéndolo por amigo? ¿O no es posible? Ello resulta especialmente claro en el caso de un gran distanciamiento, como sucede con las amistades de la infancia. Si uno sigue siendo mentalmente un niño y el otro un hombre de gran fortaleza, ¿cómo podrían ser amigos si no les satisfacen, ni les gustan o disgustan, las mismas cosas? Ni siquiera tendrán trato uno con otro y sin ello no es posible, decíamos[6], ser amigos, pues no es posible convivir. Pero ya se ha hablado sobre esto. Ahora bien, ¿acaso debemos tener con él una relación en nada más propia de extraños que si nunca hubiera sido amigo nuestro? ¿O es preciso mantener el recuerdo de la familiaridad que hubo, y, así como pensamos que hay que favorecer más a los amigos que a los extraños, así hay que conceder a quienes lo fueron algo de favor si la ruptura no se ha producido por un exceso de maldad?

1166a   IV. Los rasgos de la amistad para con las personas cercanas, y por los que se definen las amistades, parecen proceder de los relativos a nosotros mismos. Porque sitúan como amigo (a) al que desea realizar, y realiza, acciones buenas, o que lo parecen, por causa del otro; (b) al que quiere que su amigo exista y viva por su bien –lo mismo que les sucede a las madres con los hijos, e incluso a los amigos que están enfadados–; otros (c) al que pasa el tiempo con uno y (d) al que elige las mismas cosas; o (e) al que comparte con el amigo el sufrimiento y la alegría –y esto sucede también especialmente con las madres–.

Por uno de estos rasgos definen la amistad, pero cada uno de ellos se da en el hombre honrado para consigo mismo (y en los demás, en la medida en que se les supone tales; y parece que, como se ha dicho, la medida de cada cosa es la amistad y el hombre honrado). Porque éste está de acuerdo consigo mismo y desea las mismas

---

6. Cf. VIII. 5 (1157b20 ss.).

cosas en la totalidad de su alma. También desea para sí mismo lo que es, y lo que parece, bueno, y lo realiza (pues es propio del hombre bueno buscar afanosamente el bien); y lo hace por sí mismo –pues lo hace por la parte intelectual, en la cual parece consistir, precisamente, cada uno de nosotros–. También desea vivir y conservarse –y, sobre todo, la parte con la que piensa–. Porque para el hombre honrado es bueno el existir: cada uno desea para sí mismo lo bueno, y nadie desea poseerlo todo convirtiéndose en otro (pues dios posee ya el bien), sino siendo lo que es, cualquier cosa que sea; y parecería que cada uno es su pensar –o, sobre todo, ello–. También quiere un hombre así pasar el tiempo consigo mismo, pues lo hace con agrado: son agradables los recuerdos de los hechos pasados y buenas las expectativas de los futuros –y unos y otros son placenteros–; y en su mente hay un buen abastecimiento de objetos para pensar. También comparte sobre todo consigo mismo la aflicción y el placer, pues lo que le aflige y lo que le place es siempre lo mismo y no diferente en cada ocasión: es inconmovible, por así decirlo. Y, claro, por el hecho de que cada uno de estos sentimientos se da para consigo mismo en el hombre honrado –y que tiene con el amigo la misma disposición que consigo mismo (pues el amigo es un «yo otro»), también la amistad parece que consiste en alguno de ellos. Y que son amigos aquellos en quienes se dan.

Por el momento quede de lado si hay amistad, o no, para con uno mismo. Parecería que hay amistad en la medida en que hay dos o más elementos según lo señalado, y porque el exceso de amistad se asemeja a lo que uno siente por sí mismo. Parece que los rasgos señalados

1166b

se dan también en la mayoría, aunque sea vil. Ahora bien, ¿acaso participan de ellos sólo en la medida en que se agradan a sí mismos y dan por supuesto que son honrados? Porque, desde luego, no se dan en ninguno de los que son sencillamente viles e impíos; pero es que ni siquiera lo parece. Prácticamente no se dan en los malos: en efecto, están en discordia consigo mismos al desear unas cosas y querer otras, lo mismo que los incontinentes, pues éstos eligen lo que les place, que es dañino, en vez de aquello que les parece bueno. Otros, a su vez, por cobardía o indolencia se abstienen de realizar las acciones que les parecen ser mejores. Por otra parte, otros que han realizado numerosas acciones terribles y son odiados por su perversidad rehúyen vivir y se suicidan. Los perversos buscan también con quién pasar el tiempo y huyen de sí mismos, pues cuando están en soledad recuerdan sus muchas maldades y albergan la esperanza de otras parecidas, pero se olvidan cuando están con otros. Y, como no tienen nada digno de amar, tampoco experimentan afecto alguno hacia sí mismos. Tampoco, claro está, comparten estos tales consigo mismos el placer y la aflicción, pues su alma está en discordia y una parte sufre por la maldad, apartándose de algunas cosas, mientras que la otra se regocija; y una tira hacia acá y otra hacia allá como si lo desgarraran. Y si, por supuesto, no es posible, sufrir y gozar al mismo tiempo, sino que después de poco le duele haber sentido placer, también desearía que tales cosas no le hubieran resultado placenteras: los hombres malos rebosan arrepentimiento. Y, claro, tampoco parece que el hombre malo tenga una disposición amistosa hacia sí mismo por no tener nada digno de amar. Por consiguiente, si estar en tal disposición es desdichado, hay que rehuir la maldad afanosamente e intentar ser bueno: de esta manera uno podría estar en disposición amistosa para consigo mismo y ser amigo de otro.

V. Por otra parte, la simpatía se parece al sentimiento de amistad, pero, desde luego, no es amistad: la simpatía tiene lugar entre desconocidos y sin que se manifieste, pero no la amistad. También sobre esto se ha tratado antes[7]. Pero tampoco es afecto porque no comporta intensidad ni deseo, mientras que éstos acompañan al afecto. Aparte de que el afecto acompaña al trato íntimo y la simpatía también se da súbitamente como ocurre, por ejemplo, con los que compiten: la gente siente simpatía por ellos y comparte sus pretensiones, pero no colaboraría con ellos. Porque, como acabamos de decir, siente simpatía súbitamente y los estima superficialmente. Pero, en verdad, parece que el inicio de la amistad, lo mismo que del enamoramiento, es el placer que entra por los ojos: nadie se enamora si no ha sentido antes placer con el aspecto externo; aunque el que se complace con la belleza, no por ello siente amor, sino cuando añora al ausente y desea su presencia.

De esta manera, no es posible que los amigos no sientan simpatía, pero los que sienten simpatía no por ello tienen amistad: simplemente desean el bien para aquellos hacia los que sienten simpatía, pero no harán nada en su compañía ni se molestarían por ellos. Por

---

7. *Ibid.* 1155b26 y ss.

lo cual podría uno decir, extendiendo el tema, que esta atracción es una amistad inactiva, pero que si se prolonga y llega al trato íntimo se convierte en amistad –aunque no la de utilidad ni placer, pues tampoco en éstos se da la simpatía–. Y es que aquel que ha recibido un favor devuelve buena voluntad obrando justamente a cambio de lo que ha recibido; pero el que está dispuesto a beneficiar a alguien con la esperanza de obtener algo no parece que sienta simpatía hacia éste, sino hacia sí mismo. Lo mismo que tampoco es amigo si lo cultiva por alguna utilidad. En términos generales la simpatía se origina por la virtud o por una cierta bondad, cuando alguien parece que es bueno o valeroso o algo de esta índole, como dijimos en el caso de los que compiten.

VI. También la «concordia» parece que participa de la amistad; por lo que no es «coincidencia de opinión» ya que ésta podría darse entre quienes se desconocen mutuamente. Ni se dice que tengan concordia aquellos que tienen un mismo parecer sobre cualquier asunto, por ejemplo, sobre los fenómenos celestes (pues no es signo de amistad el coincidir en el pensamiento sobre tales asuntos). En cambio, se dice que los Estados tienen concordia cuando tienen un mismo juicio sobre lo que les conviene y eligen las mismas cosas y ejecutan las que han sido decididas en común. La concordia, por tanto, se refiere a las acciones, y, entre ellas, a las de importancia y a las que pueden afectar a dos partes o a todos: por ejemplo, en los Estados, cuando parece bien a todos que las magistraturas sean por elección; o establecer una alianza con los lacedemonios; o que Pítaco se haga cargo del poder (cuando también él lo quería)⁸. Pero cuando cada una de las partes se prefiere a sí misma, como los protagonistas de las *Fenicias*⁹, entran en disensión. Porque «estar concordes» no significa que cada una de las partes tenga un mismo pensamiento de cualquier clase, sino el que se refiere a la misma persona, como, por ejemplo, cuando el pueblo y los de clase distinguida acuerdan que ostenten el poder los mejores: de esta manera todos obtienen aquello a lo que aspiran.

1167b

Parece evidente, por tanto, que la concordia es una amistad entre ciudadanos tal como se suele aplicar el término, pues atañe a las cosas que convienen y a las que afectan a la vida.

Sin embargo, una tal concordia se da en los hombres buenos, pues éstos están de acuerdo consigo mismos y entre sí, ya que permanecen en los mismos principios, por así decirlo: la voluntad de hombres así permanece estable y no cambia como el flujo y reflujo de un estrecho; desean las cosas justas y convenientes y aspiran a ellas en común. En cambio no es posible que los malos tengan concordia, salvo por poco tiempo, como tampoco que sean amigos, porque aspiran a tener más en los

---

8. Pítaco de Lesbos (s. VI a. C.) fue elegido «mediador» *(aisymnétes)* para resolver los conflictos sociales en Mitilene en condiciones similares a las de Solón en Atenas. Después de catorce años abandonó la magistratura y se negó a proseguir como le pedían los ciudadanos. De ahí la restricción que introduce Aristóteles.
9. Eteocles y Polinices, hijos de Edipo, debían reinar alternativamente en Tebas, pero, llegado el momento, Eteocles se negó a ceder el poder a su hermano, lo que originó el ataque de los Siete contra Tebas. Lo dramatiza Eurípides en las *Fenicias* (el título procede de las mujeres que forman el coro).

asuntos de provecho y, en cambio, quedar rezagados en el esfuerzo y en las prestaciones públicas. Y, como cada uno desea esto para sí mismo, escudriña al vecino y se lo impide, porque, si no vigilan, el bien común se echa a perder. Consecuentemente hay discordia entre ellos porque se obligan recíprocamente, pero ellos mismos no desean obrar con justicia.

VII. Por otra parte, parece que los benefactores aman más a los beneficiados que al revés, y ello se plantea como problema porque es, según parece, contrario a razón. Pues bien, a la mayoría les parece así porque unos están en condición de deudores y los otros de acreedores; y, por tanto, lo mismo que en los préstamos, mientras que los deudores desean que no existan sus acreedores, y, en cambio, los prestamistas incluso se preocupan de la salvación de sus deudores, así también los benefactores desean que los beneficiados sigan viviendo en la idea de que van a recibir su agradecimiento, mientras que para éstos no es de interés devolverles la prestación. Claro que Epicarmo diría, quizá, que esto alegan «los que observan desde el punto de vista de un mangante»[10]; pero parece muy humano, pues que ya mayoría es desmemoriada y aspira más a recibir que a obrar bien. Podría parecer, con todo, que la explicación de ello tenga un carácter más natural[11] y que lo dicho sobre los prestamistas no es comparable. Pues no hay afecto hacia aqué-

---

10. *Fr.* 146.
11. Aquí «natural» *(physikôs)* se opone una vez más a «humano» (cf. VII. 3 = 1147a24 ss., y nota) y hace referencia a una explicación más «filosófica».

llos, sino que el deseo de que se conserven es con vistas al cobro. En cambio los que obran bien aman y estiman a los receptores, aunque no les sean de utilidad ni lo vayan a ser en el futuro.

Lo mismo pasa también en el caso de los artistas: todo el mundo ama su propia obra más de lo que sería amado por ella si cobrara vida. Y quizá acaece esto, sobre todo, con los poetas: aman sus propias creaciones y vuelcan su afecto como si fueran hijos. Algo así, pues, parece que sea el caso de los benefactores: la parte beneficiada es su obra, luego la aman más que la obra a su creador. La razón de ello es que la existencia es deseable y amable para todos; pero existimos *en actividad* (pues existimos por vivir y obrar), y el que crea una obra existe de alguna manera en actividad; luego ama su obra porque también ama la existencia. Y esto es relativo a la naturaleza: lo que es en potencia, lo manifiesta en actualidad la obra[12]. Al mismo tiempo la nobleza que reside en la acción pertenece al benefactor, de manera que se complace con la persona en la que ésta se ejerce; mientras que para el receptor del beneficio no hay nobleza en el que lo hace, sino, si acaso, interés y éste es menos agradable y susceptible de amor. Por consiguiente, para quien ha obrado la obra permanece (pues lo bueno es duradero), pero para el que lo ha recibido la utilidad pasa y desaparece. Agradables son la actividad del presente, la esperanza del fu-

1168a

---

12. Aristóteles recurre aquí, en cambio, a los mecanismos de la potencia y el acto, en vez de buscar una explicación «psicológica» (que el beneficiado se siente inferior, por ejemplo), que es mucho más obvia y sencilla. Esto es lo que él entiende por una explicación más «natural».

turo y el recuerdo del pasado; pero lo más placentero es aquello que está en actividad –e, igualmente, amable–. Además, el recuerdo de las cosas buenas es placentero, pero el de las útiles no lo es en absoluto o es menor –aunque la expectativa parece ser al revés–.

También es el caso que el amar se parece al obrar, mientras que ser amado se parece a recibir. Por tanto, el amar y los sentimientos de amistad acompañan a los que se destacan en el obrar.

Además: todos aman lo que se origina con esfuerzo: por ejemplo, aman más el dinero aquellos que lo han adquirido que quienes lo han heredado. Y parece claro que recibir un bien es ajeno al esfuerzo, mientras que obrar el bien es trabajoso. (Por eso las madres aman más a los hijos, pues su alumbramiento es más laborioso [y saben mejor que son suyos][13].) Y, claro, parecería que también esto es propio de los bienhechores.

VIII. También se suele plantear como problema si hay que amarse a sí mismo más que a otro cualquiera. Se suele censurar a los que se aman a sí mismos más que a nadie, y se los llama «egoístas» en la idea de que están en una actitud vergonzosa. También parece que el hombre malo todo lo hace en interés propio –y tanto más, cuanto más perverso es (le suelen echar en cara, pues, cosas como que «nunca obra al margen de su interés»)–; el bueno, en cambio, obra por el bien –y más, cuanto mejor es–; y lo hace por su amigo mientras que descuida lo suyo propio.

Sin embargo, la realidad está en desacuerdo con estas razones, y no sin sentido. Se dice, en efecto, que hay que

---

13. La frase entre corchetes es sospechosa y parece interpolada.

amar más a quien es más amigo; pero es más amigo el que desea lo bueno a quien se lo desea por causa de él –aunque nadie vaya a saberlo–. Y esto se da, sobre todo, en uno para consigo mismo –además de, por supuesto, todos los otros rasgos por los que se define un amigo [14]–. Porque se ha dicho que todos los sentimientos de amistad se extienden desde uno mismo hasta los demás; y todos los proverbios concuerdan, como por ejemplo, «una sola alma», «son comunes las cosas de los amigos», «amistad, igualdad», «la rodilla está más cerca que la pantorrilla». En efecto, todo esto se daría sobre todo para con uno mismo, porque uno es el mayor amigo de sí mismo. Conque hay que amarse, antes que nada, a uno mismo. Por eso se debate, lógicamente, qué razones hay que seguir cuando unas y otras tienen algo de convincente. Quizá, pues, conviene analizar tales razones y distinguir hasta dónde y en qué medida son ciertas cada una de ellas. Y, claro, si entendemos en qué sentido dice cada uno «egoísta», quizá quedaría ello patente. Pues bien, los que lo toman por un reproche llaman «egoístas» a los que se asignan a sí mismos una mayor cantidad en dinero, honra y placeres corporales: éstas son las cosas que desea la mayoría y por ellas se afanan como si fueran las mejores –por lo que son objeto de disputa–. Por supuesto, los que ambicionan tales cosas se entregan a sus apetitos y, en general, a las pasiones y a la parte irracional del alma. De este jaez es la mayoría; consecuentemente, esa calificación se ha originado a partir de su uso más común, que es malo. Y, claro, con razón se censura a los que son egoístas de esta manera.

14. Véase el cap. IV.

Es evidente que la mayoría acostumbra a llamar «egoístas» a los que se asignan a sí mismos cosas así; porque si alguien se afanara por realizar siempre acciones justas, él más que nadie, o acciones moderadas o cualesquiera otras propias de las virtudes; y si siempre intentara conseguir para sí mismo la bondad, nadie llamaría «egoísta» a éste ni le censuraría. Y, sin embargo, parecería que un hombre así es el más egoísta: en efecto, toma para sí los bienes mejores y en el más alto grado. Y favorece a la parte dominante de sí mismo y sigue todos sus dictados. Que lo mismo que un Estado parece ser, precisamente, su parte dominante –e igual en cualquier otro compuesto–, así el hombre: es, por tanto, el más egoísta aquel que más ama esta parte y la favorece. También se dice «continente» e «incontinente» por el hecho de dominar (contener) la razón, o no, en la idea de que cada uno es esa parte. También parece que son las acciones acompañadas de razón las que realizan ellos mismos y de la forma más voluntaria. Por consiguiente, es obvio que cada uno de nosotros es esa parte –o principalmente– y que el hombre bueno ama principalmente esa parte. Por ello sería el más egoísta, aunque de forma diferente a la de aquel a quien se le reprocha. Y difiere en la misma medida en que vivir racionalmente difiere de vivir pasionalmente; y tender hacia el bien de tender hacia lo que parece conveniente. En fin, a los que se afanan extraordinariamente por las buenas acciones todo el mundo los acepta y elogia. Y si todos rivalizaran por el bien y tendieran a obrar de la mejor manera, tendríamos todo lo que conviene en común y, en particular, cada uno tendría los mayores bienes si es que la virtud es tal. De manera que el hombre bueno debe ser egoísta porque, como realiza buenas acciones, se beneficiará personalmente y beneficiará a los demás. En cambio, el perverso no debe serlo, pues se perjudicará a sí mismo y a los cercanos ya que sigue pasiones viles. Luego en el perverso lo que debe hacer y lo que hace están en desacuerdo, mientras que el hombre bueno hace precisamente lo que debe hacer, pues todo intelecto elige lo mejor para sí y el hombre bueno sigue los dictados del intelecto.

De otro lado, es verdad, acerca del hombre bueno, que llevará a cabo muchas acciones tanto en bien de sus amigos como de su patria, incluso aunque sea preciso morir por ellos. Porque cederá dinero, honores, y, en general, los bienes que se suelen disputar por asegurarse la posesión del bien: preferirá gozar intensamente un corto tiempo antes que hacerlo ligeramente un largo tiempo; y vivir bien un año que muchos de cualquier manera; y realizar un solo acto noble y grande antes que muchos y pequeños. Esto es, quizá, lo que les sucede a quienes entregan su vida por otro: eligen para sí mismos un bien verdaderamente grande. También cedería su dinero con tal que sus amigos reciban más, pues el dinero es para el amigo, pero el bien es para él, y, claro, se proporciona a sí mismo el bien mayor. Y lo mismo con los honores y magistraturas: todo ello se lo cederá al amigo, pues es bueno y elogiable para él. Con razón, pues, parece que es un hombre virtuoso, pues elige el bien a cambio de todo. Es posible que incluso ceda a su amigo algunas realizaciones y que, antes que realizar algo personalmente, prefiera que la responsabilidad sea para el amigo. Desde luego, en todas las cosas elogiables es obvio que el hombre bueno se dispensa a sí mismo más de lo bueno. De esta manera, pues, es como debe ser egoísta, como ha quedado dicho; mas no debe serlo en el sentido de la mayoría de la gente.

IX. Discútese también si el hombre feliz necesitará amigos o no. En efecto se afirma que los hombres felices y autosuficientes no precisan de amigos ya que poseen los bienes; y que, siendo, claro está, autosuficientes no precisan de nada, mientras que el amigo, que es un otro yo, proporciona lo que no es posible por uno mismo. De aquí la frase:

Cuando la divinidad nos favorece, ¿qué necesidad hay de amigos?[15]

Sin embargo, parece extraño, si concedemos al hombre feliz toda clase de bienes, que no le demos amigos cuando parece que es el mayor de los bienes externos. Igualmente, si es más propio de un amigo hacer que recibir el bien –y es propio del hombre bueno y de la virtud el beneficiar, y mejor beneficiar a los amigos que a los extraños–, el hombre virtuoso necesitará de otros que reciban sus beneficios. Por eso se suele preguntar si hay necesidad de amigos más en la fortuna que en el infortunio, en la idea de que el hombre desafortunado necesita a quienes le beneficien, y los afortunados necesitan a quienes beneficiar.

Quizá también es absurdo convertir al hombre feliz en un solitario, pues nadie elegiría poseer todos los bienes en soledad: el hombre es un ser político y nacido para vi-

---

15. Eurípides, *Orestes,* 665.

vir en compañía. Y en el hombre feliz, desde luego, se da esto porque posee los bienes naturales. Pero, obviamente, es preferible pasar la vida con amigos y buena gente que con extraños y gente cualquiera; por consiguiente, el hombre feliz tiene necesidad de amigos.

¿Qué quieren decir, entonces, los primeros, y en qué sentido dicen verdad? ¿Acaso porque la mayoría piensa que son amigos aquellos que son útiles? En ese caso, el hombre feliz no necesitará de esos tales, puesto que ya tiene los bienes. Ni, claro está, tampoco necesitará –o en escasa medida– a los que son amigos por placer, ya que su vida es placentera y no precisa de ningún placer adventicio. Y si no necesita de esta clase de amigos, no parece que necesite amigos.

Pero quizá esto no sea cierto. En efecto, al comienzo se ha dicho que la felicidad es una cierta actividad y es obvio que la actividad *se genera* y no *se da* como una posesión. Pero si ser feliz consiste en vivir y actuar –y la actividad del hombre bueno es virtuosa y placentera por sí misma, como ha quedado dicho al comienzo–; y si la propiedad es una de las cosas agradables, pero podemos ver mejor a los vecinos que a nosotros mismos y sus acciones mejor que las nuestras propias; y si las acciones de los hombres virtuosos, cuando son amigos, son placenteras para los buenos (pues ambos poseen las cosas naturalmente placenteras), entonces el hombre feliz necesitará amigos de esta clase si es que elige contemplar las acciones virtuosas y propias. Y éstas son las del hombre bueno, que es su amigo. También se piensa que el hombre feliz debe vivir placenteramente; ahora bien, la vida del solitario es dura porque no es fácil actuar continua-

1170a

mente por uno mismo, pero es fácil hacerlo en compañía de, y para, otros. Por consiguiente, su actividad será más continua, al ser placentera por sí misma –cosa que debe suceder con el hombre feliz–. (Porque el hombre virtuoso, en tanto que virtuoso, se complace en las acciones acordes con la virtud y se disgusta con las del vicio –lo mismo que el músico se complace con los cantos hermosos y se disgusta con los feos.) Pero es que también se derivaría un cierto ejercicio de la virtud de la convivencia con los buenos, tal como dice Teognis[16].

Si lo examinamos de forma más ajustada a la naturaleza, el amigo virtuoso es naturalmente deseable para un hombre virtuoso. En efecto, se ha dicho que lo bueno por naturaleza es bueno y placentero por sí mismo para el hombre virtuoso. Y el vivir se define, para los animales, por la capacidad de sensación, y para los hombres por la de sensación y pensamiento. Y la capacidad hace referencia a la actividad y en la actividad se da su vigencia. Parece, entonces, que vivir es fundamentalmente tener sensación y pensamiento. Y vivir pertenece por sí mismo a las cosas buenas y placenteras –porque es definido y lo definido pertenece a la naturaleza del bien, y lo que es bueno por naturaleza también lo es para el hombre virtuoso, por lo que parece que es agradable para todos–. Y no se debe tomar como argumento una vida de perversión y corrupción –ni tampoco envuelta en dolor– porque tal vida es indefinida lo mismo que sus atributos. (En lo que sigue quedará más claro lo referen-

---

16. La cita literal (Teognis, 35) es «de los hombres nobles *(esthlôn)* aprenderás las acciones nobles *(esthlá)*».

te al dolor)[17]. Pero si el propio vivir es bueno y agradable (y así lo parece por el hecho de que todos tienden a ello –y, sobre todo, los felices y virtuosos porque para ellos la vida es lo más deseable y su vida es la más feliz); y si el que ve percibe que ve, y el que oye percibe que oye, y el que pasea que está paseando –y en las demás cosas, por igual, hay una facultad que percibe que estamos en actividad, de tal manera que si percibimos, percibimos que estamos percibiendo, y si pensamos percibimos que estamos pensando–; y si el percibir que estamos percibiendo o pensando es percibir que existimos (pues existir es, según veíamos, percibir o pensar); y si el percibir que uno vive pertenece a lo agradable por sí (pues la vida es buena por naturaleza y es agradable percibir que uno tiene en sí mismo lo que es bueno); y si el vivir es deseable y sobre todo para los hombres buenos –porque el ser es bueno para ellos y agradable (pues les agrada percibir lo que es bueno por sí)–; y si el hombre virtuoso está consigo mismo en la disposición en la que está para con su amigo (pues el amigo es otro yo) entonces, de la misma manera que el propio existir es deseable para cada uno, de esta forma –o parecida– lo es el del amigo. Pero, como veíamos, el existir es deseable por el hecho de que percibimos que es bueno y una tal percepción es placentera por sí misma. Luego se debe participar también de la percepción del amigo de que existe, y ello sucedería con la convivencia y la comunicación de palabras y pensamiento. Porque parecería que, en el caso de los hombres, «convivir» significa esto y no alimentarse en el mismo pasto, como en el caso de los ganados.

1170b

17. Véase X. 1 (1172b3 ss.).

Ahora bien, si para el hombre feliz el existir es deseable por sí mismo, porque es naturalmente bueno y placentero, el existir del amigo es parecido y el amigo pertenecería a las cosas deseables. Y lo que es deseable para uno debe darse en uno –o, en caso contrario, será deficiente en este sentido–; por consiguiente, el que pretende ser feliz necesita amigos virtuosos.

X. Ahora bien, ¿hay que hacer el mayor número posible de amigos? ¿O, quizá, parece que esté bien dicho aquello de «ni con muchos huéspedes ni sin huéspedes»?[18] –e, igualmente, en la amistad será apropiado no carecer de amigos ni tampoco tener muchos amigos hasta la exageración–. Lo dicho, desde luego, parecería aplicarse por completo a los que son amigos por utilidad. (Pues es laborioso corresponder a muchos y la vida no basta para hacerlo; conque un número mayor de los necesarios para la propia vida es sobrante e, incluso, un estorbo para vivir bien; luego no hay necesidad alguna de ellos.) También basta con unos pocos amigos con vistas al placer, lo mismo que el condimento para la comida. Pero, ¿y los amigos virtuosos? ¿Acaso hay que tenerlos innumerables, o hay una medida en la cantidad de amistades como en un Estado? Porque un Estado no podría existir con diez hombres, ni con cien mil hay ya Estado –aunque quizá no hay un número determinado, sino cualquiera que quepa dentro de unos determinados límites–. Luego también el número de amigos es determinado: quizá el máximo con los que uno podría compartir la vida. Porque esto es lo que nos parecía lo más propio de la amis-

---

18. Hesíodo, *Trabajos*, 715.

tad, pero es obviamente imposible compartir la vida y repartirse entre muchos. Además deben ser amigos entre sí todos los que vayan a compartir el tiempo –pero esto es laborioso si se da entre muchos–. Y es difícil compartir la alegría y el dolor familiarmente con muchos, porque es razonable suponer que coincida el compartir simultáneamente gozo y dolor. En fin, quizá sea bueno no pretender tener muchos amigos, sino sólo cuantos son suficientes para la vida en común. Porque tampoco parecería posible ser amigo de muchos, por lo mismo que, tampoco, estar enamorado de más de uno. Porque esto es pretendidamente un exceso de amistad y éste sólo es posible con uno. Luego también el amar intensamente es posible con pocos.

Parece que sucede así en la realidad de las cosas: en la amistad de camaradería los amigos no son muchos –y las que son célebres se cuentan por parejas[19]–. Aquellos que son amigos de muchos y tienen trato familiar con todo el mundo no parece que sean amigos de nadie (excepto en sentido político): a éstos se les suele llamar «complacientes». Claro que, políticamente, es posible ser amigo de muchos y no ser complaciente, sino verdaderamente virtuoso; pero por su virtud y por ellos mismos no es posible con muchos. Y es aceptable encontrar unos pocos así.

XI. Por otra parte, ¿hay más necesidad de amigos en la prosperidad o en el infortunio? Pues en ambos casos se los busca, ya que los infortunados precisan asistencia y los afortunados compañeros y personas a quienes ha-

---

19. Seguramente está pensando en parejas míticas como Aquiles-Patroclo, Orestes-Pílades, Teseo-Pirítoo, etc.

cer el bien. Desde luego es *más necesario* en los infortunios, por lo que ahí se necesita a los útiles, pero es *mejor* en la prosperidad, por lo que se busca a los buenos ya que es preferible beneficiar a éstos y pasar el tiempo con ellos.

Porque, además, la propia presencia de los amigos es agradable tanto en la prosperidad como en el infortunio: los que sufren experimentan alivio cuando los amigos comparten su dolor. Por ello podría uno preguntarse si lo comparten como un peso, o no lo hacen, pero su presencia es placentera y el pensamiento de que comparten su dolor aminora su aflicción. En fin, dejemos de lado si reciben alivio por esta razón o por alguna otra, pero parece, desde luego, que ocurre lo que decimos.

1171b También parece que su presencia es de carácter mixto. Porque la propia contemplación de los amigos es agradable, sobre todo para quien está en el infortunio, y se produce una cierta ayuda para que no se sufra. Pues un amigo conforta con su presencia y palabra si es hábil, ya que conoce el carácter y aquello por lo que se goza o se sufre. Pero, de otro lado, es penoso ver que un amigo sufre por nuestro propio infortunio: todo el mundo rehúye ser causante de dolor para sus amigos. Por eso aquellos que son viriles por naturaleza se guardan bien de hacer compartir el dolor a sus amigos –y, a menos que uno se exceda en insensibilidad hacia el dolor, no soporta la aflicción que se les origina a aquéllos–; y no admite en absoluto a nadie que se lamente con él porque tampoco él mismo es proclive a lamentarse; en cambio, las mujeres y los hombres de su índole se complacen con los que se lamentan con ellos y tienen por amigos a quienes con ellos se duelen. Mas en todas estas situaciones hay que imitar, obviamente, a quien es mejor.

La presencia de los amigos en la prosperidad hace agradable el transcurrir del tiempo, así como el pensamiento de que se complacen con nuestro propio bien. Por eso parecería necesario invitar resueltamente a los amigos a nuestros momentos de prosperidad (pues es noble el hacer favores), pero ser remisos en invitarlos a los momentos de infortunio (pues a los demás se los debe hacer partícipes de nuestros males en la menor medida posible, de donde el proverbio «basta con que yo sea desgraciado»). Hay que invitarlos especialmente cuando van a beneficiarle a uno mismo en gran medida con poca molestia. Y, al revés, quizá es apropiado acudir, sin que nos llamen y resueltamente, en auxilio de los infortunados (pues es propio de un amigo el hacer bien, y, especialmente, a los que se encuentran necesitados y no lo solicitan: es mejor y más agradable para ambos). Y, por otra parte, en lo que toca a la prosperidad, colaborar resueltamente (pues incluso para eso hay necesidad de amigos), mas para provecho propio ir sin prisa (pues no es noble tener excesivo interés en verse beneficiado). Aunque, quizá, hay que evitar la fama de antipatía por rechazarlo. Que a veces ocurre. En fin, parece claro que en todos los casos es deseable la presencia de amigos.

XII. ¿No es verdad que, igual que para los amantes lo más deseable es ver, y prefieren este sentido a los demás en la idea de que el amor reside y se origina en éste, así también para los amigos es vivir en compañía lo más deseable? Porque la amistad es relación; además, uno tiene la misma disposición hacia sí mismo que hacia su amigo, pero la percepción que tiene sobre sí mismo de que existe es deseable; luego también sobre su amigo. Pero la actualización de ésta se da en la convivencia, por lo que lógicamente aspiran a ésta.

1172a

Además, cualquier cosa que sea la existencia para cada uno de ellos, o aquello por lo que desean vivir, en eso desean pasar el tiempo junto con sus amigos. Por eso unos beben, y otros juegan a los dados, juntos; otros se ejercitan, cazan o filosofan juntos, pasando el tiempo en aquello que más aman en la vida. Porque, como desean convivir con sus amigos, lo hacen y participan de ello en la medida de lo posible.

Así pues, la amistad de los malvados es perversa (pues participan en el mal y se hacen malvados asemejándose uno a otro), mientras que la de los buenos es virtuosa y se acrecienta con el trato. Y parece que se hacen mejores ejercitando su amistad y corrigiéndose mutuamente, pues uno recibe del otro la impronta de aquellos rasgos que les complacen, por lo que «de los buenos, lo bueno»[20].

En fin, todo esto quede dicho sobre la amistad. Lo que sigue sería tratar acerca del placer.

---

20. Es la misma cita de Teognis 35.

Libro X

I. A esto quizá le sigue el disertar acerca del placer. Ello es que parece ser especialmente connatural a nuestra especie, razón por la que se educa a los niños sirviéndose del placer y del dolor como timón. Por otra parte, parece también que en relación con la virtud ética es de importancia máxima gozar con lo que es debido y odiar lo que se debe: ello se extiende a lo largo de toda la vida y tiene peso y fuerza con vistas a la virtud y la vida feliz: los hombres, en efecto, eligen las cosas placenteras y evitan las dolorosas. Y, claro, de ninguna manera parecería apropiado que haya que pasar por alto sobre asuntos de esta índole, sobre todo cuando son objeto de gran disputa.

Y es que unos dicen que el placer es el Bien, mientras que otros, por el contrario, lo tienen por malo sin más: los unos, quizá, persuadidos de que ello es así, y los otros pensando que es mejor para nuestra existencia el declarar al placer entre las cosas malas, aunque no lo sea. Porque la mayoría se inclina hacia él y es esclavo de sus placeres, por lo que es necesario conducirlos al extremo contrario, ya que de esta manera alcanzarían el término medio.

Aunque puede que esto no se diga correctamente: en los asuntos referentes a las pasiones y acciones, las teorías son menos convincentes que la práctica. De manera que, cuando están en desacuerdo con los datos de la percepción, incluso llegan a eliminar la verdad que contienen debido al desprecio que concitan: quien censura el placer, pero se le ve persiguiéndolo ocasionalmente, produce la impresión de que se inclina hacia éste como si todo él fuera así. Porque el hacer distinciones no es propio de la mayoría. Por consiguiente, parece que las teorías verdaderas son las más útiles no sólo para el saber, sino también para la vida: al estar en armonía con los hechos, reciben credibilidad, por lo que incitan a vivir conforme a ellas a aquellos que las comprenden. Pero, en fin, ya es suficiente con esto: volvamos sobre las afirmaciones que se han formulado sobre el placer.

II. Pues bien, Eudoxo creía que el placer es el Bien porque veía (a) que todos, tanto racionales como irracionales, tienden hacia él; y que, en todo, lo preferible es bueno y lo más preferible es lo mejor; y que, claro, el que todas las criaturas se dirijan en su busca significa que es el bien supremo para todos (pues cada uno encuentra lo que es bueno para él, como, por ejemplo, el alimento), y lo que es bueno para todos –y a lo que todos tienden– es el Bien. Pero sus afirmaciones ganaron credibilidad más por la virtud de su carácter que por ellas mismas –pues parecía extraordinariamente temperante–. Desde luego, no parecía que lo dijera como quien es amante del placer, sino que era tal en verdad.

(b) Por otra parte creía que ello no resultaba menos claro argumentando a partir del contrario del placer: el dolor es rechazable por sí mismo para todos, y, por tanto, su contrario es deseable en la misma medida.

(c) Sostenía que es especialmente deseable lo que elegimos no como medio para otra cosa ni en razón de otra cosa: y esto es reconocidamente el placer, pues nadie pregunta *para qué* se siente placer en la convicción de que el placer es deseable por sí mismo. (d) También, que el placer hace más deseable cualquier bien al que se añada –como, por ejemplo, obrar con justicia y templanza–; y que el Bien se acrecienta consigo mismo. Pero en verdad, precisamente con este argumento refuta Platón que el placer sea el Bien[1]: la vida placentera es más deseable acompañada de prudencia que sin ésta; pero si la combinación es preferible, el placer no es el Bien, porque el Bien es más deseable sin que nada se le añada. Y es evidente que el Bien no podría ser cosa alguna que resulte preferible acompañada de cosas buenas por sí mismas. ¿Qué cosa hay, entonces, de esta clase[2] de la que también nosotros podamos participar? Pues tal cosa es la que andamos buscando.

Otros, por su parte, empecinados en la idea de que no es bueno aquello a lo que todos tienden, hablan por ha-

---

1. Véase Platón, *Filebo,* 60d.
2. Es decir, «que no puede mejorar con la adición de otros bienes».

1173a blar[3]: y es que aquello que a todos les parece tal, eso decimos que es tal. Y el que elimina esta convicción no va a decir nada que vaya a ser mucho más digno de crédito. En efecto, si fueran sólo los seres irracionales los que tendieran a ello, tendría algún sentido lo que dicen; pero si también lo hacen los seres dotados de razón, ¿cómo podría significar algo? Tal vez incluso en los irracionales hay un elemento natural, superior a su propio ser, que tiende a su bien propio. De otro lado, tampoco parece que se argumente bien a partir del contrario: en efecto, afirman que no porque el dolor sea malo, el placer es bueno, ya que una cosa mala también se opone a otra mala y a una indiferente. Aunque esto no lo argumentan mal, no por ello tienen razón, al menos si se aplica a lo que se ha dicho, pues, si ambos fueran malos, ambos tendrían que ser objeto de rechazo; y si fueran indiferentes, o ninguno de los dos o los dos por igual. Ahora bien, es obvio que rechazamos al uno como malo y elegimos el otro como bueno: en eso, pues, precisamente se oponen.

III. Tampoco, desde luego, va a dejar de pertenecer a los bienes el placer porque no pertenezca a las cualidades. Porque tampoco son cualidades las actividades de la virtud ni la felicidad. Y sin embargo, ellos aseguran que el Bien es definido, mientras que el placer es indefinido porque admite más y menos[4]. Pues bien, si juzgan esto por el hecho de que se siente más y menos placer, también sucederá en la justicia y las demás virtudes, en las que se afirma claramente que los hombres son «más o

---

3. Se refiere a Espeusipo y los académicos.
4. Véase Platón, *Filebo,* 24e, 31a.

menos tal» (los hay más justos y valientes, y es posible obrar con más y con menos justicia o templanza). Mas si lo juzgan por los placeres, es de temer que no aduzcan la causa, si es que unos son puros y otros mezclados. Y ¿qué impide el que lo mismo que la salud admite más y menos, siendo definida como es, también lo admita igualmente el placer? Pues no hay en todos la misma proporción[5], ni hay siempre una sola en el mismo, sino que se mantiene hasta cierto punto cuando se está destruyendo; y difiere en el más y menos. Y, claro, algo así puede suceder con el placer.

También postulan el Bien como perfecto[6] y, en cambio, movimientos y procesos como imperfectos; y tratan de demostrar que el placer es movimiento y proceso. Mas no parece que argumenten bien ni que sea un movimiento: en efecto, rapidez y lentitud parecen propiedades de todo movimiento –ya sean absolutas (como la del Universo) o con relación a otro objeto–. Pero en el placer no se da ni una ni otra: es posible *comenzar a* sentir placer –lo mismo que encolerizarse–, pero no *sentir* placer, *rápidamente*[7], ni siquiera comparado con otro, pero sí caminar, crecer, etcétera. Por consiguiente, es posible cambiar rápida o lentamente hacia el placer, pero no es posible mantenerse activo en él, es decir, sentir placer *rápidamente.*

---

5. Se entiende, «de los humores para tener buena salud».
6. Véase Platón, *Filebo,* 53c-54d.
7. Para entender este texto hay que tener en cuenta la oposición entre el tema de aoristo puntual ingresivo (*hesthênai*) y el de presente durativo (*hédesthai).* Nosotros tenemos que traducirlo a nivel léxico con perífrasis.

Además, ¿en qué sentido sería un proceso? Porque no parece que cualquier cosa se origine de cualquier cosa, sino que se disuelve en aquello a partir de lo cual se origina. Y de lo que el placer sería generación, de esto sería destrucción el dolor.

También dicen que el dolor es una deficiencia del estado natural y que el placer es recuperación[8]. Pero esto son afecciones corporales, y, claro, si el placer es recuperación de lo natural, sentiría placer precisamente aquello en lo que se produce la recuperación –luego lo sentiría el cuerpo–. Pero no parece que sea esto, por lo cual *el placer no es* recuperación, sino que, más bien, uno *sentiría placer* cuando *se produce* la recuperación y dolor cuando recibe un corte. Esta opinión parece haberse originado por los dolores y placeres relativos al alimento: después de encontrarnos en carencia y sufrir previamente, sentimos placer con la recuperación. Pero esto no acontece con todos los placeres: son ajenos al dolor los placeres del conocimiento y, entre los de la sensación, los placeres del olfato así como los del oído y la vista; e igualmente recuerdos y esperanzas. ¿De qué serán éstos, pues, procesos de generación? Porque no existe carencia alguna de la que ellos podrían ser recuperación.

En respuesta a quienes alegan los placeres vergonzosos, podría decirse que ésos no son agradables, pues no porque sean placenteros para quienes están en mala condición hay que pensar que son agradables (excepto para ellos) –lo mismo que tampoco las cosas que son saludables, dulces o amargas para los enfermos son tales,

---

8. Cf. *Filebo*, 31e-32b.

ni son blancas las que se lo parecen a los enfermos de la vista–.

O bien podría decirse lo siguiente: que los placeres son deseables, pero no, desde luego, si proceden de ese origen –lo mismo que enriquecerse, pero no por traición, o tener salud, pero no comiendo cualquier alimento–.

O bien que los placeres difieren específicamente: los que proceden de orígenes honestos son diferentes de los que proceden de los vergonzosos; y no es posible sentir el placer propio del hombre justo sin ser justo, ni el del hombre culto sin serlo –e igualmente en lo demás–. También el que el amigo sea diferente del adulador parece poner de manifiesto que el placer no es un bien, o que los hay específicamente diferentes: el primero parece que busca el trato con vistas a nuestro bien, el otro con vistas a nuestro placer; y mientras que al uno se le dirigen reproches, al otro se le elogia por buscar el trato con fines diferentes. Además, nadie elegiría seguir viviendo toda la vida con la mente de un niño por más que sienta un extraordinario placer con las mismas cosas que los niños; tampoco complacerse en cometer un acto muy bochornoso, aunque nunca vaya a sentir dolor. También pondríamos nuestro esfuerzo en muchas cosas, aunque no nos proporcionen ningún placer –como ver, recordar, saber, tener virtudes–. Y nada importa si a éstas les acompañan placeres necesariamente: las elegiríamos, aunque de ellas no se derivara placer.

1174a

En fin, parece evidente que ni el placer es el Bien ni todo placer es deseable; igualmente, que hay algunos deseables por sí mismos porque son superiores por su especie u origen. Conque quede suficientemente expuesto lo que se suele decir sobre el placer y el dolor.

IV. Pero qué cosa sea, y de qué clase, resultaría más claro si volvemos a tomarlo desde el principio. Parece que la visión es una acción completa en cualquier momento[9] pues no carece de nada que, añadido más tarde, vaya a completar su calidad específica[10]. El placer se parece a una cosa así: es una totalidad y, en ningún momento, podría nadie suponer un placer cuya cualidad específica vaya a perfeccionarse porque se prolongue un tiempo mayor. Por eso tampoco es movimiento, pues todo movimiento se da en el tiempo y tiene un fin –como, por ejemplo, la construcción–; y es completo cuando realiza aquello a lo que tiende: lo es, en verdad, o en toda su extensión temporal o en ese momento[11]. Pero en las partes de su duración todos los movimientos son incompletos y son específicamente diferentes ya sea del movimiento total o entre sí. En efecto, la colocación de las piedras es diferente de la estriación de una columna, y éstas de la construcción del templo. Y la construcción del templo es completa (pues no carece de nada con vistas a lo que se propone), mientras que la de los cimientos o los triglifos es incompleta (pues cada una es de una parte). Por tanto, difieren específicamente. Y no es posible suponer un movimiento específicamente completo en cualquiera de sus momentos, sino, si acaso, en la totalidad. Igualmente en el caminar y demás. Y es que, si la translación es un movimiento «desde-donde-hacia-donde», y en ella

---

9. Se entiende, «de su desarrollo».
10. La palabra que utiliza Aristóteles es *eîdos* ('forma'); pero al tratarse de procesos, es más apropiado traducirlo por 'cualidad'.
11. Se entiende, «cuando alcanza el fin».

hay diferencias específicas –como volar, saltar, caminar, etcétera– y no sólo eso, sino incluso dentro del mismo movimiento de caminar (pues el «desde-donde-hacia-donde» no es idéntico ni en el estadio, ni en una parte, ni en partes distintas; ni el recorrer esta y aquella línea), ya que uno no sólo atraviesa una línea, sino una línea que está en un lugar –y «esta» línea está en un lugar diferente de «aquélla»–. En fin, sobre el movimiento ya se ha hablado con precisión en otros tratados[12], pero parece que no es completo en un tiempo cualquiera, sino que hay muchos incompletos y específicamente diferentes, si es que el «desde-donde-hacia-donde» crea diferencias específicas. Pero, en cambio, la cualidad específica del placer es completa en cualquier momento de su duración. Es, por tanto, evidente que serían diferentes entre sí y que el placer pertenece a las cosas totales y completas. Esta opinión surgiría también del hecho de que no es posible moverse si no es en el tiempo, mientras que sentir placer, sí; pues lo que se da en el «ahora» es una totalidad.

1174b

De estas consideraciones resulta claro que no tienen razón cuando afirman que hay un movimiento o un proceso de generación del placer, pues éstos no se aplican a todas las cosas, sino sólo a las divisibles y que son totalidades; tampoco hay génesis de la visión, ni de un punto, ni de la unidad (tampoco de éstos hay movimiento ni proceso de generación). Y, claro, tampoco del placer, pues es una totalidad.

---

12. Se refiere específicamente a *Física,* libros VI-VIII, publicados separadamente como *Perì kinéseos,* cf. José L. Calvo, *Aristóteles, Física,* Madrid, 1998, Introducción.

Y, puesto que todo sentido actúa orientado hacia el objeto sensible –y que lo hace perfectamente el que está bien orientado hacia el mejor de los objetos sometidos a ese sentido (tal cosa parece que sea la actividad perfecta, y nada importe decir que es el mismo el que actúa o aquello-en-lo-que[13] se encuentra, en cada uno), entonces, la mejor actividad es la del que está mejor orientado hacia el mejor de los objetos a él sometidos–. Ésta es la más perfecta y la más placentera, pues en toda sensación hay placer, e igualmente en el pensamiento y la contemplación, y el más placentero es el más perfecto, y el más perfecto es aquel que está en buenas condiciones con relación al objeto más excelente de los que le están sometidos. Y el placer hace perfecta la actividad, aunque el placer no la hace perfecta de la misma manera que el objeto sensible y el sentido, si es que son buenos, lo mismo que la salud y el médico tampoco son causa de la curación de la misma manera. (Es evidente que en cada sentido se produce placer, pues decimos que visiones y audiciones son agradables, y evidentemente lo son en especial cuando el sentido está en el mejor estado y actúa orientado a un objeto así; si son de esta índole tanto el objeto sensible como el sujeto que percibe, siempre habrá placer cuando están presentes lo que va a obrar y lo que va a recibir.)

El placer hace perfecta la actividad, no como la disposición que ya se encuentra presente, sino como un cierto fin que se superpone –como, por ejemplo, la lozanía en los jóvenes–. Por consiguiente, mientras el objeto del entendimiento o de la sensación, del juicio o del pensa-

---

13. Es decir, «el órgano».

miento sean como deben, el placer estará presente en su actividad. Porque es natural que se produzca un mismo efecto cuando son semejantes y se encuentran entre sí en la misma relación tanto aquello que recibe como aquello que obra.

1175a

Entonces, ¿cómo es que nadie siente placer continuamente? ¿Es que se cansan, ya que todo lo humano es incapaz de actuar continuamente, y, entonces, tampoco se produce placer ya que éste sigue a la actividad? Algunas cosas nos complacen cuando son nuevas, pero después ya no tanto por esta misma razón. Porque al principio el pensamiento se ve estimulado y actúa de manera intensa con relación a estas cosas –como en la vista los que miran fijamente–, pero luego la actividad no es la misma, sino que se descuida y, por ello, también se atenúa el placer.

Por otra parte se pensaría que todos tienden al placer porque también tienden todos a la vida; pero la vida es una cierta actividad y cada uno actúa sobre, y con, aquello que ama especialmente –por ejemplo, un músico sobre las melodías con el oído, y el estudioso con el pensamiento sobre los problemas de estudio–; y de la misma manera cada uno de los demás. Y el placer hace perfectas las actividades –y el vivir, claro está–, cosas a las que aspira. Con razón, por consiguiente, tienden también al placer, porque éste hace perfecta para cada uno la vida, que es cosa deseable. Dejemos de lado, por el momento, el si desearíamos vivir por causa del placer o el placer por causa del vivir. Es manifiesto que ello está íntimamente unido y no admite separación: en efecto, sin actividad no se produce placer y el placer hace perfecta toda actividad.

V. Por ello parece que los placeres difieren también específicamente, pues creemos que las cosas específicamente diferentes reciben la perfección por obra de cosas específicamente diferentes. Así se manifiesta en los objetos naturales y en los artificiales –como animales o árboles y una pintura, una estatua, una casa, un mueble–. Igualmente, las actividades específicamente diferentes son perfeccionadas por placeres específicamente diferentes. Y los del entendimiento difieren de los de la sensación y éstos entre sí en cuanto a la especie –luego también los placeres que los perfeccionan–.

Esto mismo podría quedar de manifiesto por el hecho de que cada uno de los placeres está íntimamente ligado a la actividad a la cual perfecciona, puesto que el placer propio colabora al incremento de la actividad. En efecto, los que actúan con placer juzgan con más precisión en cada cosa: por ejemplo, se hacen geómetras los que se complacen con la Geometría y entienden mejor cada problema –e igualmente los amantes de la Música, de la Construcción, etcétera, progresan cada uno en su actividad propia si les gusta–. Y sus placeres colaboran a incrementar la actividad, y lo que colabora al incremento es lo propio.

Más todavía: esto podría quedar más claro aún por el hecho de que los placeres ajenos constituyen un estorbo para las actividades. Porque los amantes de la flauta son incapaces de prestar atención a los argumentos si oyen a alguien tocarla, ya que les gusta más el arte de tocar la flauta que la actividad que tienen entre manos. Luego el placer relativo a la «aulética» destruye la actividad relativa al discurso. Igualmente sucede esto con lo demás, siempre que uno desarrolla una actividad en dos cosas:

la más placentera expulsa a la otra tanto más, cuanto más la supere en placer, hasta el punto, incluso, de no seguir activo en la otra. Por eso, si algo nos gusta extraordinariamente, cualquier cosa que ello sea, no hacemos otra en manera alguna. Pero sí que hacemos otras cosas si una nos complace medianamente, como por ejemplo, los que comen chucherías en el teatro lo hacen precisamente cuando los actores son malos.

Y, puesto que el placer propio hace más afinadas las actividades y las prolonga y hace mejores –mientras que los placeres ajenos las arruinan–, es obvio que se encuentran muy alejados. Los placeres ajenos producen el mismo efecto, casi, que los dolores propios: los dolores propios acaban con las actividades –por ejemplo, si a alguien le resulta desagradable escribir y penoso calcular, el uno no escribe y el otro no hace cálculos porque la actividad es penosa–. Es, pues, el caso que en lo tocante a las actividades ocurre lo contrario con los placeres y los dolores propios –y son «propios» los que se originan en la actividad por ella misma: los placeres ajenos, se ha dicho, producen un efecto semejante al dolor, la destruyen, aunque no de la misma manera–. Y, dado que las actividades difieren por su índole moral buena o mala –y unos son deseables y otros de evitar, y otros indiferentes, también los placeres están en la misma situación, ya que en cada actividad hay un placer propio–. En fin, es bueno el que corresponde a una actividad buena, y malo el que a una mala, pues los deseos de lo bueno son laudables y los de lo malo reprobables.

Ahora bien, los placeres que acompañan a las actividades son más propios de ellas que los apetitos –éstos se encuentran separados tanto en el tiempo como en su naturaleza, mientras que aquéllos están íntimamente ligados a las actividades, y son tan inseparables de éstas que cabe discutir si actividad y placer no son lo mismo–. Pero, desde luego, no parece que el placer sea pensamiento o sensación (sería absurdo), sino que a algunos les parece lo mismo por no encontrarse separados.

Ahora bien, lo mismo que las actividades son distintas, también lo son los placeres: la vista es superior al tacto en pureza, y el oído y el olfato al gusto. Y de la misma manera, claro, se diferencian los placeres, y los relativos al pensamiento superan a los anteriores y cada uno de ellos entre sí.

Por otra parte, parece que cada animal tiene un placer propio, lo mismo que una función: aquel que atañe a su actividad. A quien lo estudie en cada uno le parecerá que es así: distinto es el placer del caballo, del perro y del hombre –tal como Heráclito asegura que un asno preferiría la paja al oro[14], pues para los asnos el alimento es más placentero que el oro–. Por consiguiente, difieren específicamente los placeres de quienes son específicamente distintos, pero es razonable que no difieran los de los mismos. Y, sin embargo, no se diferencian poco, al menos entre los hombres: unas mismas cosas pueden agradar a unos y molestar a otros, y para unos serán desagradables y odiosas, mientras que para otros serán agradables y amables. Esto es, precisamente, lo que ocurre con las cosas dulces: no le parecen lo mismo al que tiene

14. *Fr.* 9.2.

fiebre que al que está sano; ni le parece igualmente caliente una cosa al débil y al que está en buena forma. Lo mismo con lo demás.

Pero en todas las cosas de esta índole, lo que le parece al hombre honrado, esto se considera que es en verdad. Y si esto que se dice es razonable, tal como se admite –y tanto la virtud, como el hombre bueno en cuanto tal, son la medida de cada cosa–, también serían placeres los que le parecen tales a éste, y placenteras las cosas con las que éste se complace. Aunque no es de extrañar que le parezcan placenteras a alguno las que le parecen a éste desagradables, pues son de muchas clases las corrupciones y perversiones humanas; pero no serán placenteras más que para éstos o para quienes tienen una disposición de esa clase. Por tanto, es manifiesto que no hay que tener por placeres a los que son reconocidamente vergonzosos.

Pero entre los que parecen ser buenos, ¿de qué clase y cuál hay que decir que es propio del hombre? ¿No resultará ello claro a partir de las actividades, ya que los placeres acompañan a éstas? Pues bien, ya sean una o más de una las actividades del hombre perfecto y feliz, aquellos placeres que las perfeccionan podrían llamarse placeres propios del hombre en sentido propio; y las demás, en un sentido secundario e inferior, lo mismo que sus actividades.

VI. Una vez que hemos tratado acerca de las virtudes, la amistad y el placer, réstanos hablar en bosquejo sobre la Felicidad, puesto que la tenemos por el fin de las cosas humanas. Si volvemos a tomar lo que se dijo con anterioridad, la exposición será más breve.

Pues bien, dijimos[15] que no es un estado puesto que, en ese caso, la tendría el que duerme toda la vida, viviendo la vida de un vegetal, e incluso el que experimenta los mayores infortunios. Y, claro, si esto no nos satisface, sino que, más bien, hay que clasificarla como una cierta actividad –como se dijo anteriormente–, y de las actividades unas son necesariamente deseables por causa de otras cosas, y otras deseables por sí mismas, es evidente que hay que clasificar a la felicidad como una de las deseables por sí mismas y no por otra cosa: la felicidad no es carente de nada, sino autosuficiente. Por otra parte, son deseables por sí mismas aquellas con las que no se busca nada al margen de su actividad. Y de esta índole parece que son las acciones acordes con la virtud, pues el realizar acciones nobles y buenas está entre lo deseable por sí mismo.

Claro que también lo están las diversiones placenteras, pues no se las busca por causa de otras cosas, ya que las gentes reciben de ellas más daño que beneficio al descuidar sus cuerpos y posesiones. La mayoría de los hombres considerados felices se refugian en semejantes pasatiempos, por lo cual gozan de estima entre los tiranos aquellos que tienen gracia en tales pasatiempos: se ofrecen como personas agradables en aquello a lo que aspiran los tiranos, y tales cosas son las que necesitan. Así pues, parece que es, o proporciona, felicidad, porque los poderosos pasan el tiempo en ello. Pero quizás estos tales no son un indicio: ni la virtud ni la inteligencia, de donde proceden las actividades importantes, consisten en ser

---

15. Cf. *supra,* I 8 (=1199a 1 ss.).

poderoso. Ni porque éstos, ayunos como están de un placer puro y propio de hombres libres, se refugien en los placeres corporales, hay que pensar por ello que éstos son preferibles. Porque también los niños piensan que lo más estimado entre ellos es lo mejor, y, claro, lo mismo que a niños y adultos les parecen estimables cosas diferentes, así también les sucede a viles y virtuosos. Ahora que, tal como se ha dicho en numerosas ocasiones, estimables y agradables son las cosas que les parecen tales al hombre virtuoso: para cada cual la actividad más deseable es la que se conforma su disposición propia, y, claro, para el hombre virtuoso la que se conforma a la virtud. Por consiguiente, la felicidad no reside en la diversión.

Pero es que, además, sería extraño que el fin fuera la diversión, y que nos afanemos y suframos penalidades a lo largo de toda la vida con el fin de divertirnos. Pues absolutamente todo, por así decirlo, lo elegimos por causa de otra cosa, excepto la felicidad. Porque ella es el fin. Pero esforzarse y penar por buscar la diversión, parece de bobos y en exceso pueril: «Divertirse para obrar seriamente», como decía Anacarsis[16], parece que sea correcto –pues la diversión se parece al descanso, y, como no se puede trabajar continuamente, es menester un descanso–. Pero, claro, el descanso no es un fin, pues se hace

---

16. Príncipe escita (s. VI a. C.) que viajó por Grecia (cf. Heródoto, 4.76 ss.) y pasó a convertirse en un modelo de «sabio» popular. Incluso se le «añadió a los Siete Sabios» (cf. Diógenes Laercio, *Vidas de los Filósofos,* 1.10). Se le atribuyen un conjunto de cartas, pero son una invención de época helenística. Probablemente lo que aquí se dice pertenece a ese acervo de dichos que se le adjudicaron.

1177a con vistas a la actividad. De otro lado, la vida feliz parece ser la conforme a virtud; y ésta acompaña a la seriedad y no está en la diversión. También decimos que las cosas serias son mejores que las graciosas y las divertidas, y que, cuanto mejor es una parte del hombre, o un hombre, tanto más seria es su actividad. Y, sin duda, la del mejor es superior, y, por ende, más causante de felicidad.

También es el caso que cualquiera podría disfrutar de los placeres corporales –incluso un esclavo no menos que el más excelente–. Pero nadie concede al esclavo una parte de felicidad si ni siquiera la tiene de vida[17]. Por consiguiente, la felicidad no reside en tales pasatiempos, sino en las actividades acordes con la virtud, tal como ha quedado antes dicho.

VII. Pero si la felicidad es actividad conforme a virtud, es lógico que lo sea conforme a la más importante: y ésta sería la de lo más excelente. Pues bien, ya sea esto el intelecto o cualquier otra cosa que, en verdad, parece por naturaleza gobernar y conducir y tener conocimiento cierto acerca de las cosas buenas y divinas –porque sea ello mismo también divino o la parte más divina de las que hay en nosotros–, la actividad de esto conforme a su virtud propia sería la felicidad perfecta. Y ya se ha dicho que ella es apta para la contemplación. Esto parecería estar de acuerdo con nuestras anteriores palabras y con la verdad. En efecto, ésta es la actividad suprema (pues el intelecto lo es entre lo que hay en nosotros, y, entre los objetos del conocimiento, lo son aquellos con los que tiene relación el intelecto).

---

17. Se entiende, «humana», véase también *Política* III. 9 (= 1280a32).

También es la actividad más continua, pues podemos contemplar más continuamente que realizar cualquier acción. También creemos que el placer debe estar mezclado adicionalmente a la felicidad, y la más placentera de las actividades conformes a la virtud es aquella que es conforme a la sabiduría, según se reconoce. Parece, por tanto, que la Filosofía encierra placeres maravillosos por su pureza y permanencia, y es razonable que el transcurso del tiempo sea más placentero para los que ya saben que para los que investigan. También la llamada «autonomía» estaría más en la actividad contemplativa, pues tanto el sabio como el justo, y los demás, precisan de lo necesario para vivir, pero, supuesto que están suficientemente provistos de tales cosas, el justo necesita otros hombres para los que y junto con los que obrar justamente –y lo mismo el temperante y el valiente y cada uno de los otros–. En cambio, el sabio puede ejercer la contemplación incluso estando en aislamiento, y, cuanto más sabio sea, más. Puede que lo haga mejor si tiene colaboradores, pero, con todo, él es el más autosuficiente.

Parecería, pues, que ésta es la única actividad que es querida por ella misma, pues de ella no resulta nada fuera del propio contemplar, mientras que de las actividades prácticas pretendemos ganar más o menos al margen de la acción. También parece que la felicidad reside en el ocio: en efecto, nos privamos del ocio para tenerlo, igual que hacemos la guerra para tener paz. Ahora bien, de las virtudes prácticas la actividad se da en la política o en la guerra. Las acciones en estos ámbitos parecen ajenas al ocio: las de la guerra, por completo (pues nadie elige hacer la guerra por hacerla, ni prepara la guerra: parecería

1177b

sanguinario si convirtiera a sus amigos en enemigos con el objeto de que se produjeran batallas y muertes). Y es posible que también sea ajena al ocio la actividad del político, pues trata de procurarse, al margen de la propia actividad política, posiciones de poder y honores, o, al menos, la felicidad para sí mismo y para sus conciudadanos –una felicidad que es diferente de la política, y que buscamos como evidentemente distinta de ella[18]–.

Pues bien, si entre las actividades acordes con las virtudes, las políticas y bélicas sobresalen por su nobleza y grandeza –y son ajenas al ocio, tienden a un fin y no son deseables por ellas mismas–, mientras que la actividad del intelecto parece que es superior en valor[19] al consistir en la contemplación y no tender a fin alguno diferente de sí misma; y si parece poseer un placer propio (pues colabora a incrementar su actividad); y si la autonomía y el ocio y una carencia de cansancio a la medida humana, y todo cuanto se concede al hombre feliz, se dan manifiestamente en esta actividad..., entonces ésta sería la felicidad perfecta del hombre, si es que recibe la extensión de una vida completa: pues nada hay incompleto de lo que pertenece a la felicidad.

Y una vida de esta clase sería superior a la medida humana, pues no vivirá de esta manera en tanto que es un hombre, sino en tanto que hay en él un algo divino; y en la misma medida en que ello es superior a lo compuesto, en esa medida su actividad es superior a la correspondiente al resto de la virtud. Y, claro, si el intelecto es cosa

---

18. El texto griego es inseguro.
19. Aquí sigo la lectura de Vermehren *spoudé* o *scholé*.

divina en comparación con el hombre, la vida conforme a éste será divina comparada con la vida humana. Y no debe, contra los que así lo aconsejan[20], tener pensamientos humanos por ser hombre ni mortales por ser mortal, sino buscar la inmortalidad en lo posible y hacerlo todo para vivir de acuerdo con lo más grande de cuanto hay en él mismo. Porque, aunque su masa es pequeña, supera con mucho a todas las cosas en poder y valor.

1178a

Parecería incluso que esto es cada uno, si es lo dominante y mejor. Por consiguiente, sería absurdo que alguien no eligiera su propia vida, sino la de algún otro. Y lo que antes se dijo es ahora perfectamente adecuado: aquello que es propio de cada uno, es para cada uno por naturaleza lo mejor y lo más placentero; ahora bien, para el hombre lo es la vida conforme al intelecto –ya que, en verdad, éste es, precisamente, el hombre–; luego esta vida será también la más feliz.

VIII. En cambio, la vida conforme al resto de la virtud lo es secundariamente, porque las actividades relativas a ésta son humanas. En efecto, las acciones justas y valerosas, y las demás que se ajustan a las virtudes, las realizamos mutuamente en contratos, tratos y toda clase de actuaciones, así como en las emociones, cuando observamos lo que se debe a cada uno. Y es evidente que éstas son, todas, humanas. Algunas parece que ocurren a partir del cuerpo y que la virtud moral tiene una gran afinidad con las afecciones. También la Prudencia está ligada a la virtud moral y ésta a la Prudencia, ya que, en verdad, los

---

20. Esta frase pone en entredicho toda la moral aristocrática tradicional, cf. Píndaro, *Ístmicas* 4. 16, Eurípides, *Fr.* 1040, etc.

principios de la Prudencia se conforman a las virtudes morales. Y la rectitud de las acciones morales se conforma a la Prudencia. Y si éstas están unidas a las afecciones, también lo estarán con relación al compuesto. Pero las virtudes del compuesto son humanas, luego también la vida acorde con ellas y la felicidad. En cambio, la felicidad del intelecto es separada –dígase ahora sólo esto acerca de ella, pues el buscar la precisión excede nuestro propósito[21]–. Parecería también que precisa poco –o menos que la moral– de los bienes externos; desde luego, de los necesarios ambos precisan por igual (por más que el político se afane más por el cuerpo y demás). En esto poca diferencia habría, pero en lo que se refiere a sus actividades, la diferencia será grande. Y es que el hombre liberal necesitará dinero para obrar con liberalidad; y el justo, claro está, para sus obligaciones de reciprocidad (pues los deseos son inciertos e incluso los no justos desean obrar justamente); el valiente necesitará fuerza –si es que quiere llevar a acabo alguna acción que se ajuste a su virtud–; y el temperante abundancia de bienes, pues ¿de qué manera se revelará que son virtuosos éste o cualquiera de los otros?

También se discute si la elección de la virtud es más importante que su práctica, pues se da en ambas. Es evidente, por supuesto, que la perfección se da en ambas, pero para la práctica se necesitan muchos bienes; y más cuanto más y mejores sean las acciones. En cambio para el que practica la contemplación no hay necesidad algu-

---

21. En *De Anima,* III.5 distingue Aristóteles un *noûs* activo de otro pasivo, siendo el primero separado o separable.

na de tales bienes, al menos para su actividad, sino que incluso, por así decirlo, son un obstáculo para ella. Aunque en la medida en que es hombre y vive con más gente, elige obrar conforme a virtud, y, por ende, necesitará tales bienes para conducirse como un hombre.

Que la felicidad perfecta es una cierta actividad contemplativa resultará claro a partir de lo siguiente: (a) damos por supuesto que los dioses son bienaventurados y felices en grado máximo. Pero ¿qué clase de actividades habremos de asignarles? ¿Acaso las justas? ¿Y no parecerán ridículos cerrando tratos y devolviendo depósitos y lo demás? ¿O acaso las acciones liberales? ¿Y a quién darán? Pues extraño sería que tengan moneda o algo parecido. Y sus acciones temperantes ¿en qué consistirían? ¿No será grosero nuestro elogio de que no alberguen malos deseos? Si recorriéramos todo, parecería que lo referente a las acciones morales es pequeño e indigno de los dioses. Y, sin embargo, todos dan por supuesto que viven, y, por consiguiente, actúan; y que, desde luego, no duermen como Endimión[22]. Pero si al viviente se le quita la acción –y, más aún, la creación– ¿qué otra cosa queda sino la contemplación? Por tanto, la actividad del dios, que sobresale en felicidad, estaría unida a la contemplación. Luego también entre los humanos, la más apta para la felicidad será la más emparentada con aquélla.

(b) Prueba de ello es, también, el que los demás animales no participen de la felicidad, privados por completo como están de semejante actividad. Y es que para los

---

22. Joven pastor de quien se enamoró Selene. Obtuvo de Zeus, a petición de su amante, el don de un sueño eterno.

dioses la vida toda es bienaventurada, y para los hombres lo es en la medida en que se da una cierta semejanza de tal actividad. Pero del resto de los animales ninguno es feliz, porque no participa en modo alguno de la contemplación. Por tanto, hasta donde alcanza la contemplación también lo hará la felicidad; y en quienes se da la contemplación en mayor medida, también se dará el ser feliz –y no concurrentemente, sino en virtud de la actividad contemplativa, pues ésta es valiosa por sí misma–. Conque, en fin, la felicidad sería una cierta actividad contemplativa.

También le será necesario, pues que es hombre, un bienestar externo, ya que la naturaleza no es autosuficiente para la contemplación, sino que necesita tener salud, así como alimentos y demás servicios. Pero, con todo, no ha de pensarse que para ser feliz va a precisar de muchas y grandes cosas porque la bienaventuranza no sea posible sin los bienes externos. Pues ni la autosuficiencia ni la acción residen en el exceso, y es posible realizar buenas acciones sin ser dueño de tierra y mar. También con medios moderados podría uno realizar las acciones acordes con la virtud (y esto se puede ver claramente: los ciudadanos particulares no parece que realicen actos virtuosos en menor medida, sino incluso mayor, que los poderosos).

Es, por tanto, suficiente que haya estos medios, pues feliz será la vida del que actúa conforme a la virtud. También Solón manifestó, hablando quizá con razón, que son felices los que están moderadamente provistos de bienes externos, pero que han realizado las acciones más nobles, en su opinión, y que han vivido con templanza[23]. Pues teniendo posesiones moderadas es posible obrar como se debe. También Anaxágoras parecía pensar que el hombre feliz no es ni rico ni poderoso, al afirmar que no se sorprendería si él parecía un hombre extraño a la mayoría; pues ésta juzga por las cosas externas porque sólo éstas percibe. De manera que las opiniones de los sabios están en armonía con nuestras razones. Por supuesto que teorías así llevan una cierta convicción, mas en la conducta se juzga a partir de los hechos y de la vida, pues en éstos está lo decisivo. Conque es necesario examinar lo que se ha afirmado anteriormente poniéndolo en relación con los hechos y la vida; y, si está de acuerdo con los hechos, hay que aceptarlo, mas si en desacuerdo, habrá que tenerlo por simples palabras.

Aquel que actúa conforme al intelecto y lo cuida, parece que tiene la mejor disposición y es más amado por los dioses. Porque si hay una preocupación por las cosas humanas por parte de los dioses, tal como parece, también parecería razonable que éstos se complacieran con lo mejor y lo más emparentado con ellos (y esto sería el intelecto), y que beneficiaran a su vez a los que más lo aman y honran ya que se cuidan de lo que ellos aman; y obran recta y honradamente. Y no deja de ser claro que todo ello se da, más que en ningún otro, en el sabio. Luego éste es el más amado por los dioses. Y es lógico que

---

23. También esto pertenece al encuentro de Solón con Creso, rey de Lidia (cf. Heródoto I.30). Entre las respuestas de Creso sobre quién era el hombre más feliz, una es «Telo el ateniense», que estaba bien dotado económicamente, vivió para ver a sus nietos y murió honrosamente en la guerra.

también sea el más feliz. Por consiguiente, también por este camino el sabio es el hombre más feliz.

IX. Pues bien, ¿acaso por el hecho de que se haya tratado suficientemente acerca de esto y de las virtudes –e incluso de la amistad y el placer– hay que pensar que nuestra propuesta ha llegado a su fin? ¿O, tal como se dice, en la conducta el fin no consiste en alcanzar en cada punto un conocimiento teórico, sino más bien practicarlo? Pero es que, en el caso de la virtud tampoco es suficiente conocerla, sino que hay que intentar tenerla y practicarla, a menos que nos hagamos buenos de alguna otra manera. Pues bien, si los tratados fueran suficientes para hacer buenos a los hombres,

> se ganarían muchas y grandes recompensas,

como dice justamente Teognis[24]; y preciso sería proporcionárselos. Ahora bien, parece que tienen fuerza para exhortar y mover a los jóvenes liberales, y a un carácter noble y verdaderamente amante del bien podrían hacerlo capaz de ser atrapado por la virtud, pero a la mayoría no pueden estimularla hacia la excelencia moral. Pues no obedece por naturaleza al respeto, sino al miedo, ni se aparta de las malas acciones por su vileza, sino por los castigos. Y como viven por la pasión, persiguen los placeres propios y aquello de lo que resultarán éstos, y hu-

---

24. Vv. 439 y ss. El contexto es, naturalmente, muy otro en el poeta. Los versos dicen: «Si dios hubiera dado a los médicos (hijos de Asclepio) el poder para curar a los hombres la maldad y el corazón cruel, se ganarían muchas y grandes recompensas».

yen de los dolores contrarios, mas del bien y de lo verdaderamente placentero ni siquiera tienen noción, pues que no lo han catado. ¿Qué tratado podría, entonces, cambiar a estos tales? Pues no es posible —o no es fácil— desalojar lo que desde antiguo está bien amarrado al carácter. Y quizá haya que contentarse si alcanzáramos una parte de virtud porque se dé en nosotros aquello por lo que parece que los hombres somos buenos. Y creemos que unos son buenos por naturaleza, otros por hábito y otros por enseñanza. Pues bien, lo que atañe a la naturaleza obviamente no depende de nosotros, sino que se da en los verdaderamente felices gracias a ciertas causas divinas. La razón y la enseñanza puede que no siempre tengan fuerza en todos, sino que hay que «trabajar» previamente, mediante los hábitos, el alma del oyente con vistas a gozar y odiar rectamente, como a la tierra que va a hacer germinar la semilla. El que vive de acuerdo con la pasión no prestaría atención —ni comprendería— al que trata de exhortarle. Y a quien tiene tal disposición ¿cómo va a ser posible persuadirlo a que cambie? En general no parece que la pasión ceda a la razón, sino a la fuerza. Conque es necesario que exista previamente un carácter de alguna manera familiar a la virtud, que ama lo bueno y se disgusta con lo malo. Pero lograr desde joven una educación recta para la virtud es difícil si uno no se ha criado bajo tales leyes. Porque vivir con templanza y fortaleza no es agradable para los más, sobre todo si son jóvenes. Por ello hay que situar bajo las leyes la crianza y las ocupaciones, pues ya no serán dolorosas cuando sean habituales. Y quizá no sea suficiente con que, mientras son jóvenes, obtengan una crianza y un cuidado correc-

1180a

to, sino que incluso cuando han llegado a hombres hay que seguir ejercitándolas y mantener el hábito. Y para ello necesitaríamos leyes, y, en general, claro, en lo referente a toda nuestra vida, pues la mayoría obedecen más a la necesidad que a la razón, y más a los castigos que al bien.

Por eso piensan algunos que los legisladores deben, de un lado, exhortar a la virtud y crear un estímulo hacia el bien –en la idea de que van a obedecer los que están razonablemente avanzados en sus hábitos–. Pero, de otro lado, imponer castigos y penas a los desobedientes y a quienes tienen una naturaleza perversa; y a los incorregibles, expulsarlos por completo[25]. Porque, según creen, el hombre bueno va a prestar oídos a la razón por vivir orientado hacia el bien, pero el malo «debe» recibir castigo con dolor, como una bestia de carga, por tender hacia el placer. Por lo que también afirman que los dolores deben ser de tal clase que se opongan más a sus «placeres preferidos».

Por consiguiente, si, tal como se ha dicho, aquel que va a ser bueno tiene que recibir una buena crianza y desarrollar buenos hábitos –y seguir viviendo de esta manera en ocupaciones honradas y no realizar acciones malas ni involuntaria ni voluntariamente–, esto entonces sería posible viviendo conforme a una cierta razón y recto orden acompañado de fuerza. En efecto, la autoridad paterna no tiene fuerza o coerción, ni, claro está, tampoco en general la de un solo hombre –como no sea un rey o alguien de este género–. En cambio la ley tiene fuerza

---

25. Véase Platón, *Leyes* 722d, y *Protágoras* 325a.

coercitiva porque es una regulación racional que procede de la prudencia y el intelecto. Y las gentes detestan, entre los hombres, a aquellos que se oponen a sus impulsos –aunque obren rectamente–, pero la ley no es detestada porque ordena lo que es bueno. Sin embargo, sólo en el Estado lacedemonio –junto con unos pocos– el legislador parece haber tomado a su cargo la educación y las ocupaciones: en la mayoría de los Estados se desentienden de tales asuntos y cada uno vive como quiere dictando leyes, a la manera de los cíclopes, «a sus hijos y esposa»[26]. Lo mejor, desde luego, es que la preocupación por esto sea común y recta, pero si se desentienden de ello públicamente, parece que sería en interés de cada uno el cooperar a la virtud de sus propios hijos y amigos, o, al menos, tomar tal opción. Parecería uno más capaz de hacerlo, según lo que se ha dicho, si se ha convertido en conocedor de la legislación. Es evidente que las regulaciones públicas se originan mediante las leyes, y son buenas aquellas que se originan de leyes buenas. Y sean escritas o no escritas, nada parece importar ni tampoco si por su medio se van a educar uno solo o muchos –lo mismo que sucede en la música, la gimnástica y las demás ocupaciones–. Lo mismo que en los Estados tienen fuerza las leyes y las costumbres, así tienen en las casas las palabras paternas y las costumbres –y aún más, debido al parentesco y a los beneficios: porque tienen por naturaleza, y con anterioridad, el amor y la obediencia–.

Más todavía: incluso es superior la educación individual a las comunes, como sucede en la Medicina: en

---

26. *Odisea,* 9.114 ss.

efecto, en general a quien tiene fiebre le conviene el descanso y el ayuno, pero a alguno quizá no; y el preparador de boxeo quizá no impone a todos la misma clase de lucha. Parecería, por consiguiente, que lo individual alcanzaría mayor precisión si el cuidado fuera individual, pues cada uno alcanza mejor lo que le viene bien. Pero incluso aplicarían el mejor tratamiento individualmente tanto el médico y el gimnasta, como cualquier otro «que supiera cuál es bueno, en general, para todos y cuál para los de tal condición. Pues las ciencias toman su nombre y son de lo general». Y, desde luego, nada impide, quizá, que cuide bien a un individuo uno que carece de conocimientos científicos, pero que ha observado atentamente a través de la experiencia los resultados en cada caso. Lo mismo que algunos parecen ser los mejores médicos de sí mismos, pero no podrían servir de nada para otro. Mas quizá no por ello parecería menos que el que quiere ser técnico o conocedor teórico debe acudir a lo general y debe conocer también esto en la medida que le sea posible. Pues ya se ha dicho que las ciencias versan sobre ello. Quizás, entonces, también aquel que quiere hacer mejores a los hombres –ya sean muchos o pocos– a través de un tratamiento debe intentar hacerse versado en legislación, si es que nos hacemos buenos a través de las leyes. Porque el disponer bien a cualquiera y al que se ofrece no es propio de cualquiera, sino, si acaso, del que sabe, lo mismo que en Medicina y en las demás disciplinas en las que hay un tratamiento y un uso prudente.

¿Acaso, entonces, hay que examinar a continuación por qué medios y cómo se podría uno hacer experto en legislación? ¿O será, como en los demás casos, de manos de los políticos, ya que parece que ello forma parte de la política? ¿O acaso no parece que sea el mismo caso con la política y las demás ciencias y capacidades? Es que en las demás resulta manifiesto que son los mismos quienes transmiten las capacidades y los que ejercen su actividad con ellas, como, por ejemplo, los médicos y pintores. Pero en cuanto a la política, los sofistas profesan enseñarla, pero no la practica ninguno de ellos, sino, más bien, los políticos, los cuales parecería que lo hacen por una cierta capacidad y más con experiencia que con reflexión. Pues no parece que hayan escrito ni que hablen sobre tales temas (aunque sería ello mejor, quizá, que escribir discursos forenses y de aparato); ni tampoco parece que, a su vez, hayan convertido a sus hijos o a algunos de sus amigos en políticos[27]. Y habría sido lógico, si es que fueran capaces. Nada mejor habrían legado a los Estados ni habrían preferido para sí mismos nada mejor que semejante capacidad, ni, claro, para sus seres más queridos. Y no es que parezca, desde luego, que la experiencia contribuye en pequeña medida, pues por medio de la rutina política no se habrían convertido en políticos. Por eso quienes aspiran a saber sobre la política parece que necesitan, adicionalmente, experiencia. Pero de los sofistas, aquellos que predican en exceso, es obvio que se quedan muy lejos de enseñarla. Y es que, en general, ni siquiera saben cuál es su naturaleza o sobre qué cosas versa, pues no la habrían clasificado a la par que la

1181a

---

27. Esta misma idea aparece ya en Platón referida concretamente a Pericles *(Protágoras* 319 e 3 ss.), aunque relacionada con la teoría de que la virtud no se puede enseñar.

Retórica, o, incluso peor, ni pensarían que es más fácil que alguien elabore una legislación recogiendo las leyes más aceptadas –pues es posible seleccionar las mejores– como si incluso la selección no fuera cosa de inteligencia, y el juzgar rectamente no fuera la tarea más importante, como sucede con la Música–. Pues los expertos en cada cosa juzgan correctamente las obras y entienden por qué medios, y cómo, se han llevado a cabo y qué concuerda con qué.

En cambio, para los inexpertos es suficiente que no les pase inadvertido si la obra está bien o mal hecha, como con la Pintura. Y las leyes son como las obras de la política, ¿de qué manera, pues, podría uno convertirse en legislador sino juzgando las mejores? Porque no parece que tampoco haya expertos en Medicina por los manuales. Y eso que los autores intentan no limitarse a nombrar los tratamientos, sino cómo podría uno curarse y cómo tratar a cada grupo distinguiendo los estados. Pero esto parece que es útil para los expertos e inútil para los que no tienen conocimientos científicos. Por consiguiente, quizá serían útiles las compilaciones de leyes y Constituciones[28] para quienes son capaces de estudiarlas y juzgar cuál está bien, o lo contrario, y qué concuerda con qué. Pero para quienes las recorren sin capacidad no habría posibilidad de juzgarlas rectamente si no es mecánicamente, y quizá podrían ganar en comprensión para estos temas.

---

28. Es sabido que Aristóteles precisamente ordenó recopilar la mayor parte de las Constituciones griegas. De esta compilación sólo nos queda la *Constitución de Atenas*.

Pues bien, dado que los estudiosos anteriores dejaron sin investigar la cuestión acerca de la legislación, quizá sea mejor que la examinemos, más bien, nosotros mismos –en general, claro está, acerca de la Política, a fin de que se complete en lo posible la filosofía sobre el hombre–. Por tanto, en primer término, intentemos revisar si nuestros antepasados han dicho algo parcialmente bien; luego estudiar, a partir de las Constituciones compiladas, qué cosas salvan y cuáles corrompen a los Estados, y qué cosas a cada una de las Constituciones. También, por qué razones unos Estados se rigen bien y otros al contrario. Pues una vez estudiadas estas cuestiones, quizá podríamos comprender mejor también cuál es la mejor Constitución y cómo se clasifica cada una y de qué leyes y usos se sirve. Comencemos, pues, la exposición.